大盘你说了算

房 杰 著

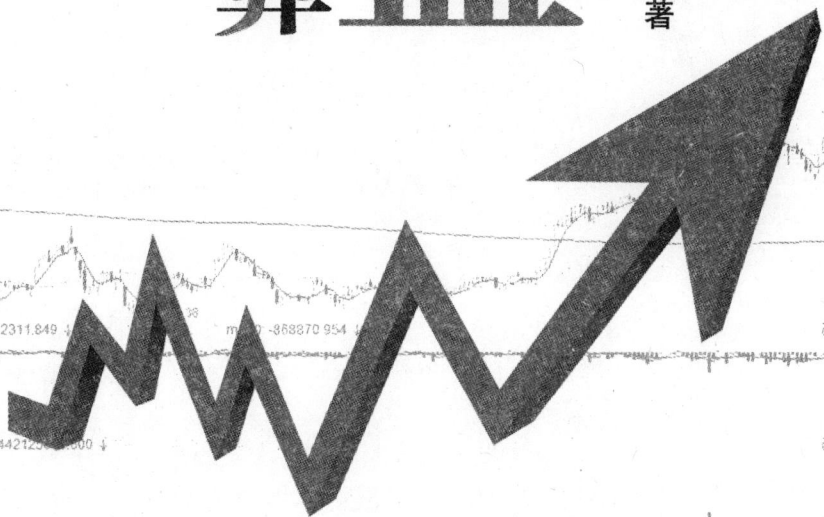

经济管理出版社
ECONOMY & MANAGEMENT PUBLISHING HOUSE

前 言

　　证券市场的分析不外乎两种：一是基本面分析；二是技术分析。这两种分析方法笔者认为不是方法优劣的问题，而是使用者掌握水平高低的问题。笔者是技术派的坚定拥护者和崇拜者，因为在笔者看来，作为能力有限的个体散户，进行基本面分析是不切实际的，基本面分析需要强大的资金和团队支持，而技术分析相对来说不需要耗费资金和人力，对于个体散户而言也更容易掌握。

　　关于个股的技术分析，每一个涉足证券市场的投资者都不会陌生，每一个人都能说出 MACD、KDJ、RSI、BOLL、MA、K 线、VOL 等关于技术分析的方法。但不是每一个人都能去掌握它，或者很容易地掌握它。许多人对这些技术分析方法只掌握到皮毛，结果是怎么用怎么错。而对于大盘的掌握能力，许多人的结果惨不忍睹，于是大家经常听到有人说，"我是放弃大盘做个股的"。

　　大盘对于许多人来说，首先感觉是很迷茫，因为似乎有一只无形之手在操纵着它，但又抓不到这只手，每天起起落落，走势似乎毫无章法，总找不到一种好的方法去判断它、掌握它，每天只能随波逐流，只能凭着感觉走，操作股票也天天胆战心惊，生怕今天买入的股票明天会因为大盘不好而被打压得一片凋零。

　　2014 年 5 月中旬，大盘要再次向 2000 点进发，大有跌破 3 月 21 日的大阳线向更深的深渊跌去之势，市场上一片看空之声，"2000 点不保"、"1850 点要再次跌破"、"中国股市已无救"等声不绝于耳，而笔者则大胆坚定地认为夏季攻势即将开始，并且大胆预测先期行情 200~300 点（注意一下是先期哦）。在 7 月 9 日因为一个中阴线，再次有所谓"高人"跟笔者说行情要破 1850 点，当时我更是气愤不过，并与此"高人"做了"赌约"。

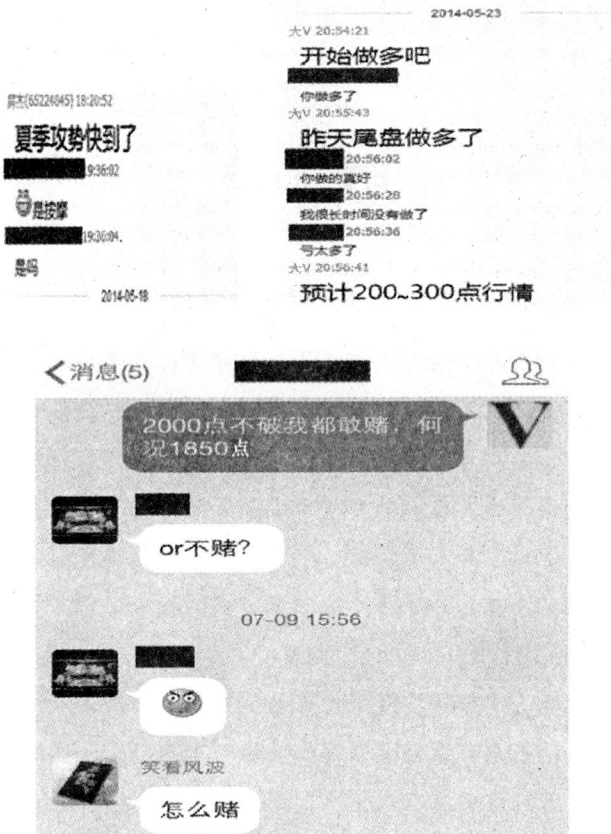

图 0-1　笔者的预测与"赌约"

其实大盘并没有多么神秘莫测，完全可以预测，只是我们用来预测的方法一定是可以信赖的，而且这种方法不能说保证百分之百的正确，但必须保证预测80%以上的准确率才行，否则与"瞎蒙"没有区别，因为即使我们用硬币来做决定，其正确率还基本会在50%呢。所以，对于广大证券投资者来说，用来判断和预测的方法很重要的如同对于一个登山队员来说，登山工具很重要一样。这是笔者第一本关于证券市场技术分析的书，书中介绍了MACD和K线在大盘分时及整体走势判断中的精妙运用，希望读者能更简单快速地掌握和使用。

房　杰

2014 年 10 月于北京

目　录

第一章 可爱的 K 线判断大盘底和顶

第一节 可爱的 K 线简介

要想很好地研判大盘，首先我们需要了解 K 线。打开任何一款行情分析软件，首先映入眼帘的是 K 线，投资者每天看着它，对它既熟悉又陌生，熟悉的是每天都能看到它，陌生的是对每根红红绿绿的 K 线其内在所要表现的东西不明。所以，K 线是技术分析的基础，是根本。投资者经常听说的所有技术分析的价、量、时、空四要素中的价即是由 K 线所表现的。而价格是市场中最关键、最重要、最基础、最核心的要素。在证券市场中，所有的投资者无一例外地都把价格作为投资行为中最首要、最重要的因素而优先考虑。

K 线，从表面上看，是记录价格的图表，无非是开盘价、收盘价、最低价、最高价四个价格，但其本质却并非如此。它的背后隐藏的是多空双方激烈的搏杀过程，就像茫茫的大海下面包罗万象，深不可测，多空搏杀的过程和结果"主宰"着 K 线的形成和演变。

因此，研究的核心就是在研判 K 线时，必须从多空搏杀的角度去认知，否则仅仅从表面到表面，无法掌握 K 线的精髓。

具体来说，多方获胜还是空方获胜，在 K 线上是用阳线和阴线来表示。阳线代表做多的力量获胜，阴线代表做空的力量获胜，多方取胜价格上涨，空方占优价格下跌。在股价长期下跌后，当强大的多方力量进场时就会形成底部；在股价长期上涨以后，空方力量大肆来袭就会形成头部。

研究 K 线不仅要研究 K 线的内在根本，还要研究 K 线的相对位置（因为高点和低点不是绝对的，因此也无须过分苛求准确的位置，只是给予大概的区别即可）。橘子生在南方称为橘，又甘又甜；生在北方称为枳，则又苦又涩。一模一样的 K 线如果处在不同位置上，其含义和对后市的指引作用截然不同。比如股价经过长期的下跌，这时出现了一根大阳线，我们可以理解为先知先觉做多的资金看好该股，随着先知先觉的做多力量的到来，股价形成底部。股价从底部上涨一段时间以后，又出现一根大阳线，这时我们可以理解为又有做多的力量看好该股。但股价又再次上涨一段时间以后，又出现一根大阳线，我们是不是就该注意一下了，因为股价不可能无限上涨，这时的大阳线，或许可能就是先期先知先觉的资金在获利以后的高位抛出。反过来，如果股价在经过一段时间的大幅上涨，这时出现一根大阴线，我们认为是获利资金的落袋为安，然后股价开始下跌，在下跌一段时间以后又是一根大阴线，这时可能是在相对高位套住的，对股票还有幻想的资金此时明白过来，即该股已经没有希望了，从而在这个地方疯狂出逃。但如果该股在经历一波大幅的下跌，这时再次出现一根大阴线，我们或许就不应该再恐慌，这时候出现大阴线，可能是在大阴线出现前，那些悄悄进场的资金利用已经收集到的筹码，利用利空消息在对股价进行最后的打压吸筹。所以看 K 线，一定要注意相对位置，就像我们理解别人的话，要看别人的语境或者所处的环境。同样的一句话，如果没有参考语境和环境，意思可能就与我们理解的不一样了，或者完全就是理解反了。

下面介绍几种经典的 K 线形式。

一、阳线

阳线代表做多的力量，大阳线代表强大的做多力量，尤其是经过长期下跌后出现一根大阳线，则说明有大资金介入，这时就不要再盲目地看空。

阳线的定义

（1）对个股而言，1%以下为小阳星、1%~3%为小阳线、3%~6%为中阳线、6%以上为大阳线，如图 1-1、图 1-2 所示。

小阳星　　　1%以下

小阳线　　　1%~3%

中阳线　　　3%~6%

大阳线　　　6%以上

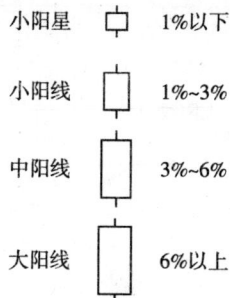

图 1-1　个股阳线类别

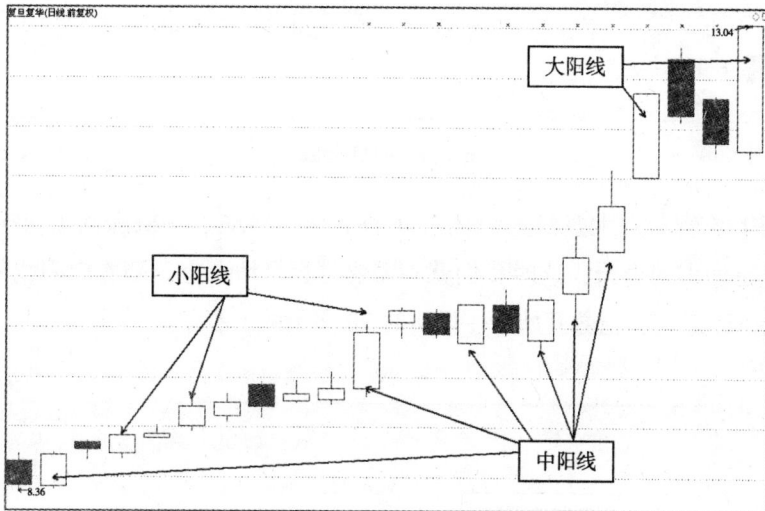

图 1-2　复旦复华阳线

（2）对大盘而言，0.5%以下为小阳星、0.5%~1%为小阳线、1%~3%为中阳
线、3%以上为大阳线，如图 1-3、图 1-4 所示。

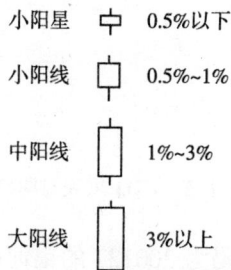

小阳星　　　0.5%以下

小阳线　　　0.5%~1%

中阳线　　　1%~3%

大阳线　　　3%以上

图 1-3　大盘阳线类别

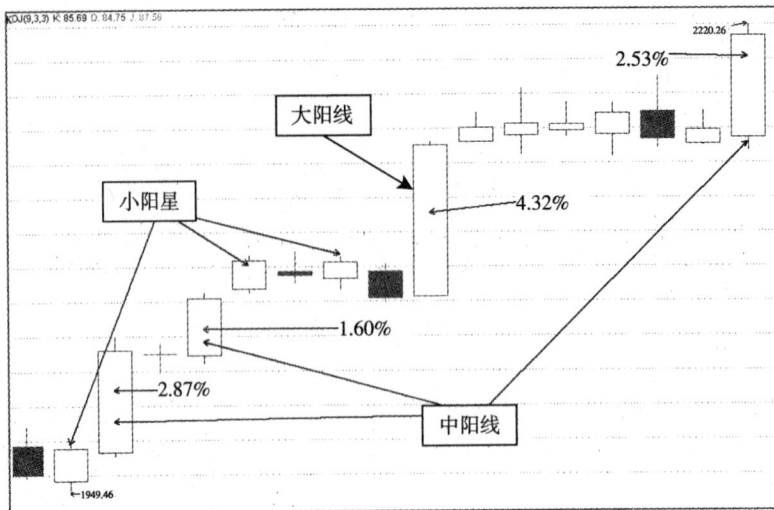

图 1-4 KDJ 阳线

如图 1-5 所示，大盘经过一段时间的下跌，出现了一根涨幅 1.74% 的中阳线，阳线是做多的力量，这时我们就不需要再盲目地看空，随着中阳线的到来，表明一轮下跌结束，指数开始了一段历时 20 多天的上涨。

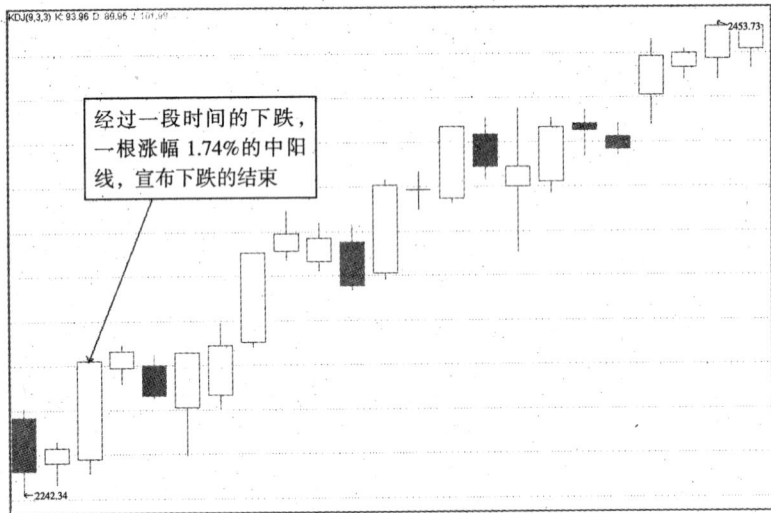

图 1-5 KDJ 阳线与阴线

如图 1-6 所示，股票代码为 300127 的银河磁体。该股经过一段时间的下跌，在 2012 年 12 月 5 日出现一根涨幅 9.02% 的大阳线。大阳线代表强大的做多

力量，股价在这根大阳线出现后，结束了一轮下跌，然后开始了一轮上涨，很快
24 个交易日内涨幅高达 73%。

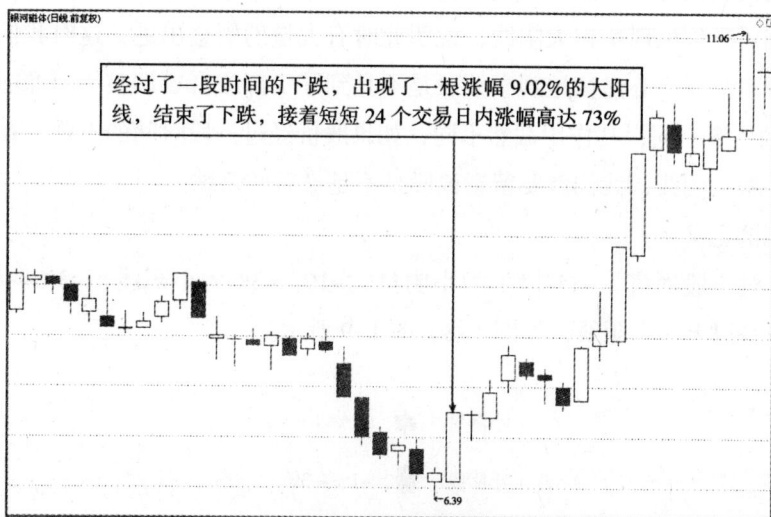

图 1-6　银河磁体

如图 1-7 所示，股票代码为 002468 的艾迪西。该股经过一段时间的下跌，
在 2012 年 12 月 5 日出现一根涨幅 7.02% 的大阳线，结束了下跌，随着做多力量
的到来，紧接着出现一轮上涨，30 个交易日内涨幅 30%。

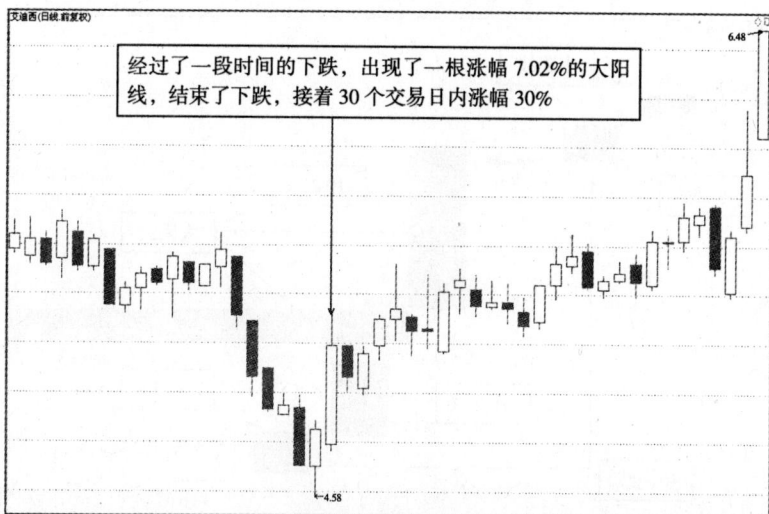

图 1-7　艾迪西

二、阴线

阴线代表做空的力量，大阴线代表强大的做空力量，如果股价经过长期的上涨，在相对高位出现一根大阴线，说明此时有大量的资金出逃，这时我们不能再盲目地看多，要小心谨慎地观察该股是不是到了头部或者要调整。但像前文提到的K线的位置不同，其作用截然不同，如果股价经过一段时间的下跌，在相对低位出现一根大阴线，我们就要留意该股是不是最后的杀跌。

阴线的定义

（1）对个股而言，–1%以下为小阴星、–1%~–3%为小阴线、–3%~–6%为中阴线、–6%以上为大阴线，如图1-8、图1-9所示。

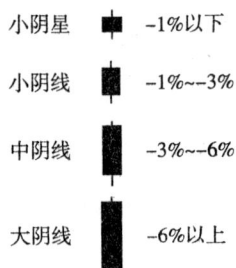

图1-8　个股阴线类型

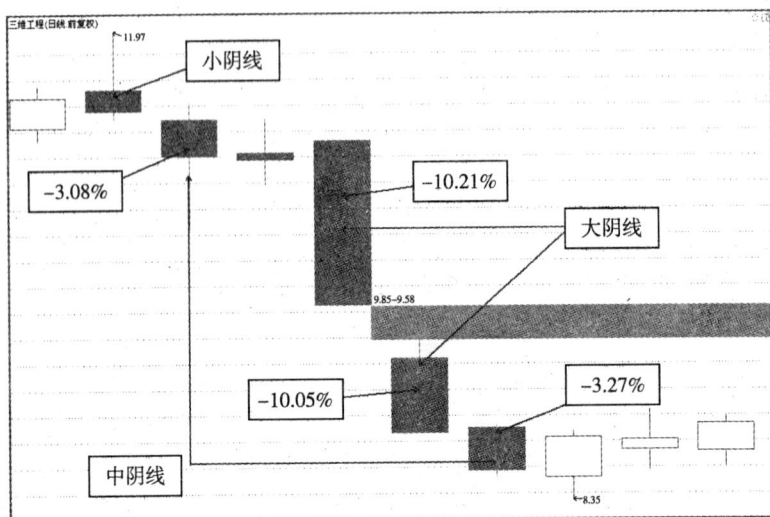

图1-9　三维工程阴线

（2）对大盘而言，−0.5%以内为小阴星、−0.5%~−1%为小阴线、−1%~−3%为中阴线、−3%以上为大阴线，如图 1−10、图 1−11 所示。

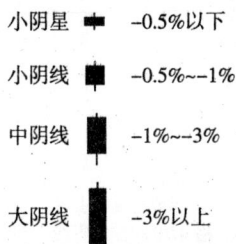

小阴星　　　　−0.5%以下

小阴线　　　　−0.5%~−1%

中阴线　　　　−1%~−3%

大阴线　　　　−3%以上

图 1−10　大盘阴线类型

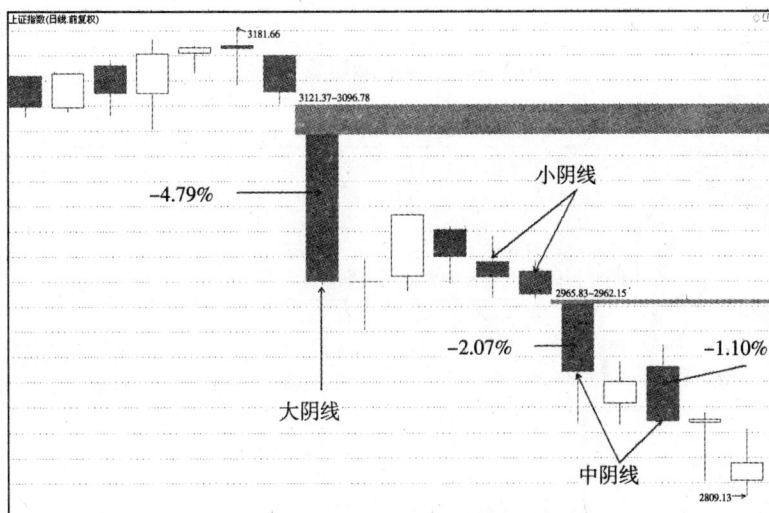

图 1−11　上证指数阴线

如图 1−12 所示，上证指数经过一段时间的上涨，出现了一根跌幅 4.79%的大阴线，大阴线是强大的做空的力量，随着强大做空力量的到来，宣布了上涨结束，下跌开始。

如图 1−13 所示，上证指数经过一段时间的下跌，在相对低位出现了一根跌幅为 5.30%的大阴线，低位大阴线的出现可能是最后的做空力量的集中释放，随着做空力量的集中释放，结束了一轮下跌，大盘开始了一波反弹。

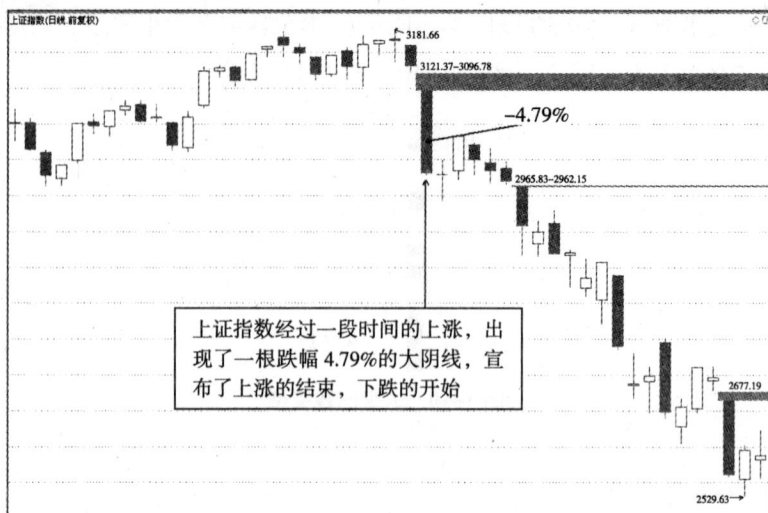

图 1-12　上证指数阴线与阳线

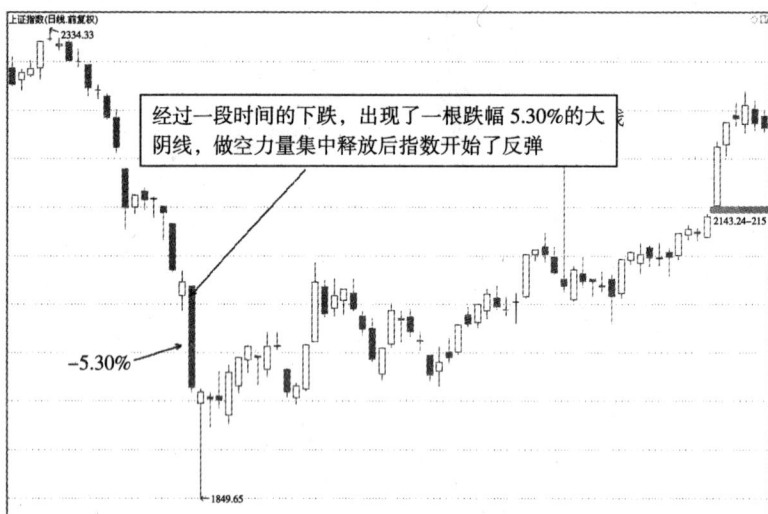

图 1-13　上证指数的大阴线

　　如图 1-14 所示，股票代码为 300152 的燃控科技。该股经过一段时间的上涨，于 2013 年 10 月 31 日在相对高位出现一根跌幅为 8.73% 的大阴线，结束了上涨过程。

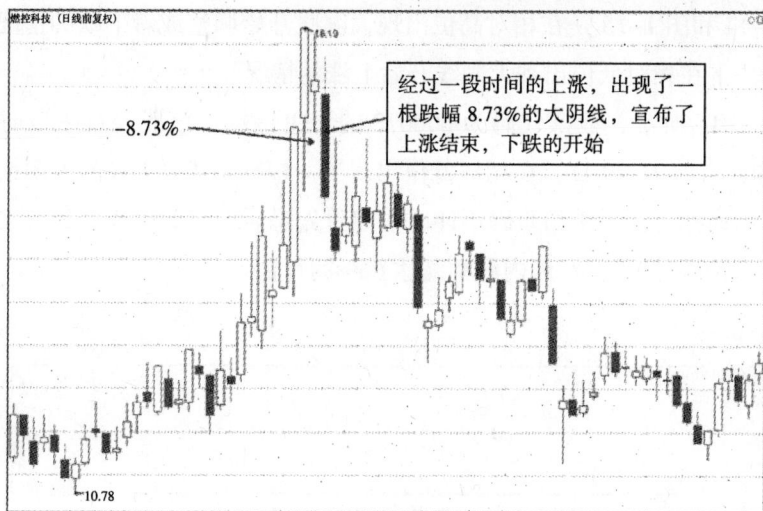

图 1-14　燃控科技

如图 1-15 所示，股票代码为 300131 的英唐智控。该股经过一段时间的上涨，于 2014 年 2 月 25 日在相对高位出现一根跌停的大阴线，结束了上涨过程。

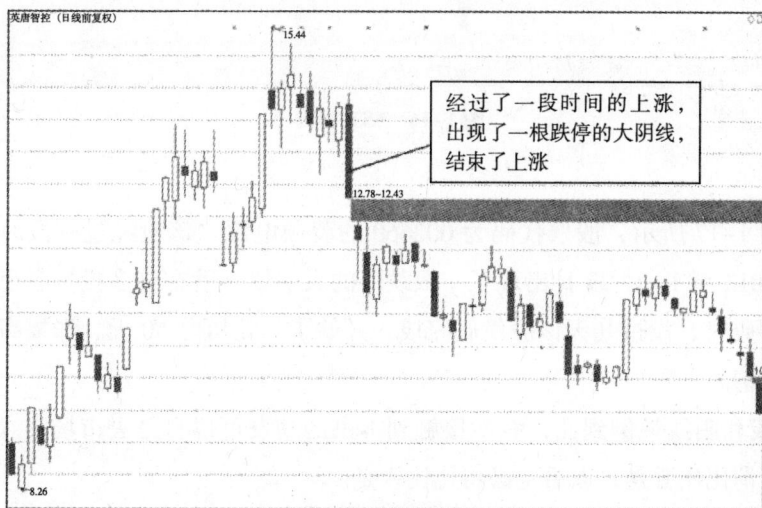

图 1-15　英唐智控

图 1-14 和图 1-15 是在相对高位出现大阴线开始调整或者下跌的情况。下面我们来看一下在相对低位出现大阴线开始上涨的情况。

如图 1-16 所示，股票代码为 600072 的 *ST 钢构。该股经过一段时间的下跌，于 2013 年 7 月 29 日，在相对低位出现了一根跌幅为 9.71% 的大阴线，就在投资者害怕地把自己手中的筹码不计成本地争先恐后抛售的时候，该股在 2 天以后开始了一轮历时短短 29 天内涨幅高达 66% 的行情。

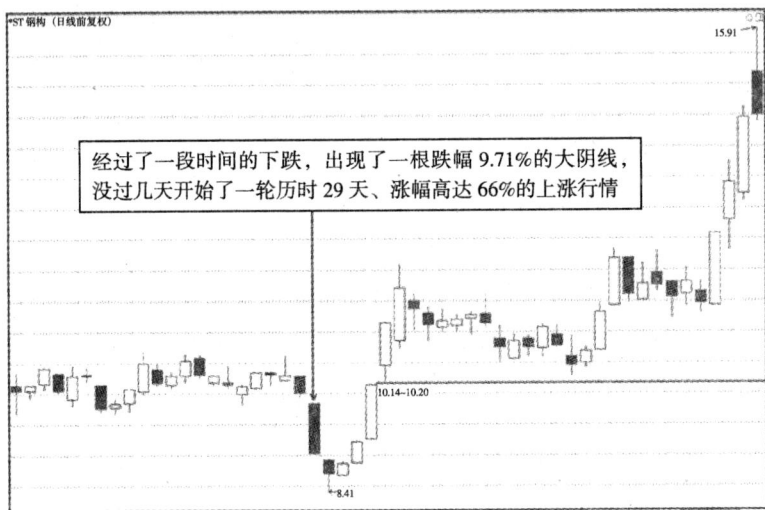

图 1-16 *ST 钢构

如图 1-17 所示，股票代码为 002660 的茂硕电源。该股经过一段时间的下跌，于 2013 年 10 月 29 日出现了一根跌停的大阴线，就在许多投资者恐慌地纷纷抛售筹码时，没过几天该股筑底完成，开始了一轮历时 50 天、涨幅高达 68% 的上涨行情。

阳线和阴线举例到此，有幸接触到本书的朋友可以自己去市场中寻找这种股票，可谓比比皆是，以后也必将比比皆是。

三、长上影线

长上影线一般投资者认为抛压很重，上档有阻力。因而见到带长上影线的认为不好。其实，我们应该区别对待，这不是对红长上影线和绿长上影线区别对

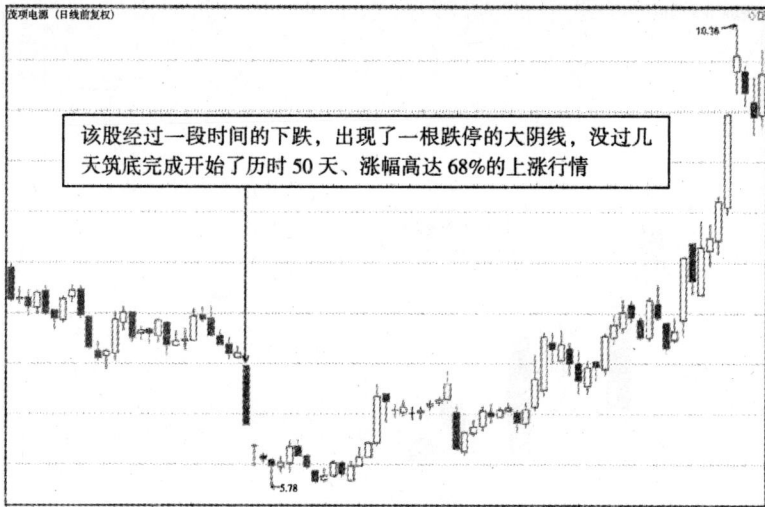

图 1-17　茂硕电源

待，而是对位置区别对待。根据相对位置理论，我们把相对低位的称为"指南针"，把相对高位的称为"避雷针"。

　　相对低位的长上影线，通常是主力向上拉升，试一试上档抛压的轻重所造成的试盘 K 线。这种 K 线，通常是股价将大幅拉升的前奏，故称为"指南针"。相对高位的长上影线，通常是拉升一段时间以后，股价到达了压力区间，抛压很重形成的。这种 K 线，通常意味着调整的开始或者上涨的结束，故称为"避雷针"。（见图 1-18）

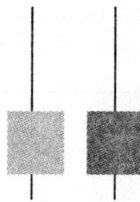

图 1-18　长上影线

　　长上影线的定义：①对个股而言，长度要长于 3%；②对大盘而言，长度要长于 0.8%。

　　如图 1-19 所示，上证指数经过一段时间的下跌，出现 2 根带长上影线的 K 线，结束了下跌，开始了一波反弹。

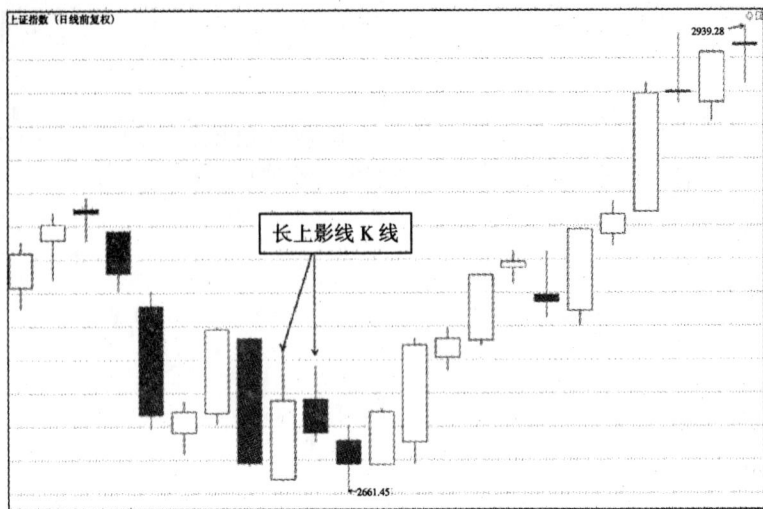

图1-19　上证指数的长上影线

如图1-20所示，股票代码为002284的亚太股份。该股经过一段时间的下跌，于2012年12月3日，在相对低位出现一根实体很小、上影线长度将近3.00%的K线，进行一次试盘动作后，就在投资者以为上档压力沉重，而轻易地抛弃手中筹码时，该股则马不停蹄一直上涨，涨幅高达220%。

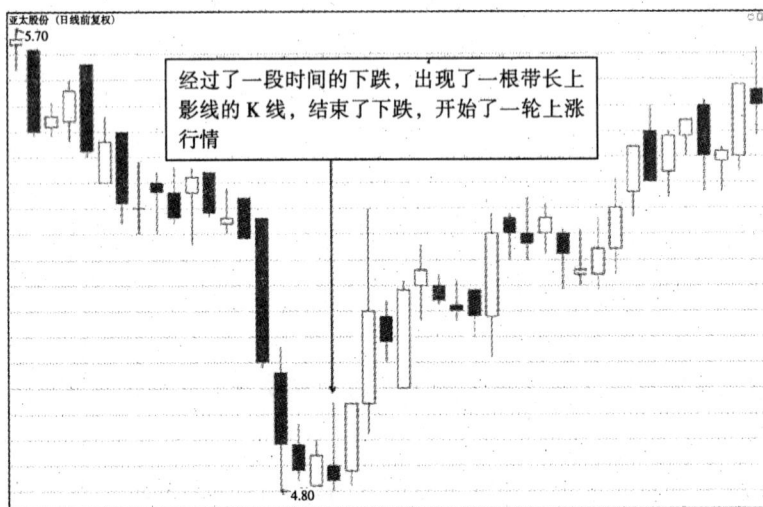

图1-20　亚太股份

如图 1-21 所示，股票代码为 600030 的中信证券。该股经过一段时间的下跌，2012 年 12 月 5 日，在相对低位出现了一根涨幅为 7.60%、带长上影线的 K 线，就在许多投资者以为该股上档压力沉重、抛弃筹码另选他股时，该股开始上涨，历时短短 42 天，涨幅高达 59.01%。

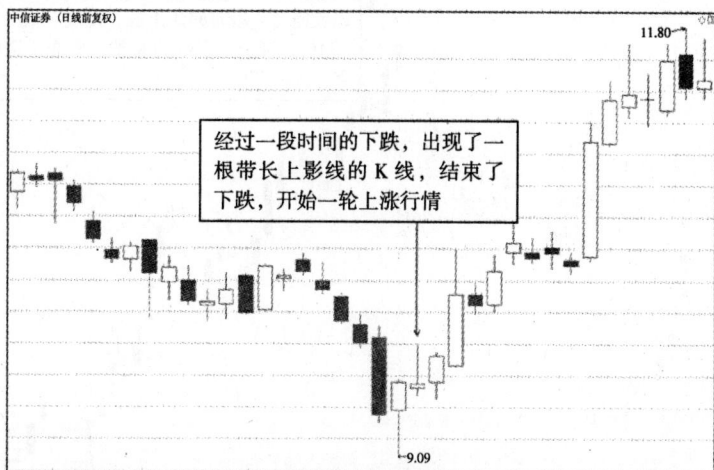

图 1-21　中信证券

在相对高位的长上影线往往在主力资金大幅拉升后要出货的情形下产生。这种 K 线，通常意味着头部的到来，故称为"避雷针"。

如图 1-22 所示，上证指数经过一段时间的上涨，出现了一根带长上影线的"避雷针" K 线，结束了上涨趋势，开始下跌。

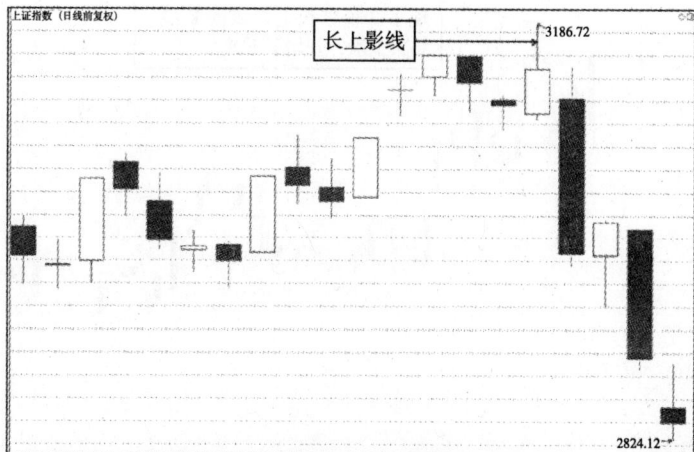

图 1-22　上证指数的"避雷针" K 线

如图 1-23 所示，股票代码为 601992 的金隅股份。该股经过一段时间的上涨，2013 年 12 月 4 日，在相对高位出现一根涨幅 7.41%、带长上影线的 K 线，宣布了该股的涨势结束，开始了一轮下跌。短短 26 个交易日内跌了 30%多。

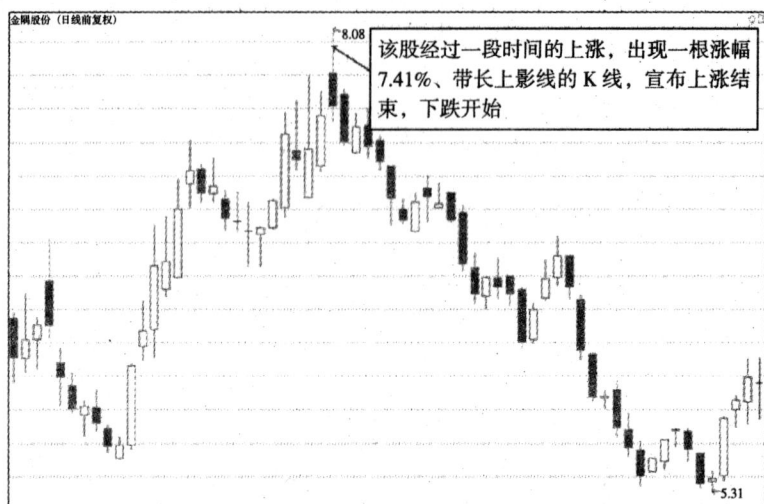

图 1-23　金隅股份

如图 1-24 所示，股票代码为 002668 的奥马电器。该股经过一段时间的上涨，2013 年 12 月 16 日，在相对高位出现了 2 根带长上影线的 K 线，宣布了该股的上涨结束，一轮下跌由此开始。不到 30 个交易日内，跌了 30%多。

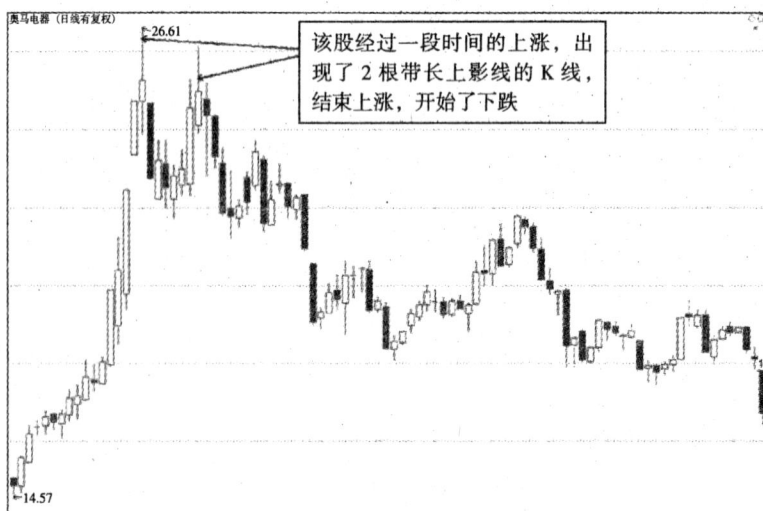

图 1-24　奥马电器

四、长下影线

一根带有下影线的K线，投资者往往会以为下面有支撑。其实，对于这种K线同样必须进行区别。如同前面讲过的带长上影线的K线一样，不是区别是红色的K线还是绿色的K线，而是区别看K线所处的相对位置，然后才进行判断。

我们把处于相对低位的带长下影线的K线，称为"定海神针"，是做多资金进场造成的，是即将见底的信号；而把处于相对高位的带长下影线的K线称为"上吊线"，是主力资金试探着离场造成，股价即将大幅下跌的信号。（见图1-2）

图1-25　长下影线

长下影线的定义：①对个股而言，长度要长于3%；②对大盘而言，长度要长于0.8%。

如图1-26所示，上证指数经过一段时间的大幅下跌，出现了一根下影线长度5%的"定海神针"，上证指数结束了下跌，开始了一轮上涨。

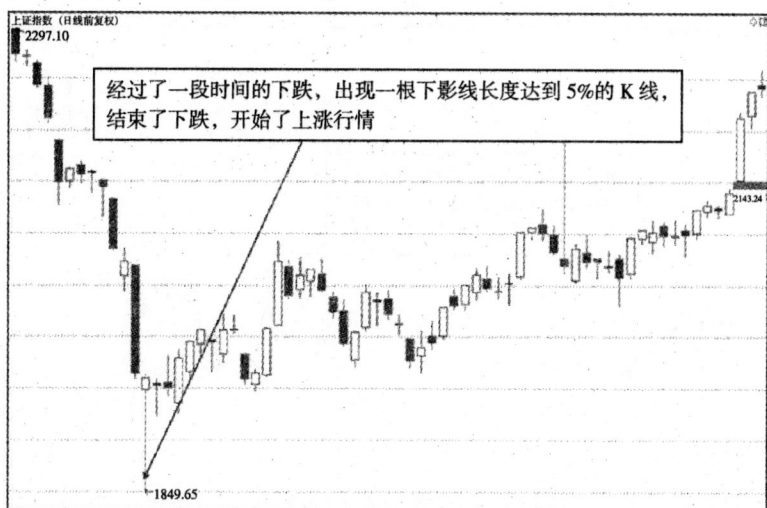

图1-26　上证指数的长下影线

如图 1-27 所示，股票代码为 600327 的大东方。该股经过一段时间的下跌，2013 年 6 月 25 日，在相对低位出现一根长度为 8.68%、带长下影线的 K 线，意味着主力进场，不久一轮上涨行情启动，历时 70 个交易日，涨幅高达 72%。

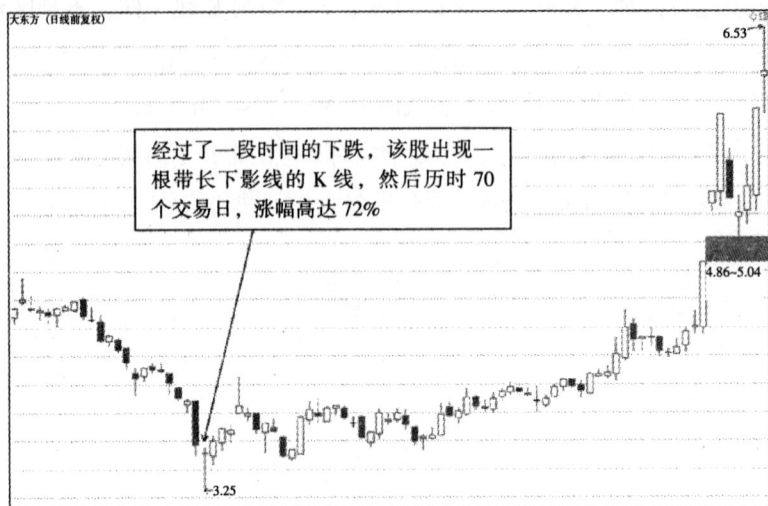

图 1-27 大东方

如图 1-28 所示，股票代码为 002540 的亚太科技。该股经过一段时间的下跌，2013 年 6 月 25 日，在相对低位出现一根带长下影线的 K 线，意味着主力资金进场，不久一轮上升行情启动，该股在 73 个交易日内涨幅达 87%。

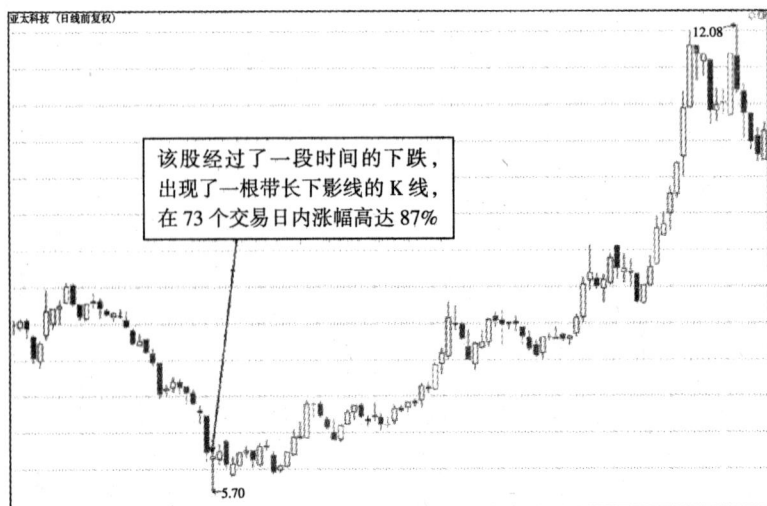

图 1-28 亚太科技

如图 1-29 所示，上证指数经过一段时间的上涨，出现一根下影线长度为 0.84%、实体非常小的 K 线，然后指数结束了上涨，开始了一轮下跌。

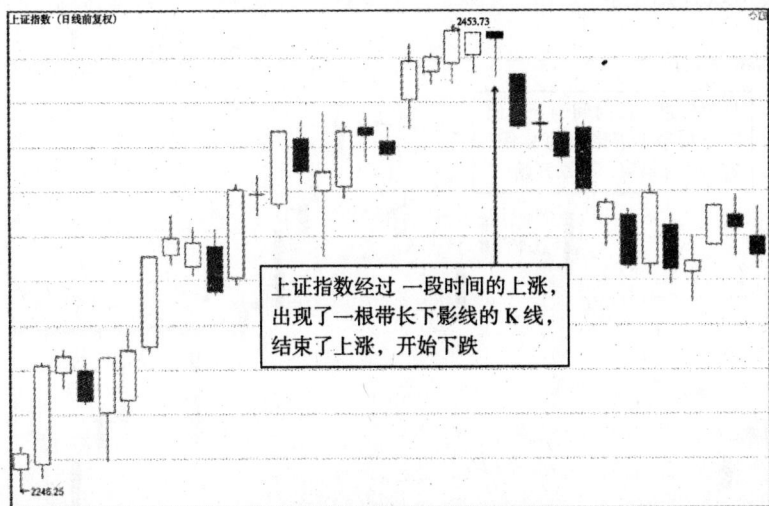

图 1-29 上证指数的长下影线

如图 1-30 所示，股票代码为 002599 的盛通股份。该股经过一段时间的上涨，2014 年 2 月 9 日，在相对高位出现一根振幅为 4.60%、带长下影线的 K 线，宣布了该股上涨的结束，下跌的开始。

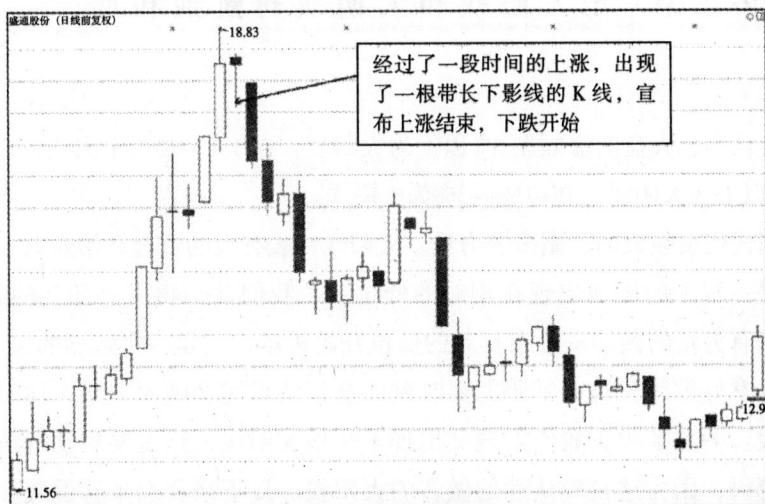

图 1-30 盛通股份

如图 1-31 所示，股票代码为 000426 的兴业矿业。该股经过一段时间的上涨，在相对高位，出现了 2 根带长下影线的 K 线，宣布了该股上涨结束，不久，一轮连续下跌开始了。

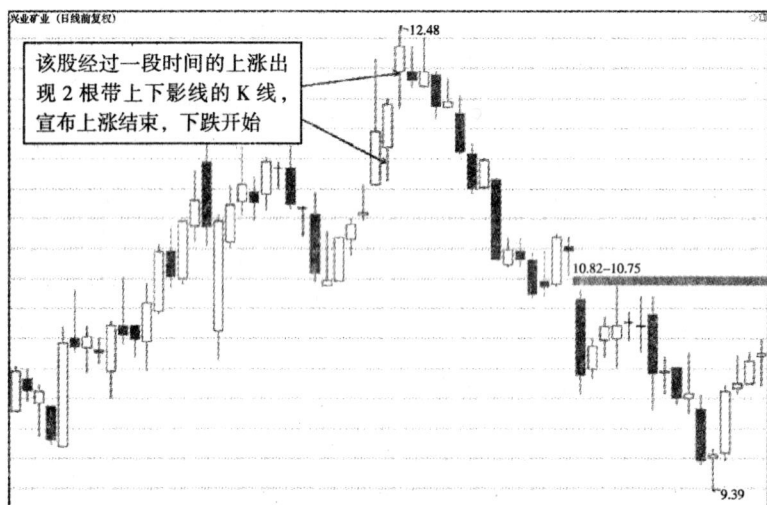

图 1-31　兴业矿业

第二节　用大阳线和大阴线判断顶和底

笔者认为，大盘的涨幅在 3%以上为大阳线，在 1%~3%为中阳线，同样的跌幅在 3%以上为大阴线，在-1%~-3%为中阴线。

大阳线代表强大的、做多的力量，大阳线代表有大的资金开始介入。

如果一根大的阳线出现在相对的低位上，我们就不再需要那么的悲观了，因为这是有大量的做多资金在相对的低位开始进场，它是一个强烈的买入信号。有筹码的拿好筹码，没有筹码的要时刻注意行情可能会随时到来，这时要积极挑选个股。一旦某一天我们发现又出现了一根大阳线，这是要启动行情，应赶紧买入筹码，因为这是确认性的做多的大阳线。接下来我们来看看底部行情是怎样启动的。

　　上证指数每一次行情的见底过程中，基本都是一前一后出现两根中到大阳线，前面的中到大阳线代表前期有大量的资金介入收集筹码，然后经过一段时间的震荡调整，等筹码收集得差不多了，再出现一个中到大阳线，这宣布行情的正式启动。而那些看不懂大资金意图的人，就会在震荡调整过程中忍痛割爱而交出自己手中的廉价筹码。

　　如图 1-32 所示，上证指数经过一段时间的下跌，2005 年 6 月 8 日，一根涨幅 8.21% 的大阳线宣布有大量资金进入股市，然后经过一段时间的调整，直到 2005 年 7 月 12 日再次出现一根涨幅为 3.43% 的大阳线，正式启动股市开市以来最大的波澜壮阔的大牛市。笔者很幸运的是在 2005 年 6 月 7 日正式进入股市，但不幸的是从 998 点到 6124 点这一轮波澜壮阔的大牛市的运行周期里，笔者是赔钱的，所犯的错误和广大赔钱的股民一样，天天追涨杀跌，总想快速地赚钱，结果就是赚不到钱。当然通过这一前一后两根大阳线，我们无法提前预测出上证指数后面能上涨到 6124 点，或者比这更高或者更少的位置，我们只是根据一前一后的两根 K 线，让你能准确地抄到底部，让你在行情起点的时候就介入，至于什么时候到头部，我们后面的内容会告诉你。

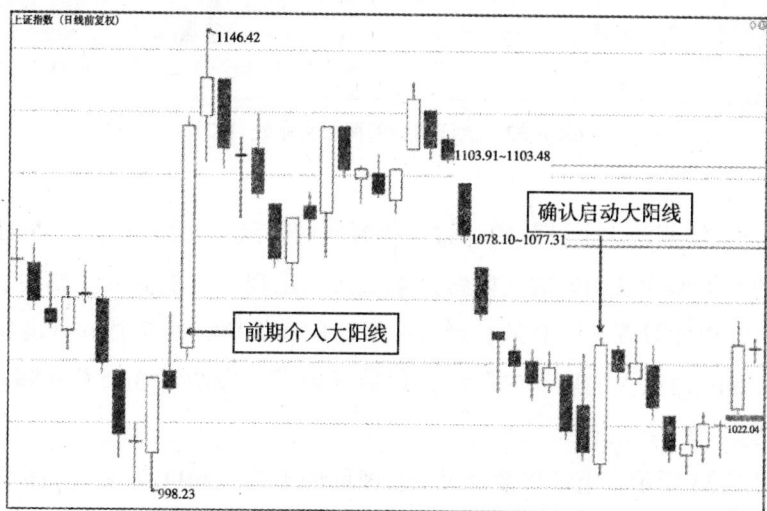

图 1-32　上证指数的两根大阳线（一）

　　上面的实例不是个案，请看下面的内容。

　　如图 1-33 所示，从 6124 点见顶以后，上证指数经过一段长时间的单边下跌，2008 年 9 月 19 日出现一根涨停的涨幅为 9.45% 的大阳线，宣布大量的做多资金开始介入（大盘涨停的概率很低，如果大盘出现涨停的大阳线，一定要注意了，这时切不可盲目地看空），然后调整一段时间，于 2008 年 10 月 28 日出现了一根从开盘价到收盘价振幅为 7.05% 的确认性启动的大阳线。通过这一前一后的两根大阳线，上证指数启动了一轮翻倍的行情。同样地，我们无法通过这样的两根 K 线判断出以后能涨到哪里，但是我们不会错过底部。

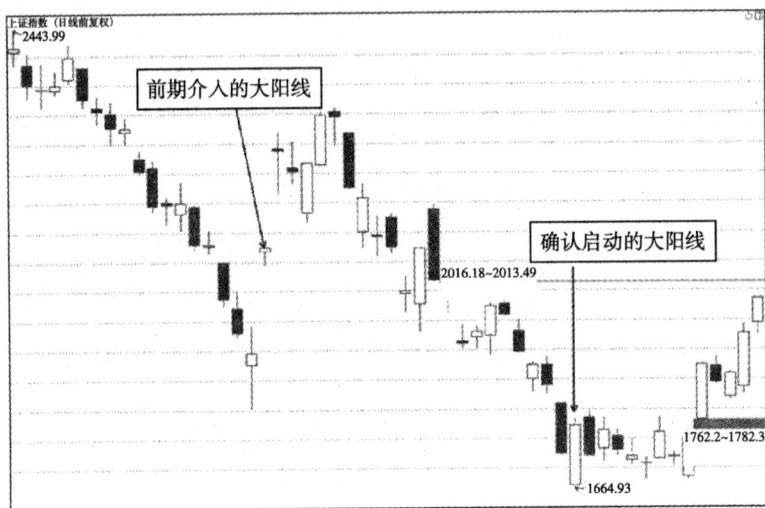

图 1-33 上证指数的两根大阳线（二）

如图 1-34 所示，上证指数经过一段时间的下跌，2010 年 5 月 21 日出现一根低开的、振幅为 4.01% 的大阳线，第二天又出现了一根高开涨幅在 3.48% 的大阳线，宣布大量资金的介入，经过一段时间的调整，在 7 月 6 日出现一根涨幅为 1.92% 的确认性的启动中阳线，然后开始了一段历时 3 个月涨幅将近 900 点的行情。

如图 1-35 所示，上证指数经过一段时间的下跌，2011 年 12 月 16 日出现一根涨幅 2.01% 的中阳线，表明有大量的资金介入，经过一段时间的调整，在 2012 年 1 月 9 日出现一根涨幅 2.89% 的启动中阳线，开始了历时 1 个多月的涨幅为 350 点的行情。为什么这次行情的持续时间这么短，涨幅这么小？大家应该还会记得上面几次行情，笔者介绍时都提到有一次是大阳线出现，而这次一前一后相

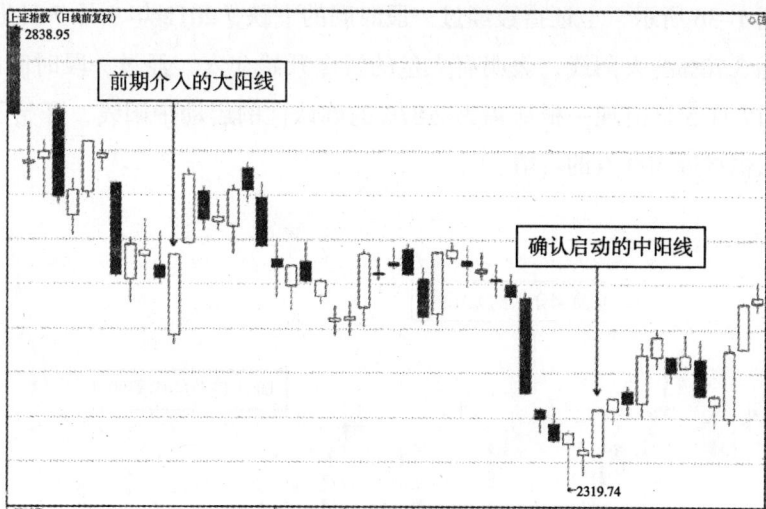

图1-34　上证指数的大阳线与中阳线（一）

继出现的都是中阳线，而且看图时会明显看到一前一后出现的间隔时间也没有前面几次的时间长。中阳线代表的做多力量没有大阳线代表的做多力量强大，而间隔时间短说明大资金的收集筹码的时间短，清洗浮筹的时间也短，拉起来担子重，做多力量不坚决，同时筹码收集和清洗浮筹的时间匆忙，不可能出现大的行情。

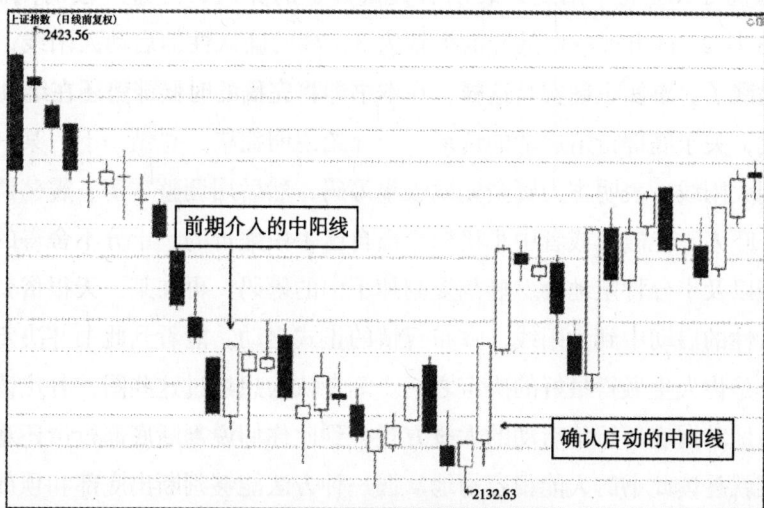

图1-35　上证指数的两根中阳线

如图 1-36 所示，上证指数经过一段时间的下跌，2012 年 9 月 7 日出现了一根涨幅为 3.70% 的大阳线，表明有大量的资金开始介入，经过一段时间的调整，2012 年 12 月 5 日出现一根涨幅为 2.87% 的确认性的启动中阳线，开始了历时 2 个多月涨幅将近 500 点的行情。

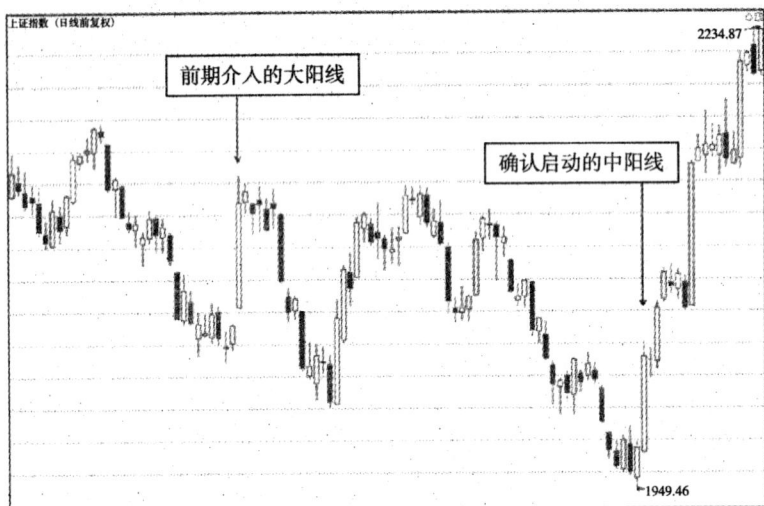

图 1-36　上证指数的大阳线与中阳线（二）

如图 1-37 所示，上证指数经过一段时间的下跌，2014 年 1 月 22 日出现了一根涨幅为 2.16% 的中阳线，表明有大量资金的介入，经过一段时间的调整，2014 年 3 月 21 日出现一根低开的振幅为 3.33% 的确认性的启动大阳线，下面的事情就是涨了。事实也确实是这样，在本书即将完稿的时候涨势还在继续。

至此，关于底部行情启动的情形已经介绍说明完毕，总结一下，某一天出现一根中到大阳线，表明主力资金先期收集筹码，然后用调整震荡、震荡调整欺骗人、吓一吓人，让散户或者中小机构交出自己手中廉价的、十分不舍得的但最终必须一定以及十分肯定地会忍痛割爱割掉手中的筹码，再在某一天很俗套地出现一根确认性的启动中到大阳线，宣布行情的正式启动。能看到此书并决定下单买入此书，是你人生做得最好的决定之一。笔者认为想经过这些图，各位读者应该能很轻易地掌握底部行情启动的大概方式，到此你们说判断底部行情还难吗？笔者的理想就是读此书的人能很容易地掌握一种方法能够判断出底部和顶部，不要在底部要到来的时候割掉筹码，在顶部的时候不计成本地买入筹码，也算是对笔

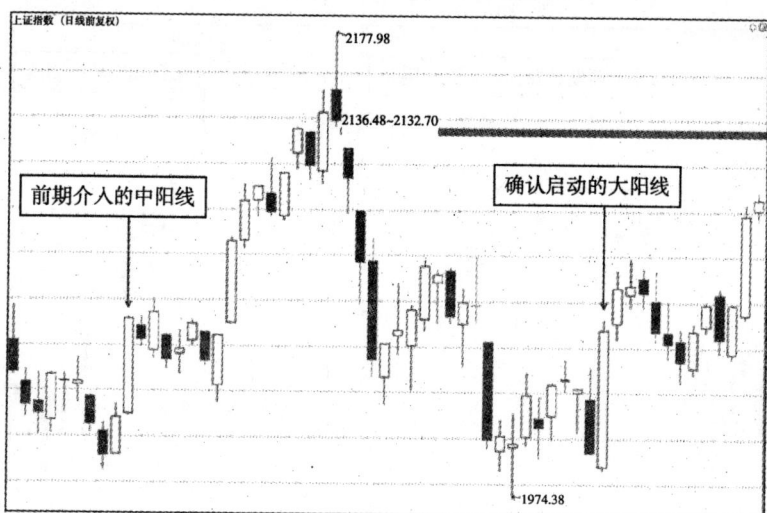

图 1-37　上证指数的中阳线与大阳线

者辛苦写作的褒奖及肯定。自己的理想能实现，是笔者最幸福的事。对于大家也一样，自己的理想能实现同样是幸福的事。

下面我们进入大阴线判断顶部的桥段。

大阴线代表强大的做空的力量，大阴线代表有大量的不计成本的资金在逃走，但大阴线出现的位置不同，它的含义又不同。如果大盘经过长期的上涨，在相对的高位上面出现一根大阴线，说明此时有大量的资金出逃，出逃的是前期先知先觉的底部进入的资金，这时我们不能再盲目地看多，要小心谨慎地观察，因为这些出逃的资金短期内不会回来，结果就是行情要出现头部或者大的调整。而如果大盘经过一段时间的下跌，大阴线出现在相对的低位上面，这时的大阴线我们就要留意，大盘是不是最后的杀跌，因为这时候出逃的资金是中小散户的资金，具体的就是大资金利用已经收集的筹码对敲，恐吓散户交出手中的筹码，行情启动是不是就在眼前呢？

如图 1-38 所示，上证指数在经过一段时间的上涨后，2004 年 2 月 23 日出现一根跌幅为 2.33% 的试探性做空的中阴线，经过一段时间缓慢上涨进行头部构造，2004 年 4 月 9 日出现一根跌幅为 2.43% 的中阴线，确认头部的到来，大盘从此跌跌不休，一直跌了 1 年零 2 个月，跌到 998 点处，一根大阳线才宣布跌势的结束。就像两根大阳线我们不知道能涨到哪里一样，我们也不能从两根中阴线中预测到指数会跌到哪里，我们只是知道这个地方是头部该逃了。

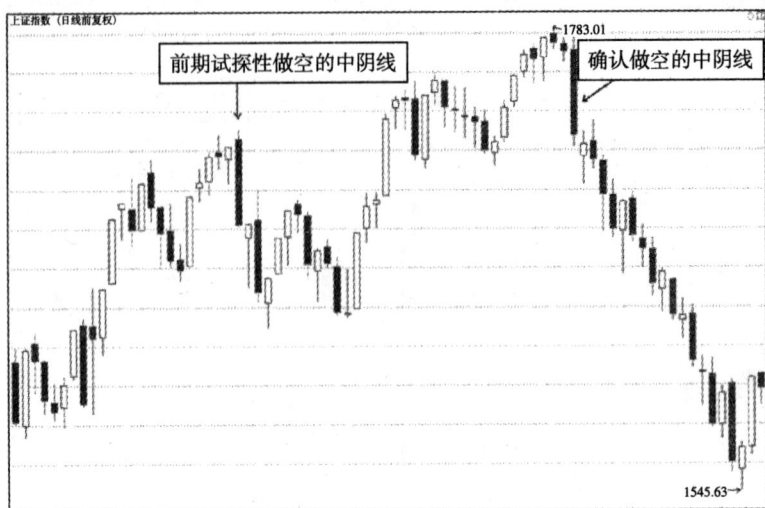

图1-38 上证指数的两根中阴线（一）

如图1-39所示，上证指数经过2年零3个月的大幅上涨，2007年9月11日出现一根跌幅为4.51%的试探性做空的大阴线，2007年10月18日又出现了一根跌幅为3.50%的大阴线，为什么会出现2次试探性大阴线呢，因为涨幅很大，做多的筹码不能很快地抛完，所以需要几次试探性地抛售，2007年10月25日和11月2日，两根确认性做空的大阴线宣布了头部的形成，一轮历时11个月浩浩荡荡的大幅下跌就此开始。我们不知道会跌到哪里，但我们知道没有两根做多的大阳线的出现，指数就会一直跌下去。既然不知道哪里是底，但知道头部来了，那就先走吧。

如图1-40所示，上证指数经过一轮大幅上涨之后，2009年7月29日出现了一根试探性做空的跌幅为5.00%的大阴线，经过短时间的头部构造，2009年8月7日又出现了一根跌幅为2.85%的确认性做空的中阴线的出现，宣布头部构造完成，下跌就此开始。

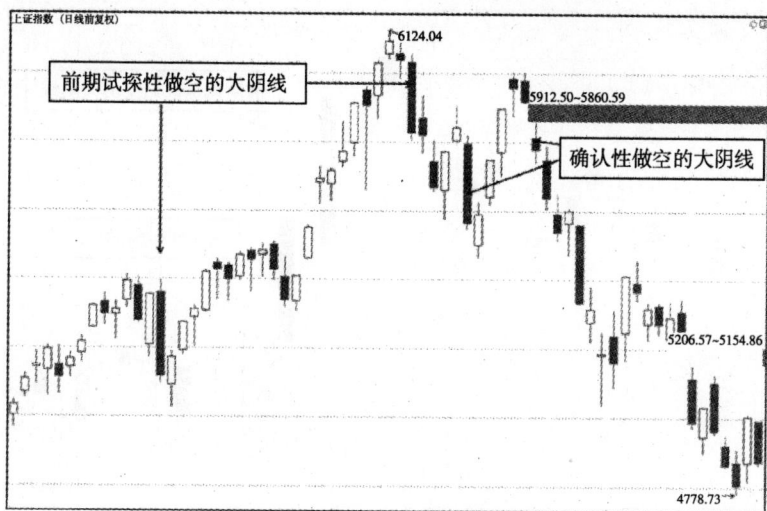

图 1-39　上证指数的两根大阴线 (一)

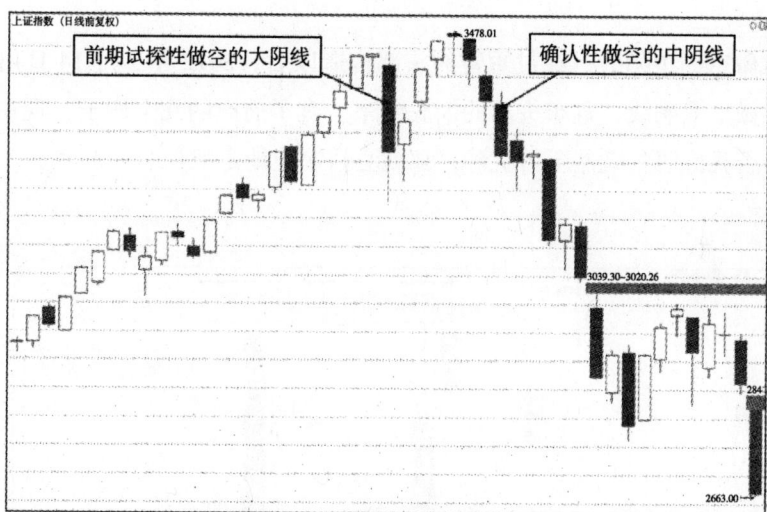

图 1-40　上证指数的大阴线与中阴线

　　如图 1-41 所示，上证指数经过一轮上涨之后，2011 年 11 月 12 日出现一根跌幅为 5.16% 的大阴线，2011 年 11 月 16 日出现一根确认性做空的大阴线，很舒服的赚钱日子就此远去，虽然没有像以前那样的快速下跌，但大部分的投资者每天只能战战兢兢地操作。

　　如图 1-42 所示，上证指数经过一段时间的上涨，2012 年 3 月 6 日，出现一

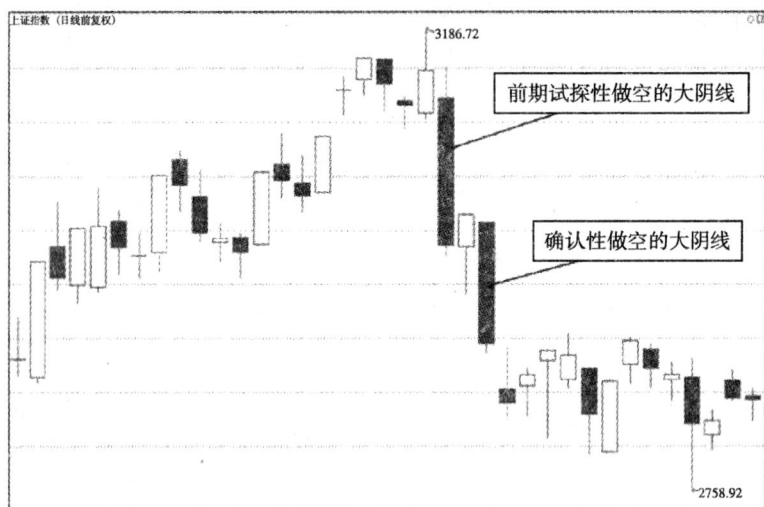

图 1-41　上证指数的两根大阴线（二）

根试探性做空的中阴线，经过短暂的头部构造以后，2012 年 3 月 14 日出现一根确认性的做空大阴线，宣布头部的彻底到来。有了前面的几个例子，现在还为头部到来与否犹豫吗？既然不再犹豫，那就心情愉快地走吧！

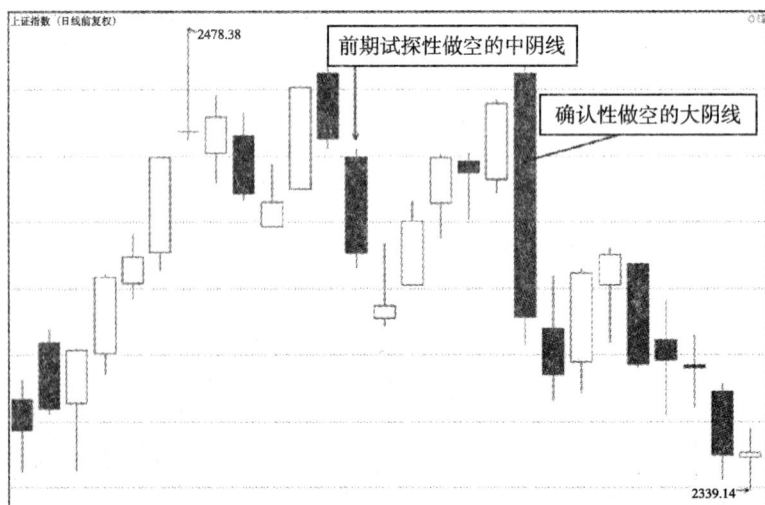

图 1-42　上证指数的中阴线与大阴线（一）

历史会不断地重演，但绝不会简单地重复！没有躲过 3186 点的头部，就不会逃掉 2444 点的顶部。

如图 1-43 所示，上证指数经过一段时间的上涨，2013 年 2 月 19 日出现了一根跌幅为 1.61% 的试探性做空的中阴线，2013 年 2 月 21 日出现了一根跌幅为 2.97 的确认性中阴线。完了！又会有很多人套在下跌之中，即使不套在下跌中，也会备感煎熬。不过好在本书的读者，不管你以前如何，最起码现在你不会在头部已经确认来临的时候还兴高采烈地买入股票，然后经历犹如炼狱般的煎熬了。而此次的头部和 3186 点的头部是何其的相似，一前一后两根阴线中间夹着一根带长下影线的 K 线。

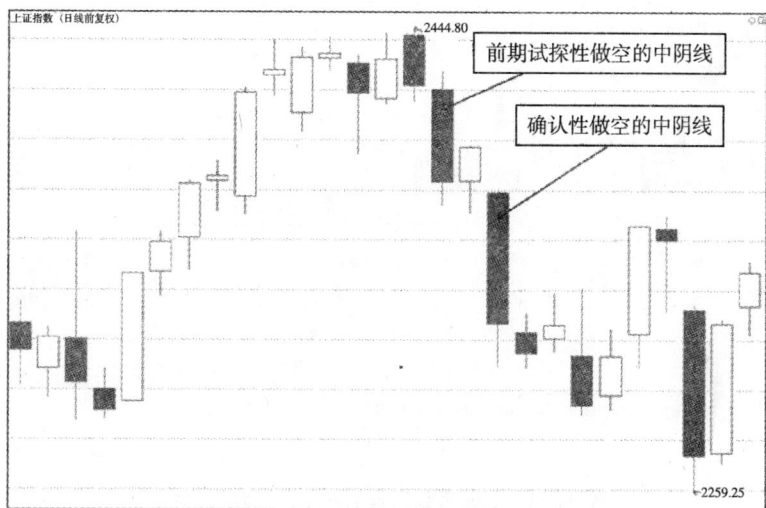

图 1-43　上证指数的两根中阴线（二）

前面介绍了大阴线确认头部的情况下，下面介绍 2 个在底部出现的大阴线的情况。

如图 1-44 所示，这图大家是否感到熟悉，没错这与图 1-33 一样，为什么要把前面的图再介绍一遍呢，是想让大家更好地明白底部的确认过程。2008 年 9 月 19 日，在出现一根涨停的前期介入的大阳线后，主力资金不会很快地发动行情，首先主力资金收集的筹码还不够用来发动一波行情，其次主力资金需要利用已经收集到手的筹码，不停地对倒互敲，诱骗广大投资者更多地交出手中筹码，以使主力资金收集到足够发动一波行情的筹码。在主力资金即将收集够筹码的时

候，还需要试探一下广大投资者的反应，看看广大投资者是否会跟随或者把广大
投资者吓倒在底部区域，只有在底部参与的人少了，不愿意在这个位置进行股票
买卖了，主力资金拉升起来才会省力。在前期介入大阳线之后，再启动大阳线之
前，来一根跌幅为 6.32% 的大阴线就是为了把广大投资者吓倒，让大家不愿意在
这个区域买入股票甚至割肉，既然散户们不愿意再买，那么自然割肉出来的筹码
就会被主力资金接走。等上涨一段时间以后，投资者发现行情不再跌下去而是上
升，这时再进入市场，底部的筹码已经没有了，只能抬高自己的成本。这是主力
资金最希望看到的。

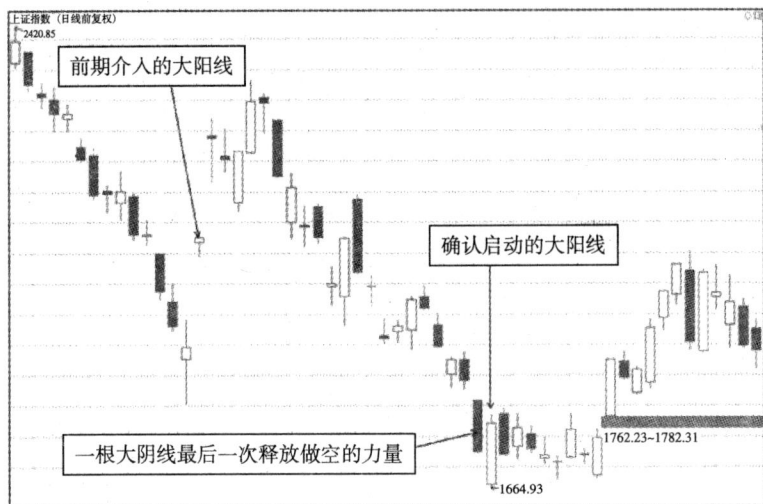

图 1-44　上证指数出现的两根大阳线（三）

如图 1-45 所示，与前面一样，在一根前期介入的大阳线以后，启动的中阳
线之前，出现了一根吓唬广大投资者的大阴线。正是这样的一根大阴线，让不愿
意交出筹码的投资者交出了筹码，让还没有进入市场的投资者不敢轻举妄动，直
到完全判断出要上升时，但那时的筹码成本已经很高了。那些在底部交出筹码的
投资者，在"进"还是"不进"的犹豫中，一波上涨行情就快要结束了，然后开
始了调整，当调整完毕再次拉升一段时间以后，这时他们终于拿定了主意要进
了，但头部已经来了。我们的读者，通过上面的学习，现在完全不会被这种相对
低位的大阴线吓倒，恰恰相反，我们会很高兴在相对低位看到这样一根大阴线。
因为我们知道，有了前期介入的大阳线，再来这么一根大阴线，这是吓唬人的，

是逼迫不愿意交出筹码的投资者交出筹码的动作，底部就在眼前，轻松赚钱的日子就要来了。此时，我们要做的就是调集资金准备买入自己心仪的股票，然后"做轿子"，再然后在高位和主力机构一起抛给那些现在犹豫不决的人。"本是同根生，相煎何太急"，也许我们不应该抛给同为散户的他们，但市场是无情的，市场是不相信眼泪的，唯有掌握了正确的方法你才能立于不败之地，你才能开心地笑，世界是属于成功者的。其实，你我也不知道究竟是抛给了机构还是散户，也许只有天知道。

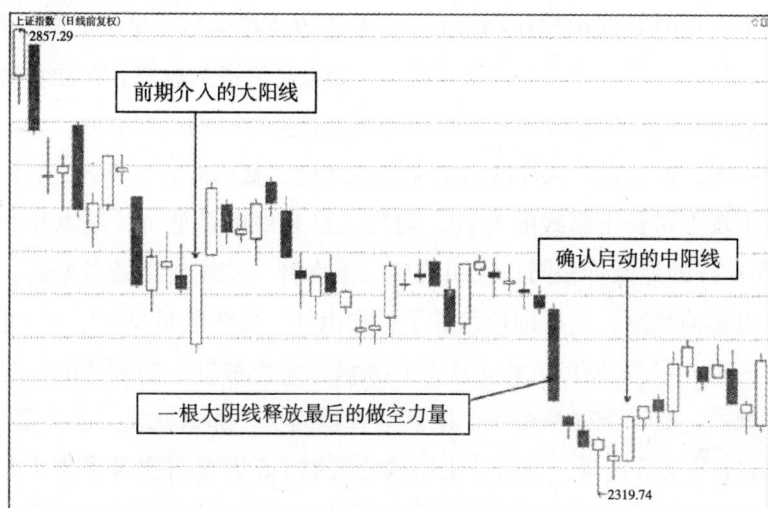

图1-45　上证指数的两阳夹一阴

读完这一节，各位读者朋友是不是有所收获，原来底部和顶部形成及确认这么简单，是否要摩拳擦掌期待下一次底部或者头部的到来，自己好一试身手呢？如果你有这种想法，那太好了，说明你有信心了。那么我们是不是在前期介入阳线之后，在确认性的启动阳线之前，有没有更好的方法提前知道什么时候来这根确认性的启动阳线呢？上面的两个例子已经给出了肯定的回答："有。"那是不是也有方法在试探性做空阴线之后，确认性阴线之前，提前知道什么时候来根确认性阴线，或者我想在试探性做空阴线之前，就能知道顶部快要到来呢？回答同样是肯定的："有。"到这读者是不是很惊讶？真有这么神奇的方法呀？笔者的回答："Of course!"好了现在就带领大家进入这神奇的世界。

第三节 用长上影线和长下影线提前预测顶和底

　　如图 1-46 所示，2005 年 6 月 8 日，在前期介入大阳线之前，6 月 7 日出现一根振幅为 2.52% 的带长上影线实体很小的"指南针" K 线，6 月 6 日出现了一根振幅为 3.61%，涨幅为 2.05% 带长下影线的"定海神针"中阳线。前面已经介绍了带长下影线的 K 线出现在相对低位，是下方支撑强烈，带长上影线的 K 线，出现在相对低位，是主力资金试盘性动作。如果是激进的投资者在能看懂的情况下，在前期介入大阳线之前就介入，会比主力资金的筹码成本更低。如果你不是激进的投资者，那么在确认性的启动大阳线之前，就不要着急介入。7 月 4~6 日连续 3 天出现了带长下影线的 K 线，而且三根 K 线的最低价，基本和 6 月 7 日"指南针" K 线的最低价相同，说明前期"指南针" K 线支撑是强大的。那么我们是否可以提前预测：以后即使跌破了"指南针" K 线的最低价，在"指南针"前面还有一个"定海神针"，肯定不会再跌破"定海神针"的最低价，此时应该是底部区域了，启动阳线快来了。既然这么预测了，那么就先买入一部分仓位。果不其然，7 月 7 日出现一根带长上影线的 K 线，7 月 8 日出现了恐吓人的中阴线连打到"定海神针"的开盘价的力量都没有，而 7 月 11 日又出现了一根"指南针" K 线，其最低价仅仅打到 6 月 6 日开盘价附近就再也没有了下跌的动力，7 月 12 日一根确认性的启动大阳线准时到来。到此，我们预测对了。而看不懂的投资者被这样接二连三的 K 线已经吓得死去活来，在黎明之前，做足了勇气交出了手中最好的筹码。他们与一轮大牛市的起点就这样失之交臂。

　　如图 1-47 所示，2010 年 5 月 21 日一根振幅为 4.01% 前期介入大阳线后，2010 年 7 月 6 日启动中阳线之前，6 月 29 日恐吓人的大阴线出现。6 月 30 日、7 月 5 日分别出现了带下影线的 K 线，而 7 月 4 日更是出现了振幅为 2.81% 的带长下影线的"定海神针" K 线，7 月 1 日出现了一根带上影线的 K 线。这与图1-46 中的情形很像，主力资金在前期介入大阳线之后，在启动的大阳线之前，不停地使用大阴线或者长下影线、长上影线来折腾，一根不行就来两根，一种不行就来两种。最后那些不愿意在底部交出廉价筹码的散户投资者们，被来来回回

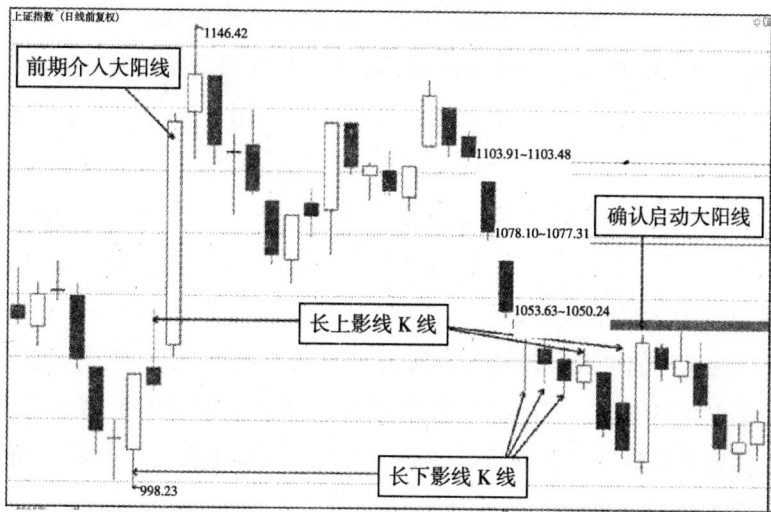

图 1-46　上证指数的 K 线（一）

地折腾晕了，稀里糊涂地交出了筹码。当廉价的筹码主力收集得差不多的时候，一根启动的阳线正式到来。而如果我们懂得这些 K 线在这里的用意，就可以在吓人的大阴线之后，在 6 月 30 日或者 7 月 1 日、2 日、5 日任何一天提前预判性介入，我们都能收集到非常廉价的筹码，就不需要像其他的投资者那样，非要等到涨了一段时间以后，才在比较高的位置买入高价的筹码。能比别人成本更低，我们何乐而不为呢？当然前提是你能看得懂，你现在能看懂了吗？如果还不能，那么我们接下来继续。

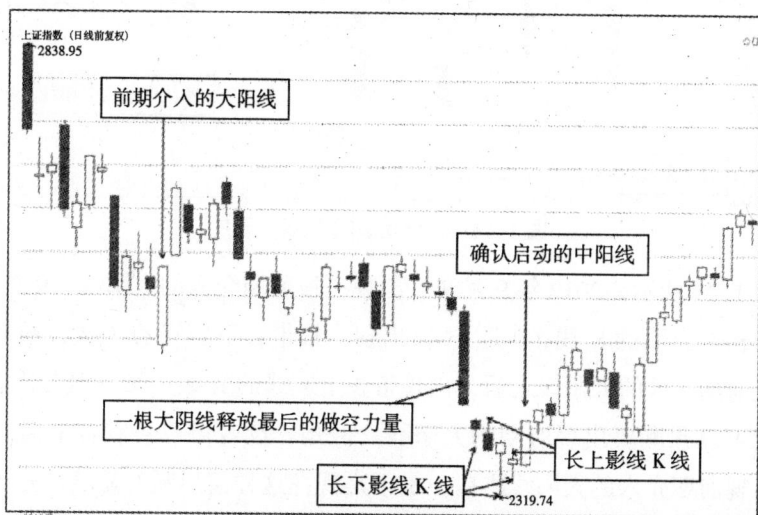

图 1-47　上证指数的 K 线（二）

如图 1-48 所示，2011 年 12 月 16 日，前期介入中阳线之后，12 月 19 日出现一根振幅为 2.54% 的带长下影线的 K 线，12 月 22 日又是一根振幅为 2.38% 的带长下影的 K 线，12 月 28 日和 2012 年 1 月 6 日，用了 2 次"定海神针"K 线，两者的最低点相差仅仅不到 2 个点。刚才是带长下影线的"K"线，现在我们看看又用了多少根带长上影线的 K 线：12 月 20 日一根，12 月 23 日一根，12 月 26 日一根，12 月 27 日一根，2012 年 1 月 5 日又来了一根"指南针"K 线，短短的 13 个交易日内有 4 根带长下影线的 K 线，5 根带长上影线的 K 线。在一个中阳线之后，出现这样的情况，没有鬼，你信吗？用官方的话说，至于你信不信，我不知道，反正我是信了："有鬼。"我们可以在出现了几根这种 K 线之后，做出预测，不久的将来肯定会出现一根启动的大阳线。大胆地做出预测吧，四次底部，已经有三次出现这样的情况，你还有什么理由不相信。在我们做出预测以后，2012 年 1 月 9 日，一根启动的大阳线准时到来。

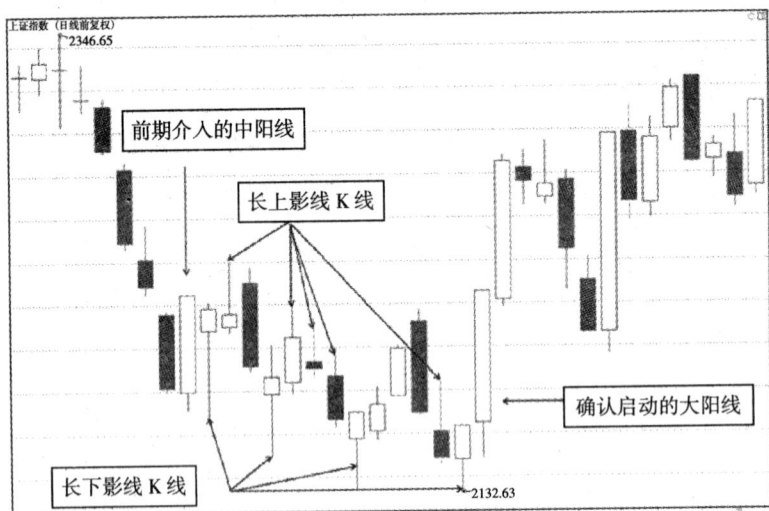

图 1-48　上证指数的 K 线（三）

如图 1-49 所示，2012 年 9 月 7 日出现一根前期介入的大阳线，9 月 21 日出现一根带长上影线的 K 线，9 月 24 日出现一根带长下影线的 K 线，根据前文所说，一根前期介入的大阳线之后，出现带长上影线的 K 线，又出现带长下影线的 K 线，就可以预测要出现启动的大阳线。但是，读者可以再看看上面的文字和图，在出现前期介入的大阳线之后，是不是现在这种情形呢？显然不是，上面的哪一次总计仅仅出现 2 根带长上下影线的 K 线之后，就出现启动的大阳线了？没有。不信？9 月 27 日出现了一根大阳线，这不就是启动的大阳线吗？笔者的回答：不是，假的。为什么是假的，理由很简单，在一根启动的大阳线之后，主力资金必须利用已经收集到手的筹码，经过不断的恐吓、折腾，恐吓、折腾，才能让大多数投资者交出自己手中的筹码，现在恐吓、折腾有了，但不是不断的，显然没有做到。还不信吗，11 月 16 日出现一根长下影线 K 线，19 日出现一根长下影线 K 线，21 日出现一根长下影线 K 线，三次，而且每次都跌破 2000 点，尾盘还能收在 2000 点以上。11 月 27 日为一根跌幅为 1.30% 的中阴线跌破了 2000 点大关，接着又是连跌 2 天，居然连续 4 根阴线。这是要到哪里去呀！赶快割肉吧，还等什么呀，没救了，还有 1 个多月就要过年了，还让不让人安生呀，再赔的话，过年还能笑出来了呀。一次性全抛了。已经看了本书前面章节的投资者，你们会跑吗？笔者肯定不会在狂奔逃跑的投资者人群里看到你们的身影。3 根打到 2000 点又收回来的折腾 K 线有了，虽然不是大阴线，但是 4 连阴并且跌破 2000 点的恐吓效果，比一个大阴线恐吓效果还要好。剩下的是再稍微折腾一下，或者直接启动大阳线了，那还等什么呢，先介入一点。再仔细一看，11 月 29 日的第四根阴线原来是带长上影线的 K 线，果断买入，而且要麻利不拖泥带水地买入。12 月 3 日又是一根带长上影线的 K 线。12 月 5 日一根涨幅为 2.87% 的启动中阳线宣布一波淋漓攻势的到来。预测难吗？以前肯定难，如果不难你肯定不会看这本书了，笔者以前也难，这很正常，人不学不知道。现在不难了吧，以后各位不会再割在底部，那笔者就成功了。

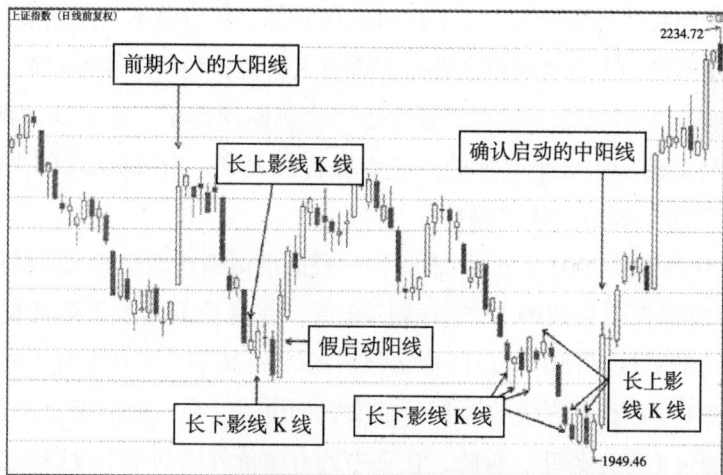

图 1-49　上证指数的四连阴

现在回忆一下，预测的口诀，一根前期介入的大阳线之后，启动的阳线之前，主力资金要利用手中的筹码不停地折腾、恐吓，把投资者手中不管是便宜的还是曾经高价的筹码大部分骗过来。用什么方法恐吓呢，中大阴线；用什么方法折腾呢，带长上影线的 K 线，带长下影线的 K 线，一根不行用两根，一种不行用两种。如图 1-50 所示，用了一根跌幅为 2.86% 的中阴线、4 根长上影线 K 线、8 根长下影线的 K 线。

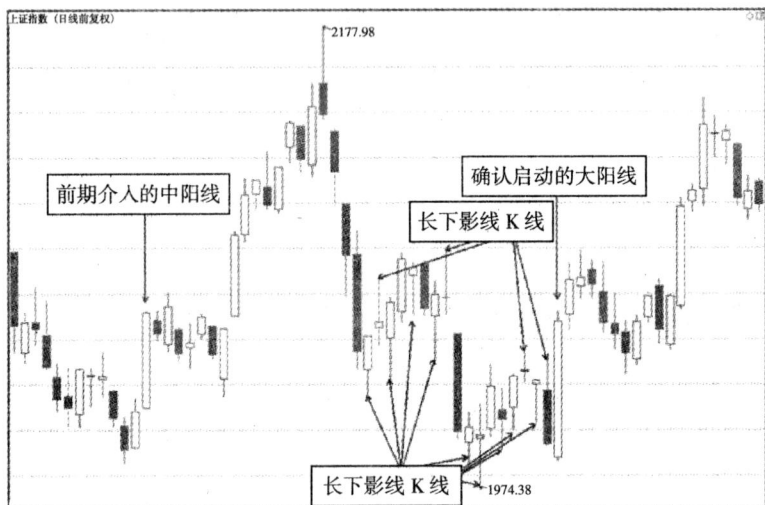

图 1-50　上证指数的 K 线（四）

至此，预判底部的情形讲完，下次再出现底部，各位就不会再错过了。那么仅仅能抄底还不是一个合格的投资者，也许有人会说，我筹码成本很低，看情形不好，有得赚卖了不就行了吗？而且我也学会判断顶部了，在确认顶部来临之后，我会立马卖出，不会坐电梯的。笔者要告诉大家："在确认顶部来临之前，还可以预测顶部的来临。"你信吗？

如图 1-51 所示，2004 年 2 月 23 日，一根前期试探性做空的大阴线后，2 月 24 日出现一根带长下影线的 K 线。我们知道，在高位的带长下影线的 K 线叫"上吊线"，是警示性见顶信号，接着又分别在 2 月 26 日、3 月 1 日、3 月 2 日、3 月 4 日出现 4 根带长下影线的 K 线。前文我们说过，在一根前期介入大阳线以后，主力要通过不停地恐吓、折腾，让手中持有廉价筹码的中小投资者把筹码交出。那么在头部呢，肯定是先让你失望，再给你希望，这样你才会相信行情还将继续。连续的早盘下跌，下午又拉起的带长下影线的"上吊线"，让上午以为大盘要结束刚想下手卖掉，结果下午又强势的拉了起来，你重燃希望。而且这个地方在 5 根"上吊线"后，还有一个早晨之星。早晨之星出现在相对低位都不怎么靠谱，何况已经大幅上涨了一段时间以后的早晨之星，就更不靠谱了。但许多中小投资者很喜欢这些东西，认为早晨之星后大盘肯定会涨，更加坚定地不再卖出，还可能继续加仓。行情也确实像许多散户想象的那样继续上涨，但接下来的 6 根带长下影线的 K 线，如果仔细研究一下，在上涨的过程中，带长下影线的 K 线偶然出现几根，但现在总计已经出现了 11 根，你难道不应该有所警惕吗？2004 年 4 月 5 日、6 日又来了 2 根带长下影线的 K 线，这个时候我们是不是该有所动作呢，就在你犹豫的时候 2004 年 4 月 9 日一根确认性的做空大阴线来了，前面你可以不走，现在无论如何也该走了吧。

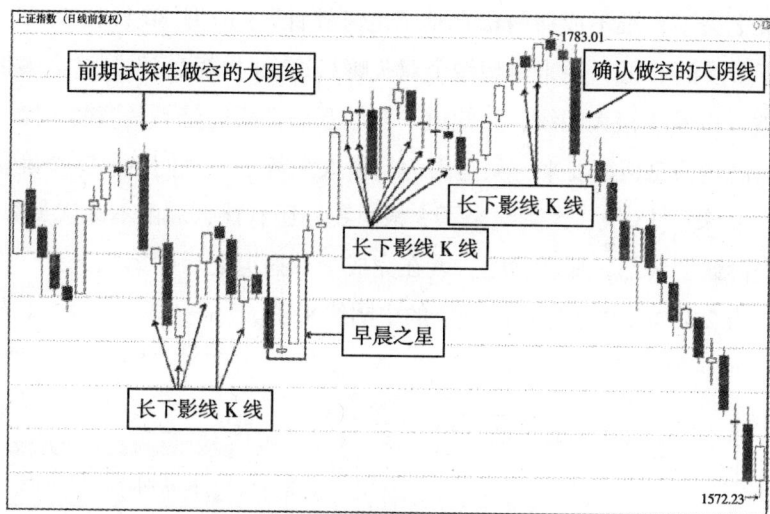

图 1-51　上证指数的 K 线（五）

刚才是第一次介绍预判见顶的实例，你可以只看不思考。笔者希望你带着思考看下面的内容，成功的人肯定是善于思考、善于总结的人。

如图 1-52 所示，2007 年 9 月 11 日，一根跌幅为 4.51% 的前期试探性做空的大阴线出现了，接着 9 月 12 日、14 日、18 日、19 日、21 日、24 日，总计出现了 6 根带长下影线的 K 线。有了上面的实例，我们现在是不是该有点想法，行情经过大幅的上涨以后出现了一根很大的阴线，然后又连续地出现了早盘下跌、下午拉起的带长下影线的 K 线，现在主力资金是不是在诱骗我们留在顶部，甚至诱骗我们在这个地方买入呢？就在你思考的这段时间里，2007 年 10 月 18 日出现了一根跌幅为 3.5% 的大阴线，而在此之前的 8 个交易日里出现 5 根长下影线、1 根相对短些长下影线的 K 线，还犹豫什么，走吧。笔者为什么没有把 10 月 18 日的阴线说成是确认性做空的大阴线，是因为笔者觉得行情太强势了，现在只能感觉行情要结束了，但还没法确认行情要结束。2007 年 10 月 18 日之后的 19 日和 23 日又出现了 2 根带长下影线的 K 线，同时 23 日的 K 线还跌穿了 10 月 12 日的长下影线 "上吊线" 的最低点。可能这时候还有许多人认为 2007 年 10 月 12 日和 23 日这 2 根 K 线是 "定海神针" 呢，要不然当时怎么那么多人唱多到 10000 点呀。"定海神针" 好像都是定在海里吧，现在都快到凌霄宝殿了，还怎么定呀。就在许多人认为 "定海神针" 来了，双针探底之际，2007 年 10 月 25 日一根跌幅为 4.80% 的确认性做空的大阴线来了。怎么确认性做空的大阴线来了，怎么没有下跌又上去了，难不成那两根真是 "定海神针"。10 月 30 日和 31 日又来了 2 根带长下影线的 K 线，原来是想做个双头嘛！这个时候我们看到这么多带长下影线的 K 线，以及 3 根大阴线，又知道了要做双头，我们是不是该彻底撤了，因为前面我们已经预感顶部要来，只是因为行情太强势了，我们不敢完全确认，现在诱骗的 K 线来了 15 根、大阴线来了 3 根，我们还有什么理由不确认头部来了呢？既然已经确认了头部，那就撤吧。就在完成全部撤退之后的第二天，一根跳空向下的跌幅为 2.31%、再次确认的做空的中阴线来了。

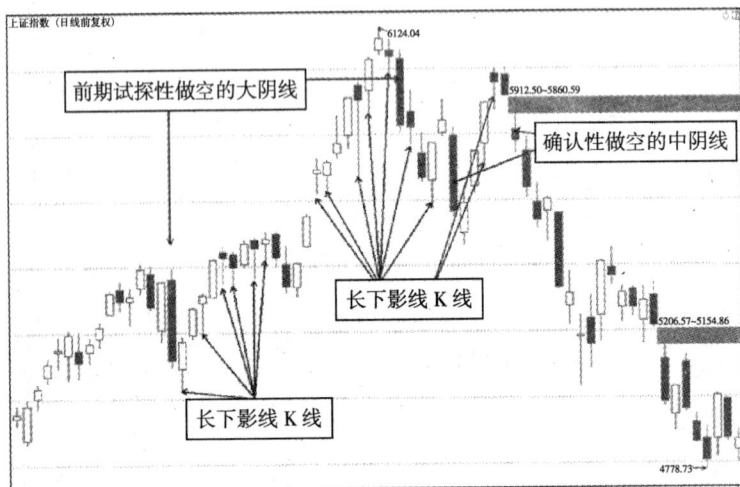

图 1-52 上证指数的双头

　　如图 1-53 所示，2009 年 7 月 29 日，一根跌幅为 5.00%、振幅为 8.14% 的带长下影线的试探性做空大阴线到来，我们就知道了，现在做空的资金诱骗我们留在这里，要我们在这里站岗，主力才能完好地撤退。通过上面的案例，你肯定知道，我们该和主力资金一起撤了。如果不相信没关系，反正这次行情已经翻倍，属于大行情，大行情大部分情况下都会做双头的，等等也行。果然大阴线后又来个 3 连阳，但这时我们看到的 K 线都是带着长下影线的 K 线，诱骗人的把戏又来了。我们这时不会再上当了吧，也不会再犹豫了吧。2009 年 8 月 4 日出现一根和 7 月 28 日基本一样的 K 线，7 月 28 日那根长下影线很长、实体很小的长下影线 K 线之后，出现一根试探性的做空大阴线，那么现在呢？肯定确认性的做空大阴线马上就要来了。撤！就在我们卖出手中获利丰厚的筹码之后的第三天，一根确认性的跌幅为 2.85% 的中阴线来了。多么的及时，预测性的带下影线的 K 线神奇吧。

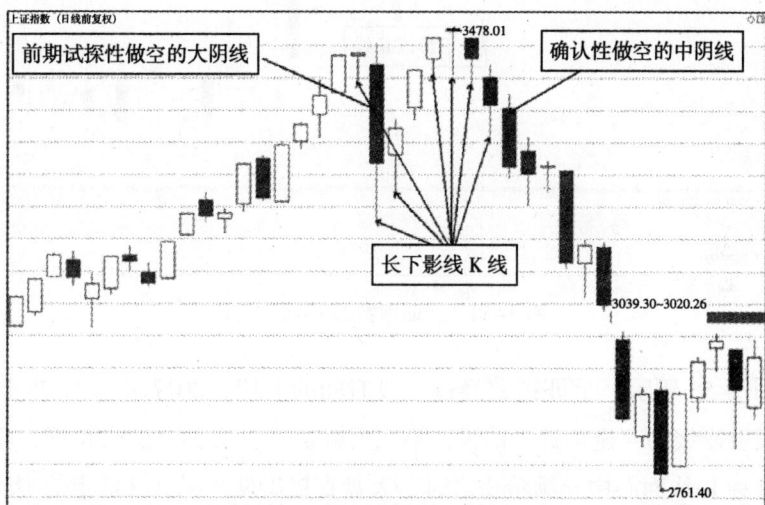

图 1-53　上证指数的 K 线（六）

　　如图 1-54 所示，2010 年 11 月 12 日，跌幅为 5.16% 的试探性的做空大阴线之前，11 月 5 日、8 日、9 日和 10 日，连续使用了 4 根带长下影线的 K 线。5 个交易日有 4 天使用带长下影线的 K 线，笔者不认为这地方读者没有想法。况且在 11 月 5 日之前，行情走势已经不那么凌厉。11 月 11 日，又做了一根带长上影线的"避雷针" K 线，"避雷针"是上方压力沉重、是要调整或者下跌的前奏。此

时，即使我们对后市还抱有期望，看到这样连续的 4 根带长下影线的 K 线和
"避雷针" K 线，我们是否应该先卖出一部分仓位呢？11 月 12 日，一根阴线证
明了"避雷针"确实是名副其实的，同时也证明了我们预测的准确——开盘跳
空向下。不要再抱有任何幻想了，把股票全部卖出，即使有双头，也是留给别
人吧。在试探性做空大阴线之后，又来了一根带长下影线的"上吊线" K 线，
还想利用这一手法骗各位投资者，接着是一根确认性做空的大阴线，连做双头
的努力都没做尝试就直接下去了。

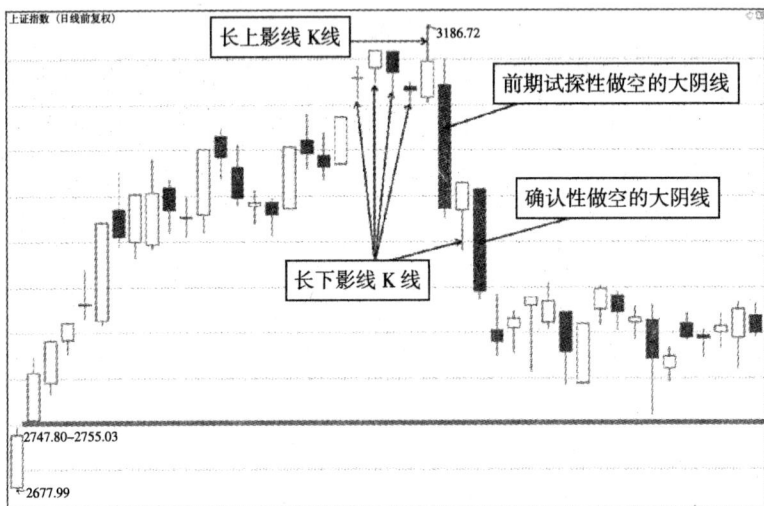

图 1-54　上证指数的 K 线（七）

　　如图 1-55 所示，上证指数经过一段时间的上涨，2012 年 2 月 27 日，出现
一根带长上影线的"避雷针" K 线，第二天就是一根长下影线的 K 线，就在许多
人看到这种 K 线而心中充满希望之时，大盘直接出现一根低开低走的中阴线，又
把许多人的希望给浇灭了。这时许多人心中不免忐忑盘算走还是留呢。接着一个
早晨之星组合，给许多人指明了方向，留，不少人下定决心留下来。但就在下定
决心不久，出现一根试探性做空的中阴线，许多人又忐忑了。接着又是一个早晨
之星组合，不走了，不少人又再次下定决心。我们说过即使在相对低位的早晨之
星，它的成功率也在 30% 以下，何况是在相对高位的地方。这个地方的早晨之星
就是欺骗似懂非懂、一知半解的投资者，在第二个早晨之星之后，2012 年 3 月 9
日和 12 日出现了 2 根带长下影线的 K 线。行情到现在我们是不是可以根据出现

的"避雷针"K 线、带长下影线的 K 线，以及诱骗人上当的早晨之星 K 线组合来预测判断行情到此要结束了呢？通过上面实例的学习，我们完全可以做出预测。现在是我们卖出股票减少仓位的时候，就在我们做出决定减少仓位之后的第二天，又出现了一根基本光头光脚的阳线。难道我们错了？就在我们怀疑自己的决定之时，一根确认性做空的大阴线虽然姗姗来迟，但还是来了。

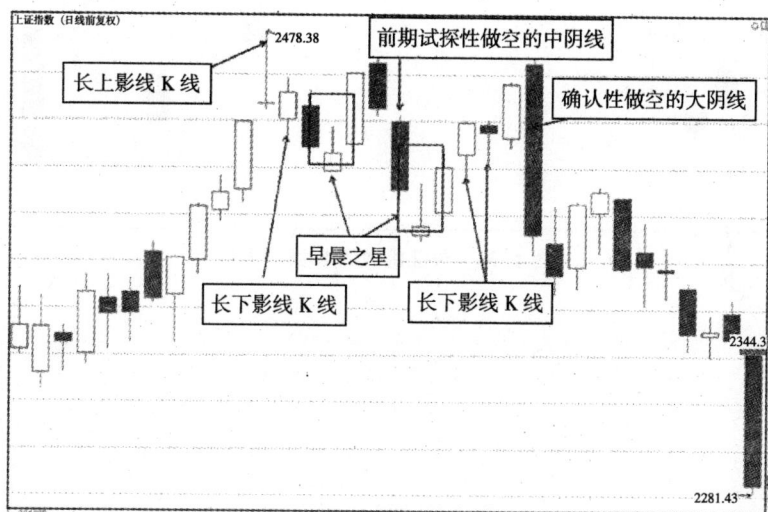

图 1-55 长证指数的 K 线（八）

如图 1-56 所示，上证指数经过一段时间的上涨，2013 年 2 月 4 日出现了一根带长上影线的 K 线，2 月 7 日又出现了一根下影线很长的"上吊线"K 线，接着第二天来了一根"避雷针"K 线。该图与图 1-47、图 1-36 基本一样。既然3186 点能形成头部，现在这地方为什么不能呢？先撤了再说。就在我们卖出股票的第二天，出现一根高开低走的中阴线，接着又是一根试探性做空的中阴线，如果把这两根 K 线合并到一起，与 2010 年 11 月 12 日的那根试探性做空的大阴线 K 线一样了！接着又是一根长下影线的 K 线。经历了上面的学习，被骗的人中，一定不会再有你，如果你还没有完全卖出股票，现在是肯定会全部卖出手中的股票。一根长下影线 K 线之后，确认性做空的大阴线如期来了，行情再次在两根阴线先后出现后结束了。什么是好方法，简单的才是真正的好方法，方法太复杂了，条件太苛刻了，我们就会顾此失彼。

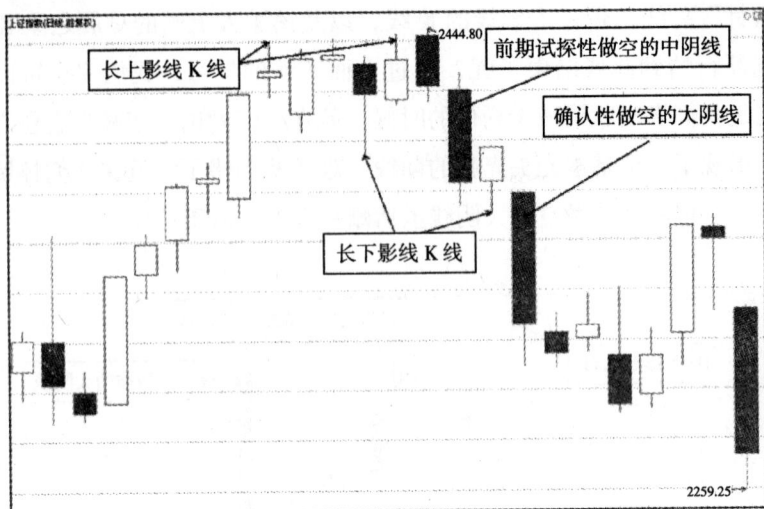

图 1-56 长证指数的 K 线（九）

第二章　经典的 MACD 判断大盘趋势

技术指标主要包括 MACD、KDJ、BOLL、RSI、SAR、CCI 等多种指标，其中，MACD 为技术分析的首选指标，一般行情软件默认的为 MACD 指标。该指标为广大投资者所青睐，使用最为普遍。但是广大的投资者看到的仅仅是金叉和死叉，顶部背离和底部背离也会偶尔使用，却很少有人知道里面还有上涨加速点和下跌加速点这种非常奇妙的现象，或者即使看到这种现象，但很少有人能真正去理解其中的奥妙，更别说去应用了。而即使是背离这种现象，投资者们理解得也不深刻，不知道何时背离有效性好，何时背离有效性不好，于是那些鄙视技术分析的人就会嘲笑说：你看你现在是背离背离再背离，你的背离有用吗？笔者对他们的回应就是，同是一本《三国演义》，什么样的人读出什么样的道理，像你们这些自以为是的人读出的仅仅是好不热闹的打打杀杀，从中读不出对自己有用的东西，即使读出些许计谋也不知道因地制宜地使用。决定一件工具最大使用效果的是人，而不是工具本身，同样地，一支笛子有的人吹出的是动人心弦的音乐，有的人吹出的是污染环境的噪声。MACD 技术分析指标能从问世以后在世界各地如此流行，说明这种技术指标本身是非常好的，这一点不需要再怀疑。本章主要侧重分析 MACD 技术指标的背离和加速点在大盘分时及大盘趋势中的操作应用，以向更多的投资者揭开经典的 MACD 中不为人知的神秘面纱。

第一节　什么是 MACD

MACD 又称为指数平滑异同移动平均线，是由美国人杰拉德·阿佩尔根据移动平均线原理，于 1978 年设计出来的一种新的技术分析工具。MACD 利用快速移动平均线与慢速移动平均线之间的聚合和分离状况，对买进、卖出时机做出研判的技术指标。它既克服了移动平均线假信号频繁的缺陷，又能确保移动平均线的最大成果，因而被投资者广泛接受和使用。

通常，我们把快速平滑移动平均线参数设置为 12，慢速平滑移动平均线参数设置为 26。然后，再处理它们，即由快的移动平均线值减去慢的移动平均线值，这时计算就会得出一个差值，这个差值称为离差值，即 DIF 线（白线）。如 12 日移动平均线值减去 26 日移动平均线值差值为正数，称为正离差值（+DIF），反之，称为负离差值（–DIF）。在持续的涨势中，正离差值会越来越大，在跌势中，离差值可能变负，其绝对值同样会越来越大。这样经过处理，虚假信号就会大大减少。当 DIF 计算出来后，再由 DIF 的多日平均值计算出 MACD 值，又称离差平均值，即 DEA（黄线）。我们看到 MACD 图还有红绿柱（BAR），BAR 是用来表明 DIF 和 DEA 两者之间的距离大小，BAR 通常指的是最近 9 日之内 DIF 与 DEA 之差的算术平均值。

当 DIF 线低于 DEA 线时，其差为负值，彩色柱状线 BAR 表示为绿色，显示在 0 轴下方；当 DIF 线高于 DEA 线时，其差为正值，彩色柱状线 BAR 表示为红色，显示在 0 轴上方。0 轴是多空双方趋势力量的"分水岭"，当彩色柱状线 BAR 为绿色时，代表空方较为主动；彩色柱状线 BAR 为红色时，代表多方主导趋势。

如图 2-1 所示，白线指 DIF（因制图原因一律表现为黑色），黄线指 DEA，彩色柱状线指 BAR。当 DIF 在 DEA 线之上时，彩色柱状线表现为红色，显示在 0 轴上方；当 DIF 在 DEA 线之下时，彩色柱状线表现为绿色，显示在 0 轴下方。0 轴是红绿柱的"分水岭"。一般情况下：当 DIF 和 DEA 处于 0 轴以上时是多头市场，如图 2-2 所示；处于 0 轴以下是空头市场，如图 2-3 所示。

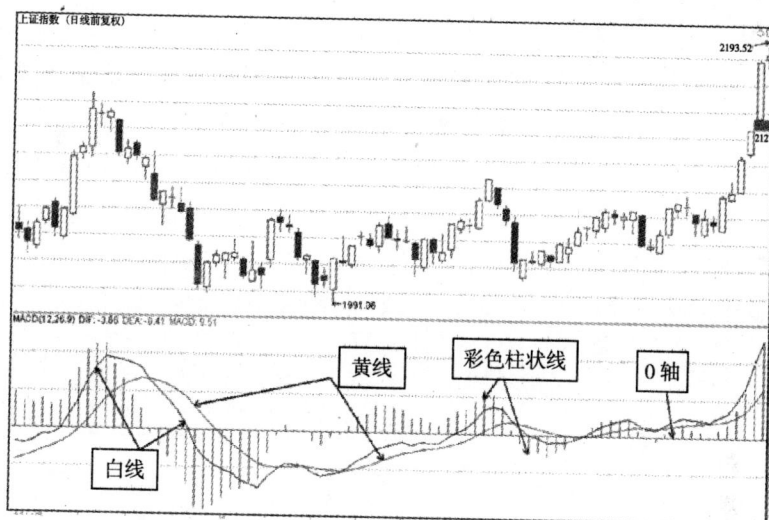

图 2-1　MACD 图示

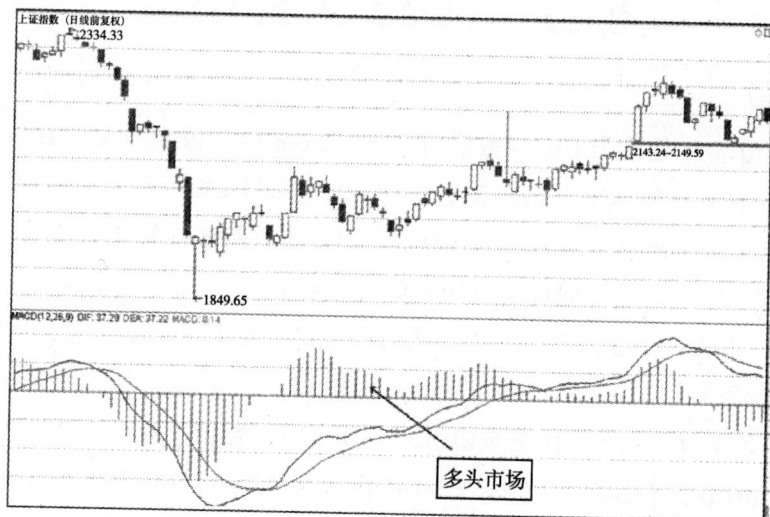

图 2-2　多头市场

图 2-3　空头市场

第二节　MACD 金叉与死叉

　　MACD 金叉是指当 DIF 线数值由小于 DEA 线的数值变为大于 DEA 线的数值时，在 MACD 技术图上就会表现为 DIF 向上穿过 DEA 线，彩色柱状线 BAR 则由绿转红，如图 2-4 所示。MACD 金叉是多方趋势短线转强的信号，原则上只考虑买，不考虑卖。但现实中许多金叉是无效金叉，需要过滤掉，这些我们将在以后的章节详细讲到。图 2-4 为分时图的 MACD 金叉，图 2-5 为 K 线图的 MACD 金叉。

　　MACD 死叉是指当 DIF 的数值由大于 DEA 线的数值变为小于 DEA 线的数值时，在 MACD 技术图上，就会表现为 DIF 向下穿过 DEA，彩色柱状线 BAR 由红转绿，如图 2-6 所示。MACD 死叉大多是多方趋势转弱的信号，出现死叉时，以前原则上只能考虑卖出，不能考虑买入。但现实中许多死叉是无效死叉，同样需要过滤掉，这些将是本书和别人不一样的地方，以后章节会详细讲到。图 2-6 为分时图 MACD 的死叉，图 2-7 为 K 线图 MACD 的死叉。

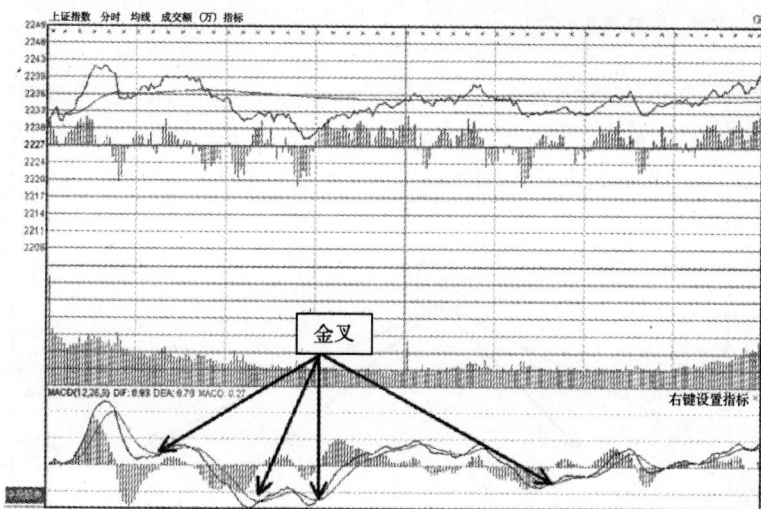

图 2-4　分时图的 MACD 金叉

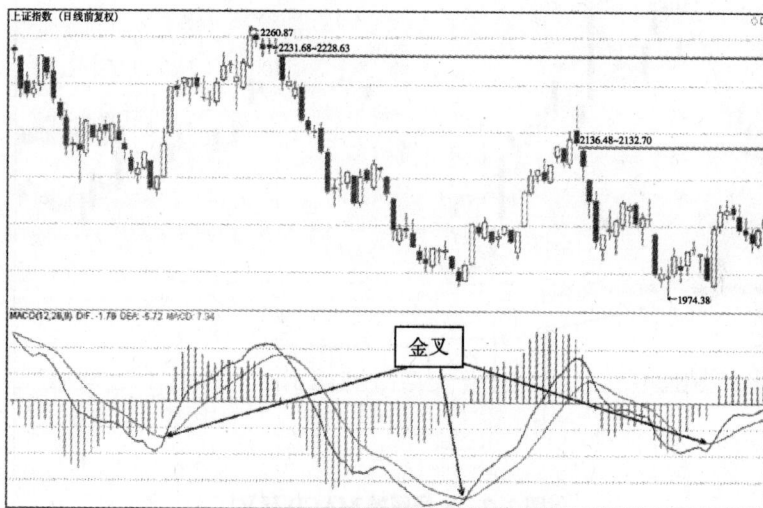

图 2-5　K 线图的 MACD 金叉

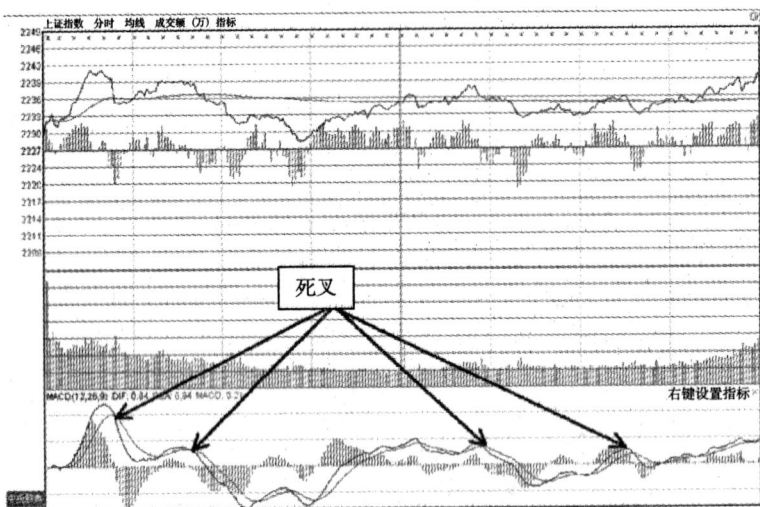

图 2-6　分时图的 MACD 死叉

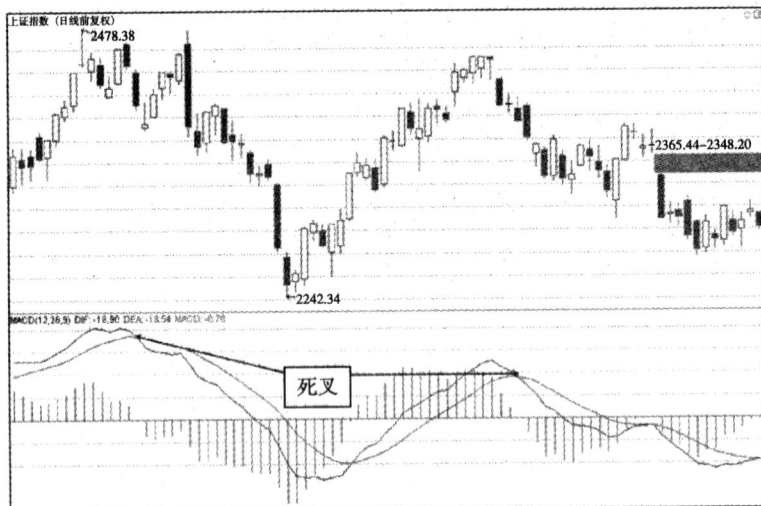

图 2-7　K 线图的 MACD 死叉

第三节　MACD 黄白线背离

MACD 指标背离是指当股价创出近期新高或新低时，相对应的 MACD 各项指标却表现出没有同步发展的异常现象。MACD 指标背离主要包括黄白线背离、红绿柱长度背离、红绿柱面积背离等多种形式，本书主要对黄白线与股价背离进行分析。

那么到底什么是背离呢？所谓背离，从字面上来理解，就是违背、偏离或脱离，即违背、偏离或脱离原来正常的、公认的轨道、常规及习惯，或原有趋势和力量。

背离是一种异乎寻常的现象，往往通过对前面阶段与后面阶段的趋势或力量的特征进行比较，发出原趋势或力量衰竭的信号。比较前面阶段与后面阶段的特征，是判断背离的唯一手段。没有比较，就没有背离。凡是有预见性的先知先觉者，都可以通过某一事物前后发展趋势的详细对比，得出事物进入背离的结论，从而提前预测该事物下一步的走势和方向。

背离一定是多空力量的对比发生了变化，这时股价虽然前进的动能在逐渐衰减，行情已接近尾声，趋势即将发生反转，但由于原有行情所蓄积的势能和惯性作用，仍能在之后的一个阶段创出新高或新低。不过从形态、量价等方面分析，创出这种新高或新低的力量已是强弩之末，仔细甄别，就能看出明显的前兆或端倪。

由于证券市场的背离现象代表一种扭曲了的不正常的运行趋势，与常态条件下的自然运动原理相违背，因此凡是背离现象，之后都必然会得到修正，直至回归自然状态。这就像被压缩的弹簧，一旦作用力消失，则必然会恢复其原来的长度。

背离是预示变盘的强烈信号。我们研究股票的市场背离的目的，就是要从这种股票价格趋势发出的变盘信号中，得出趋势将要走向反转的结论，从而指导实际交易。一叶知秋，如果懂得和掌握了识别背离的方法与技巧，就能够从任何 K 线图表、技术图表所展示出的公开信息中，解读股票价格未来新的运行趋势，从而提前做出有利于买卖决策和操作，从这一点说，背离的意义和价值无疑是十分巨大的。"早知三日事，富贵一千年"，如果你在股市里能提前预知某只股票后面的行情怎么走，那么你还需要担心被套或者不赚吗？

当 K 线图或分时图中股价创出新高时，相对应部位的 MACD 技术指标的黄白线却不肯创出新高，从而形成股价与 MACD 技术指标的黄白线不肯同步的背离现象，这种背离叫顶背离。

当 K 线图或分时图中股价创出新低时，相对应部位的 MACD 技术指标的黄白线却不肯创出新低，从而形成股价与 MACD 技术指标黄白线不肯同步的背离现象，这种背离叫底背离。

黄白线与股价背离，这是 MACD 技术指标背离的基本形式之一，也是最有用的背离形式。

下面通过实例来看看背离[①]，首先看看顶背离。

如图 2-8 所示，上涨趋势中，分时指数高点 2 高于高点 1，但对应的 MACD 的 B 处没有同步创出新高高于 A 处，反而是下降低于 A 处，这种黄白线与分时指数不同步，甚至出现背道而驰的走势现象。对于这种现象，我们可以形象地解释，就像你向坡上推一件物品，当你使劲往上推时，它会往上运动，但是当你推到一定高度以后，你再继续用力推，这时它不仅不再向上运动，而是开始向下运动了。这是因为我们继续作用的力量已经抵消不了增加的势能，物品只能向下运行，这时势能和向下运动的动能相加。如果我们这时不能再增加作用的力量，那么物品就会完全从坡上滑下来，而且还要向后运动一段时间才能停下来。上涨行情进入顶背离阶段是卖出的信号。

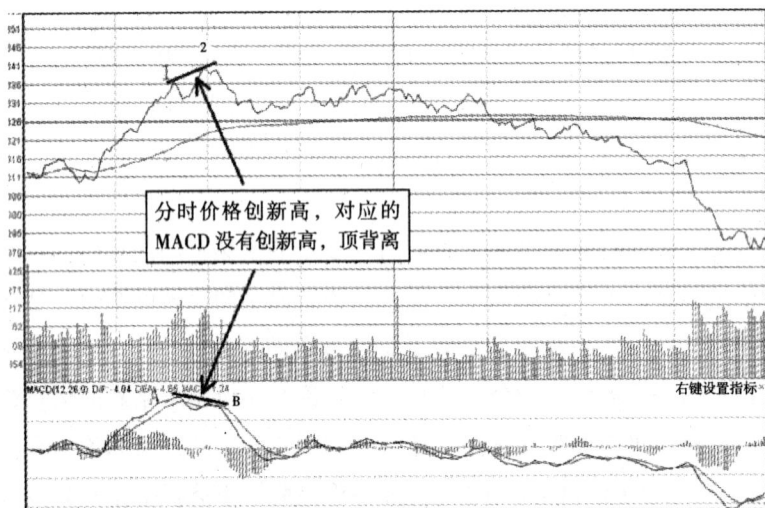

图 2-8 顶背离（一）

如图 2-9 所示，在分时指数上涨的过程中，分时指数的高点 2 创了新高，其

①分时图中凡是在前一日收盘价以上的标注为高点+数字，在前一日收盘价以下的标注为低点+数字。

高于低点 1，但高点 2 对应的 B 处的 MACD 并没有创出新高，而是低于低点 1 对应的 A 处，这时形成了第 1 次顶背离。但这时行情并没有下跌，而是继续上涨。随着股价的继续上涨到达高点 3，这时对应的 C 处的 MACD 虽然比 B 处高，但没有高过 A 处的数值，这也是顶背离，叫二次顶背离，一般情况下二次顶背离形成的下跌，会大于一次顶背离形成的下跌幅度，这是强烈的考虑卖出的信号。对于二次顶背离，同样可以用上面的形象解释，当推到一定高度以后，随着势能的增加物品开始向下运动，当运动一段距离以后，我们继续加大了作用力，这时物品重新向上运动，但是向上运动一段距离以后，我们没有再继续加大作用力，于是物品又随着势能的增加开始向下运动。

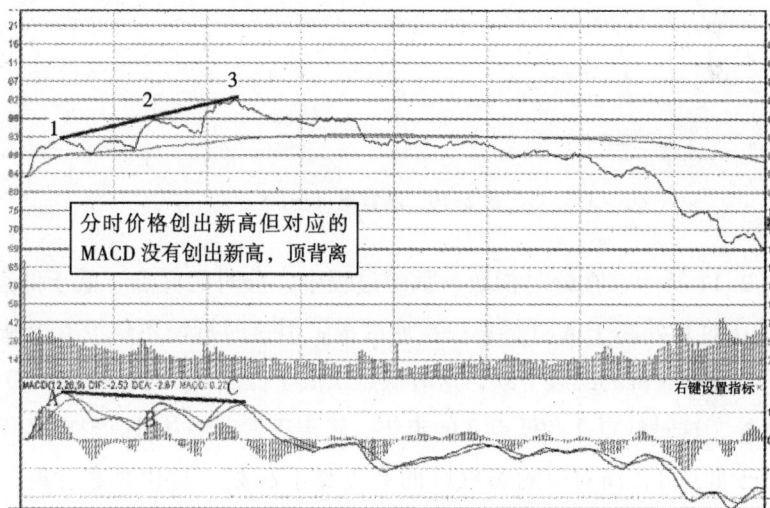

图 2-9　顶背离 (二)

如图 2-10 所示，指数分时的下跌趋势中，分时的低点 2 低于低点 1，但低点 2 对应的 MACD 的 B 处高于低点 1 对应的 A 处，没有同步创出新低，这种黄白线与指数不同步甚至背道而驰的走势现象说明，下跌行情进入底背离阶段，底背离是买入的信号。对于底背离我们同样能在生活中找到形象的例子，如果我们把一个皮球从高处往水里压，一开始皮球往下沉，随着下沉的深度增加，浮力也在不断地增加，这时当你稍微减少作用的力量，皮球就会往上浮，而这时你再想用以前同样的力量往下压，往往就没办法再使皮球沉到相同的深度，因为这时你作用的力量虽然还是相同的，但是因为少了一开始向下的势能，所以再次下沉的深度就会没有上一次的深。而这时如果你撤去作用力，那么皮球就会很快从水里浮上来，并且跳出水面。

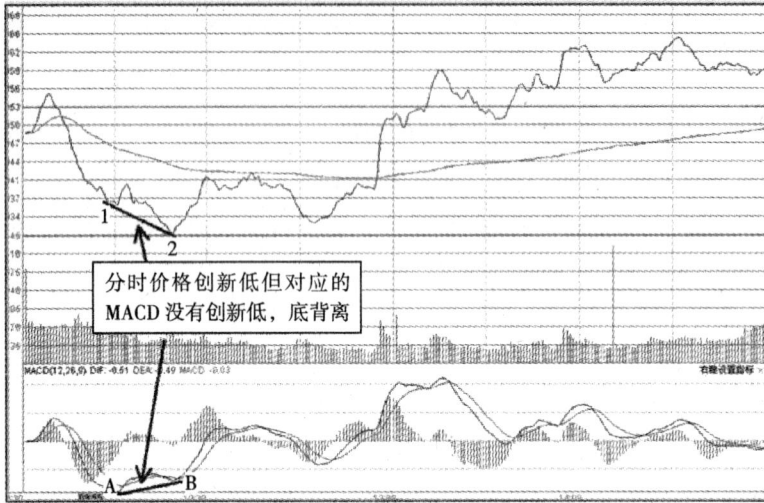

图 2-10　底背离（一）

　　如图 2-11 所示，在分时指数下跌的过程中，分时的低点 2 低于低点 1，对应的 MACD 的 B 处高于 A 处，第一次底背离，但这时行情不仅没有上涨，而是继续下跌。随着股价的继续下跌，这时低点 3 低于低点 2，对应的 MACD 的 C 处也低于 B 处，这时低点 2 和低点 3 的走势，属于正常走势并没有形成底背离。但低点 3 低于低点 1，而对应的 MACD 的 C 处高于 A 处，这也是底背离，而且是二次底背离，一般情况下二次底背离的形成的上涨，会大于一次底背离形成的上涨幅度，是强烈的考虑买入的信号。根据上面的皮球原理，当在 B 处我们撤去了对皮球的作用力，那么皮球就会往上浮，当浮到一定高度，我们又增加了对皮球的作用力，那么皮球就会继续下沉，当到达一定的深度 C 处，我们再次撤去了对皮球的向下作用力，那么皮球就会很快地往上浮，而如果这时我们对皮球再增加一个向上的作用力的话，那么皮球往上运行的速度会更快、更高。

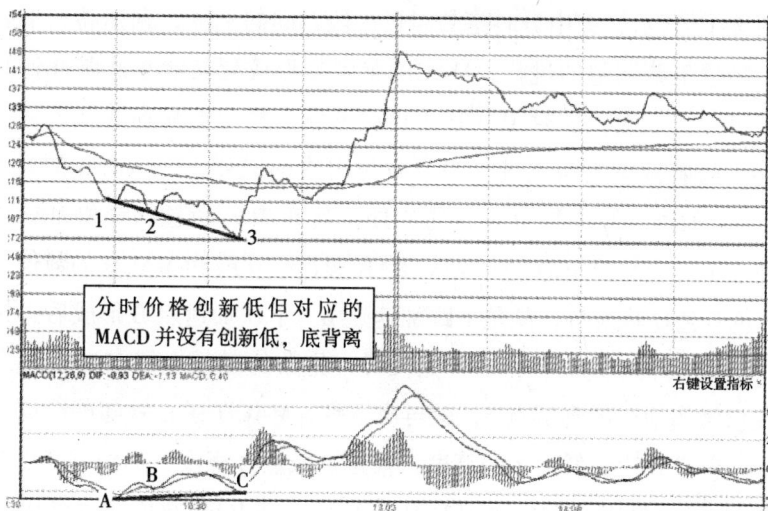

图 2-11 底背离（二）

第四节 经典的加速点

　　加速点分为上涨加速点和下跌加速点。下跌加速点是指一段上涨完成以后，股价开始下跌调整，随着下跌调整的进行 MACD 形成死叉，BAR 彩色柱状线成为绿色，当调整一段时间以后，股价再次上涨，MACD 再次形成金叉，BAR 彩色柱状线形成红色彩色柱状线，但第二次上涨没有高过上一次的高点或者仅仅略微上涨，接着就继续下跌。随着再次下跌的进行，MACD 又形成了死叉，在第二次上涨中形成的红色的彩色柱状线带叫下跌加速点。

　　这里有两个关键点：一是第二次上涨的高点一定不能超过开始下跌调整时的高点；二是第二次上涨形成的 MACD 的 BAR 彩色柱状线或 MACD 的数值不能高于第一次下跌调整时的 MACD 的 BAR 彩色柱状线或 MACD 的数值。如果形成的是连续的下跌加速点，那么第三次上涨后的高点最好不要超过第二次上涨的起点。这时，第三次上涨形成的 MACD 的 BAR 彩色柱状线或 MACD 的数值，可以允许高于第二次上涨形成的 MACD 的 BAR 彩色柱状线或 MACD 的数值，但绝不能允许高于第一次上涨形成的 MACD 的 BAR 彩色柱状线或 MACD 的数值。

　　下面来看一看下跌加速点在分时及 K 线图中的例子。

如图 2-12 所示，图中分时指数经过一段时间的上涨，到达高点 1 后开始下跌调整，随着下跌调整的进行，MACD 在 A 处形成死叉状态。调整到低点 2 以后，开始第二次上涨，这时 MACD 也再次形成金叉。上涨到低点 3 后，又再次开始调整，随着调整的再次进行 MACD 也再次形成死叉。这时我们看到低点 3 低于高点 1，低点 3 对应的 MACD 的 B 处，其 BAR 彩色柱状线和 MACD 的数值都低于高点 1 对应的 MACD 的 A 处的 BAR 彩色柱状线和 MACD 的数值，所以在 B 处的红色彩色柱状线带，就是下跌加速点 B。下跌加速点 B 形成后，指数继续下跌，下跌到低点 4 处后，指数开始反弹，指数的反弹也使 MACD 再次形成金叉，但仅仅微弱地反弹到低点 5，就再次下跌，MACD 在 C 处随即形成死叉，这时低点 5 不仅没有达到低点 3 的高度，甚至连低点 2 都没有达到（低点 2 为第二次上涨的起点），低点 5 对应的 MACD 的 C 处，其 BAR 彩色柱状线和 MACD 的数值都高于低点 3 对应的 MACD 的 B 处的 BAR 彩色柱状线及 MACD 的数值，但是 C 处的 BAR 彩色柱状线及 MACD 的数值，都低于第一次上涨时高点 1 对应的 MACD 的 A 处的 BAR 彩色柱状线及 MACD 的数值，于是在 C 处的红色彩色柱状线带形成的就是第二个下跌加速点 C。随着下跌加速点 C 的形成，指数明显加快了下跌速度，并且一直跌到尾盘才结束。

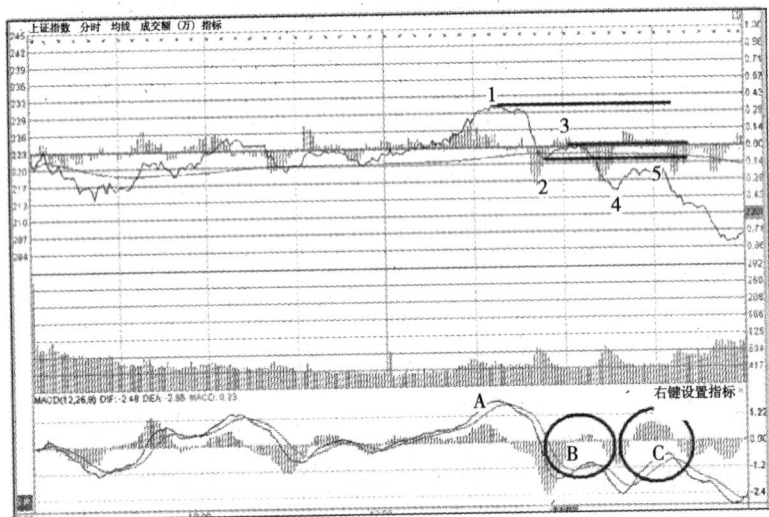

图 2-12　MACD 中的加速点（一）

如图 2-13 所示，图中分时指数经过一段时间的上涨，到达高点 1 后开始下跌调整，随着下跌调整的进行，MACD 在 A 处形成死叉状态，调整到高点 2 以后，开始第二次上涨，随着上涨的进行这时 MACD 再次形成金叉。上涨到高点 3 后，又再次开始调整，随着调整的进行 MACD 再次形成死叉，这时我们看到高点 3 低于高点 1，高点 3 所对应的 MACD 的 B 处，其 BAR 彩色柱状线及 MACD 的数值没有高过高点 1 所对应的 MACD 的 A 处的 BAR 彩色柱状线及 MACD 的数值，所以在 B 处的红色彩色柱状线带，就是下跌加速点 B。下跌加速点 B 形成后，指数继续下跌，下跌到高点 4 处，开始反弹，MACD 形成金叉，但仅仅微弱地反弹到高点 5，就再次下跌，MACD 在 C 处随即形成死叉。图 2-13 中，我们看到高点 5 不仅没有达到高点 3 的高度，甚至连上一次调整结束时的高点 2 都没有达到（高点 2 为第二次上涨的起点），于是在 C 处的红色彩色柱状线带形成的是连续的下跌加速点 C。在下跌加速点 C 形成后，指数继续下跌，但因为后面形成了一个底背离，使指数开始了反弹，并且一直上涨到尾盘结束。

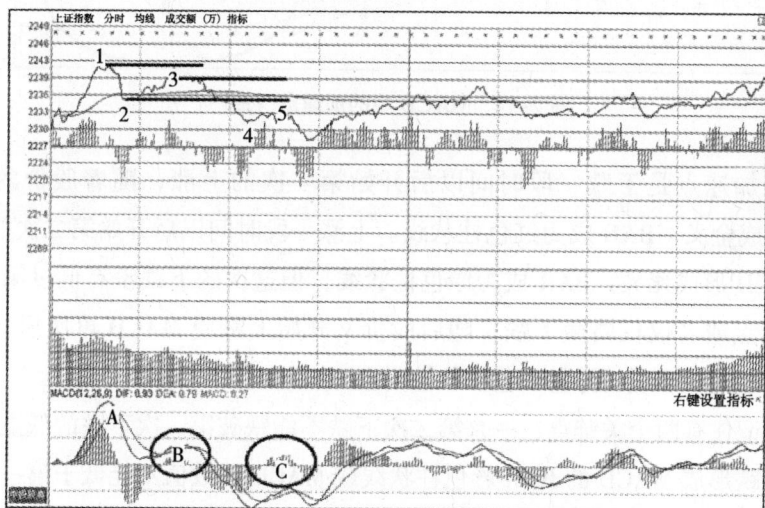

图 2-13　MACD 中的加速点（二）

如图 2-14 所示，指数经过一段时间的上涨，到位置 1 后，开始下跌调整，随着调整的进行，MACD 在 A 处形成死叉。当调整到位置 2 时，指数开始再次上涨，MACD 也随着指数的再次上涨形成金叉。当再次上涨到位置 3 后，指数又一次地开始下跌调整，MACD 也再次死叉。这时我们看到位置 3 低于位置 1（不要管低多少，低 1 个点也是低），同时位置 3 对应的 MACD 的 B 处，其 BAR 彩色柱状线及 MACD 的数值，没有高过位置 1 对应的 MACD 的 A 处的 BAR 彩色柱状线及 MACD 的数值，于是 MACD 在 A 处的红色彩色柱状线带就形成了一个下跌加速点 B。下跌加速点形成以后，只需要抛出筹码就行了。

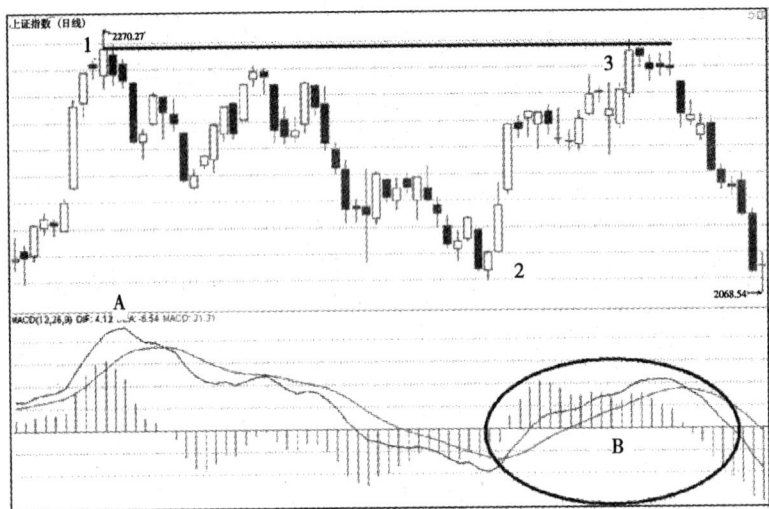

图 2-14 MACD 中的加速点（三）

上涨加速点是下跌一段时间以后开始第一次的上涨，随着股价的上升，MACD 形成金叉，BAR 成为红色柱状线。上涨一段时间以后开始第二次的下跌，这时 MACD 形成死叉，BAR 成为绿色柱状线，但这次的下跌没有低过第一次下跌时的低点或者仅仅略微下跌，随后股价又开始上涨使 MACD 再次形成金叉，在第二次下跌中形成的绿色彩色柱状带叫上涨加速点。

同样记住有两个关键点：一是第二次下跌不能跌破第一次下跌的低点；二是第二次下跌形成 MACD 的 BAR 彩色柱状线或 MACD 的数值不能低于第一次下跌时形成的 MACD 的 BAR 彩色柱状线或 MACD 的数值。如果形成的是连续的上涨加速点，那么第三次下跌后的低点，最好是不跌破第二次下跌时的起点。而第三次下跌形成 MACD 的 BAR 彩色柱状线或 MACD 的数值，虽然允许低于第二次下跌形成的 MACD 的 BAR 彩色柱状线或 MACD 的数值，但不允许低于第一次下跌形成的 MACD 的 BAR 彩色柱状线或 MACD 的数值。

如图 2-15 所示，图中分时指数经过一段时间的下跌，指数在低点 1 处止住跌势，开始第一次的上涨，随着指数的上涨 MACD 形成金叉，彩色柱状线成为红色，上涨一段时间到达高点 2 以后，开始又一次的下跌，MACD 随着指数的下跌形成死叉，BAR 彩色柱状线成为绿色，但这时指数仅仅是微弱下跌调整到高点 3，便再次接着上涨，MACD 再次随着指数的上涨形成金叉。这时我们看到，高点 3 高于低点 1，高点 3 对应的 MACD 的 A 处，其 BAR 彩色柱状线及 MACD 的数值是高于低点 1 所对应的 MACD 的 BAR 彩色柱状线及 MACD 的数值，于是 MACD 在 A 处的绿色彩色柱状线带称为上涨加速点 A。随着上涨加速点的形成，指数再次上涨到高点 4。当上涨到高点 4 后指数再次调整，MACD 也再次形成死叉，调整到高点 5 后，指数再次上涨，MACD 也再次形成金叉。从图 2-15 中我们看到，高点 5 不仅没有低于高点 3，更没有低于高点 2（第二次下跌的起点），同时高点 5 对应 MACD 的 B 处，其 BAR 彩色柱状线及 MACD 的数值，虽然低于第二次下跌后低点 3 所对应的 MACD 的 A 处的 BAR 彩色柱状线及 MACD 的数值，但高点 5 对应的 MACD 的 B 处，其 BAR 彩色柱状线及 MACD 的数值，是高于低点 1 对应的 MACD 的 BAR 彩色柱状线及 MACD 的数值，于是从高点 4 处开始调整到高点 5 处然后再次上涨，所形成的绿色彩色柱状线带 B 处，为连续上涨加速点 B。随着连续上涨加速点 B 的形成，指数又进行了一波拉升，指数后面形成了一个下跌加速点，然后在调整到与上午盘高点 2 差不多的位置以后，在高点 2 处又一次地获得支撑后，指数再次上涨，并且一直涨到尾盘。

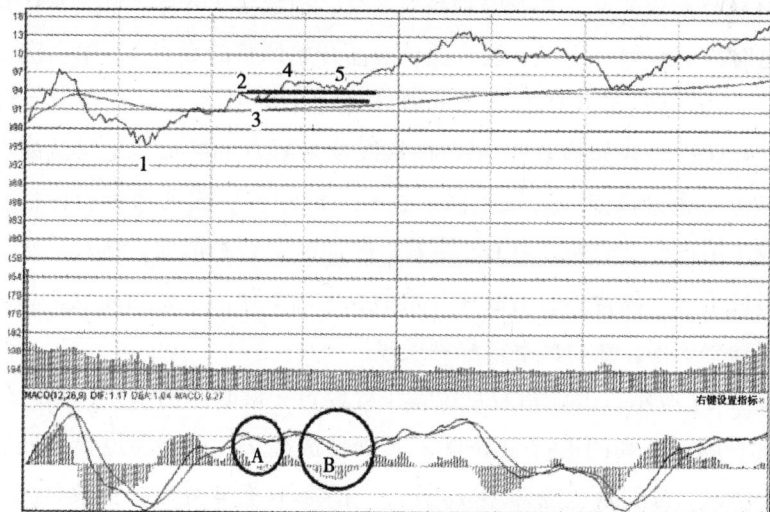

图 2-15　MACD 中的加速点（四）

如图 2-16 所示，图中分时指数经过一段时间的下跌，指数在低点 1 开始第一次的上涨，随着指数的上涨 MACD 形成金叉，BAR 彩色柱状线成为红色，指数上涨一段时间达到高点 2 以后，开始又一次的下跌，使 MACD 形成死叉，BAR 彩色柱状线成为绿色，但仅仅下跌调整到低点 3，接着便再次上涨，这时 MACD 也随着指数的上涨再次形成金叉。这时我们看到，低点 3 高于低点 1，低点 3 对应的 MACD 的 A 处，其 BAR 彩色柱状线及 MACD 的数值高于低点 1 对应的 MACD 的 BAR 彩色柱状线及 MACD 的数值，于是在 A 处的绿色彩色柱状线带称为上涨加速点 A。随着上涨加速点 A 的形成，指数再次上涨到高点 4。当上涨到高点 4 后指数再次调整，MACD 也再次形成死叉，调整到高点 5 后，指数又再次上涨，MACD 也再次形成金叉。从图 2-16 中我们看到，高点 5 不仅没有低于低点 3，更没有低于高点 2（第二次下跌的起点），高点 5 对应的 MACD 的 B 处，其 BAR 彩色柱状线虽然低于低点 3 对应的 MACD 的 A 处的 BAR 彩色柱状线，但 B 处的 MACD 数值高于 A 处的 MACD 的数值，同时高点 5 对应的 MACD 的 B 处，其 BAR 彩色柱状线及 MACD 的数值，是高于低点 1 对应的 MACD 的 BAR 彩色柱状线及 MACD 的数值，于是从高点 4 处开始调整到调整结束处高点 5 再次上涨，这一段时间内形成的绿色彩色柱状线带 B 处，为连续上涨加速点 B。上涨加速点 B 形成以后，指数继续上涨，到达高点 6 后，再次开始调整，随着调整的进行 MACD 形成死叉，当调整到高点 7 后，指数再次开始上涨，MACD 也再次金叉。这时我们看到，高点 7 没有低于前面开始调整的高点 4（第三次下跌的起点），高点 7 对应的 MACD 的 C 处的 BAR 彩色柱状线及 MACD 也没有低于低点 5 对应的 MACD 的 B 处的 BAR 彩色柱状线及 MACD 的数值，于是从高点 6 下跌调整到调整结束处高点 7 再次上涨，这一段时间内形成的绿色彩色柱状线带 C 处，形成了第三个上涨加速点 C。随着上涨加速点 C 的形成，指数再次上涨，直到后面形成了一个顶背离，指数才开始形成大的下跌。下跌到高点 2 和低点 3 之间的位置获得支撑，然后又继续涨到尾盘。

如图 2-17 所示，上证指数从位置 1 处经过一段时间的下跌，到达位置 2 处止跌反弹，随着反弹的进行 MACD 在 A 处形成金叉，反弹到位置 3 处后，指数再次开始下跌，MACD 也随即形成死叉，当跌到位置 4 处后，指数再次开始了反弹，随着反弹的进行，MACD 在 B 处也再次金叉。这时我们注意到，位置 4 处的点位高于位置 2 处（只要高于就行，哪怕是仅仅略微高于），也就是说下跌没有

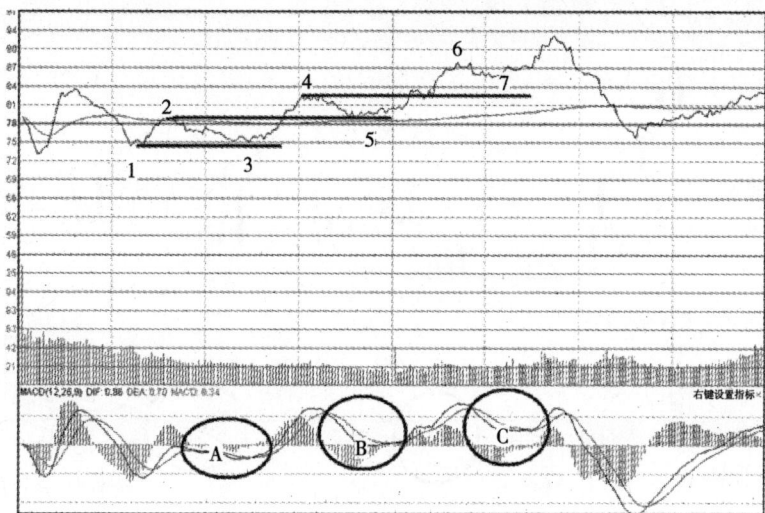

图 2–16　MACD 中的加速点（五）

低于前一次的低点，此时位置 4 处对应的 MACD 的 B 处，其 BAR 彩色柱状线及 MACD 的数值都高于位置 2 处的 MACD 的 A 处的 BAR 彩色柱状线及 MACD 的数值，所以这时 MACD 在圆圈 B 处形成了一个上涨加速点 B。随着上涨加速点的形成，指数开始上涨。上涨到位置 5 处后，指数再次下跌，随着下跌的进行 MACD 又形成了死叉。当跌到位置 6 时，指数再次开始上涨，MACD 也再次金叉。此时位置 6 高于位置 4，也就是说下跌没有跌破上一次的低点，但是位置 6 跌破了前一次的下跌点位置 3（第二次下跌的起点）。我们对上涨加速点的定义是最好不要跌破第二次下跌的起点，而现在出现了这种情况。遇到这种情况我们怎么办，我们可以把位置 1 到位置 4 看成是一段，然后把位置 3 到位置 6 看成是另一段，这样就可以把它和前面的上涨加速点 B 分开了。这时我们就容易分析了，位置 6 高于位置 4，位置 6 对应的 MACD 的 C 处，其 BAR 彩色柱状线及 MACD 的数值高于位置 4 对应的 MACD 的 B 处的 BAR 彩色柱状线及 MACD 的数值，于是 MACD 又在圆圈 C 处形成了一个独立的上涨加速点 C，而不是一个连续的上涨加速点 C。

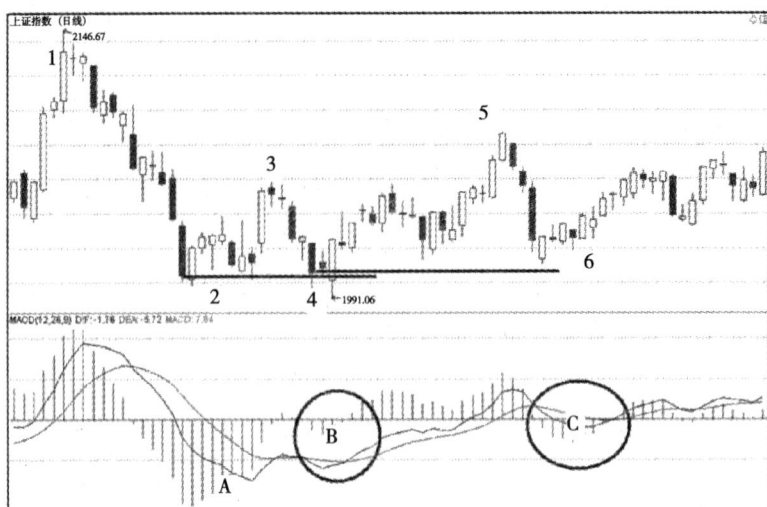

图 2-17　MACD 中的加速点（六）

第五节　连升和连跌

　　连升是股价开始上涨后 MACD 形成金叉，但紧接着股价开始调整时，仅仅是 BAR 彩色柱状线缩短但没有变绿，MACD 也就没有形成死叉。连升是上涨强势的表现。

　　如图 2-18 所示，上证指数从低点 1 处开始反弹，随着反弹的进行 MACD 形成金叉，当指数反弹到高点 2 后，进行了一波小的调整，调整到高点 3，在这个过程中 BAR 彩色柱状线缩短，但没有变绿，MACD 也就没有形成死叉，这时 MACD 形成了一个连升 A。指数再次上涨到高点 4 处，然后指数开始回落，随着指数的回落 MACD 再次形成了死叉，到高点 5 处止住，开始反弹。随着反弹的进行，MACD 形成金叉，在指数上涨到高点 6 时，股价再次调整，调整到高点 7。在这个过程中，BAR 彩色柱状线缩短，同样的没有变绿，MACD 没有形成死叉，这时 MACD 在这个位置又形成了一个连升 B。

　　如图 2-19 所示，上证指数从位置 1 处开始上涨，随着上涨的进行 MACD 形成金叉，当上涨到 2 处后开始下跌，随着下跌的进行 BAR 彩色柱状线缩短，在

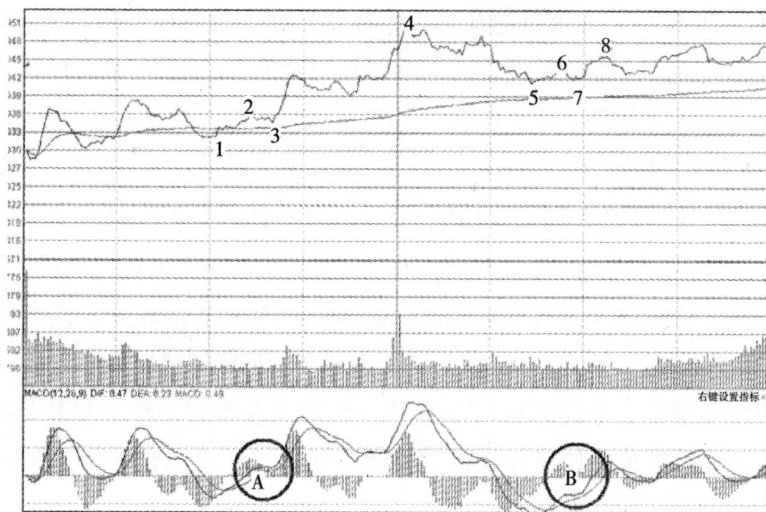

图 2–18　MACD 中的连升（一）

下跌到 3 处再次开始上涨时，在这个过程中 BAR 始终处在红色状态没有变绿，MACD 自然也就没有死叉，在 MACD 的 A 处形成了一个连升 A。

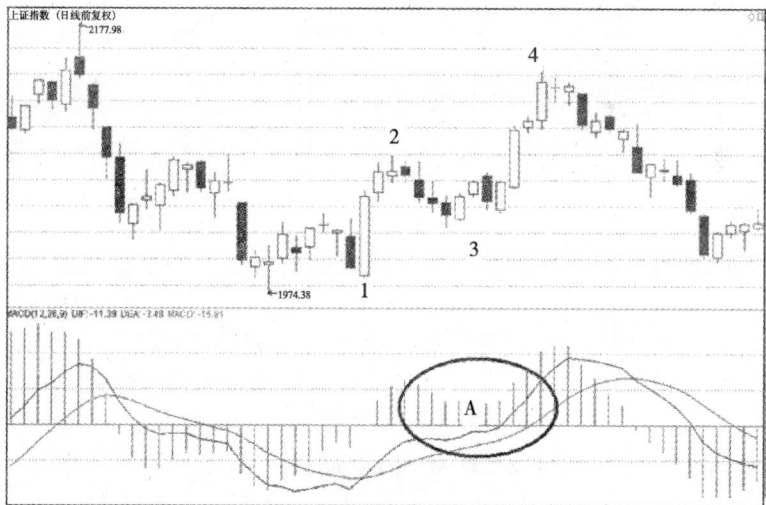

图 2–19　MACD 中的连升（二）

连跌是指股价下跌调整后 MACD 形成死叉，但紧接着股价开始反弹后，BAR 彩色柱状线虽然缩短但没有变红，MACD 也就没有形成金叉。连跌是下跌强势的表现。

如图 2-20 所示，上证指数在低点 1 开始下跌，这时随着指数下跌的进行，MACD 形成了死叉，跌到低点 2 后，指数开始反弹，随后 MACD 金叉，在反弹到低点 3 后又开始下跌，随着再次的下跌 MACD 形成了死叉。由于低点 3 低于低点 1，低点 3 对应的 MACD 的 A 处，其 BAR 彩色柱状线及 MACD 的数值低于低点 1 处的 MACD 的 BAR 彩色柱状线及 MACD 的数值，于是 MACD 形成了下跌加速点 A。形成下跌加速点后，指数一口气跌到低点 4 才止住。在这个过程中，BAR 彩色柱状线中途虽然有几次缩短，但都没使 MACD 形成金叉，这个过程中 MACD 在 B 处形成一个 4 连跌。股价从低点 4 开始反弹，MACD 形成金叉，反弹到低点 5 反弹结束，中间形成一个连升。从低点 5 继续下跌 MACD 形成死叉，下跌到低点 6 时指数开始反弹，但仅仅反弹到低点 7 又开始下跌，在这个过程中，BAR 彩色柱状线虽然缩短但没有变红，MACD 也没形成金叉，于是 MACD 在 C 处形成了一个连跌 C。

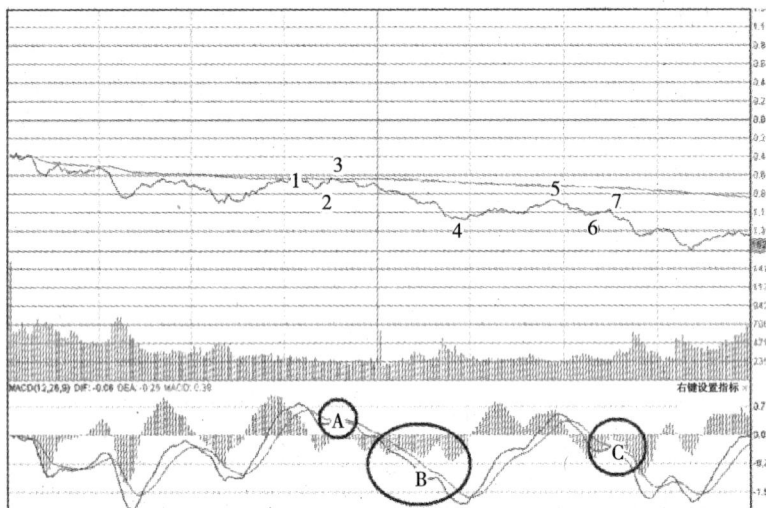

图 2-20　MACD 中的连跌（一）

如图 2-21 所示，上证指数从位置 1 处开始下跌，随着下跌的进行 MACD 形成了死叉，跌到位置 2 处，在位置 2 处进行了一个平台整理，这时 BAR 彩色柱状线缩短，但 MACD 没有形成金叉，然后指数继续下跌，在 A 处 MACD 形成了一个连跌 A。

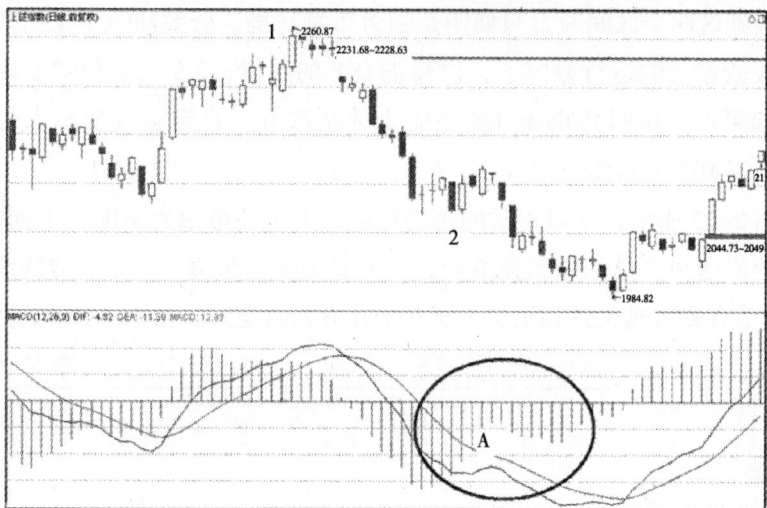

图 2-21　MACD 中的连跌（二）

第六节　DIF 数值的作用

在用 MACD 进行分析时，DIF 数值的作用不可小觑。但 DIF 的数值在不同的指数分时及日 K 线图里其数值区间又不尽相同。仅以笔者经常用到的股指期货和上证指数分时为例，DIF 的数值可以大致分为 6 个区间[①]。

0~1.5 为正向初级区间；

1.5~2.5 为超买区间；

2.5 以上为强超买区间；

0~-1.5 为负向初级区间；

-1.5~-2.5 为超卖区间；

-2.5 以下为强超卖区间。

其中 0~1.5 和 0~-1.5 作用相同，属于正常区域，一般 DIF 在这两个区间时，指数分时都会继续沿着以前的方向正常运行；1.5~2.5 和-1.5~-2.5 作用相同，当

_____

① 本书中的 DIF 数值区间特征特指上证指数和股指期货的分时图的区间，其他指数分时及日 K 线或者个股的数值区间读者可以根据其历史走势稍加分析，就能得出这 6 个区间的大概数值。

数值上升到这两个区间时，只要不是强势市场环境，就要注意上证指数分时随时都能改变原来的运行方向了，以修正 DIF 的数值；2.5 以上和-2.5 以下作用相同，如果不是极强势市场环境下，上证指数分时肯定会改变原来的运行方向，以修正 DIF 的数值。

如图 2-22 所示，早盘正常的市场环境，上证指数沿着 DIF 向上同步运行，当 DIF 数值达到 1.52 后便改变方向，去修正 DIF 的数值，下午强势的市场环境 DIF 的数值直到达到 5.58 以后，上证指数才开始改变方向去修正 DIF 的数值。

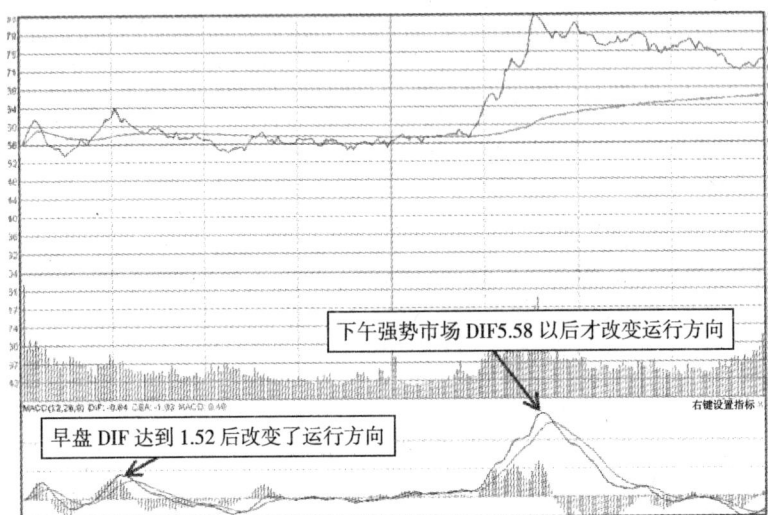

图 2-22　DIF 值（一）

如图 2-23 所示，早盘正常的弱势市场环境，上证指数沿着 DIF 向下同步运行，当 DIF 数值达到-2.37 时，这时上证指数改变了运行方向，以修正 DIF 的数值。下午大盘在正常的弱势市场环境中 DIF 数值达到-1.71 后，同样需要改变方向以修正 DIF 的数值。

如图 2-24 所示，上证指数经过一段时间的上涨，在 A 处 DIF 数值已经达到 40 以上，这时上证指数需要改变运行方向来修正 DIF 的数值。于是形成了 2478 点的头部。

下面我们来看几个 DIF 数值超过±5 以后见底和见顶的例子。

如图 2-25 所示，2008 年 10 月 28 日，图中早盘上证指数分时经过一波快速的上涨后，开始下跌，指数的下跌带动 DIF 的下跌。我们前面介绍过，当 DIF 数

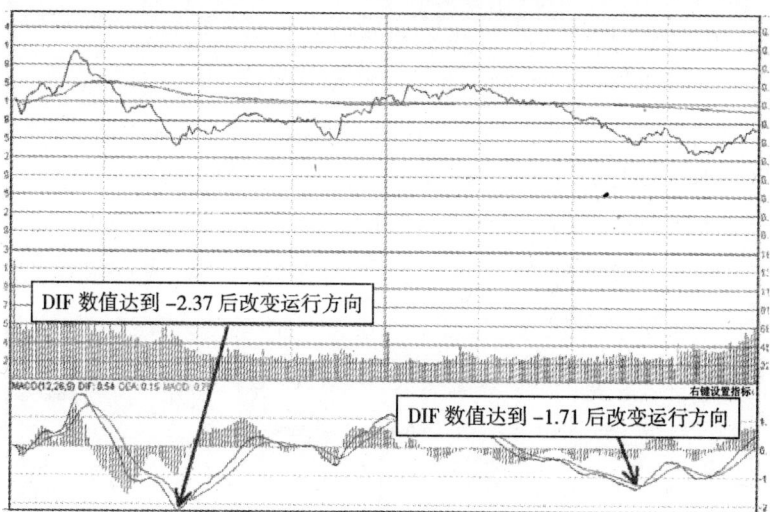

图 2-23 DIF 值（二）

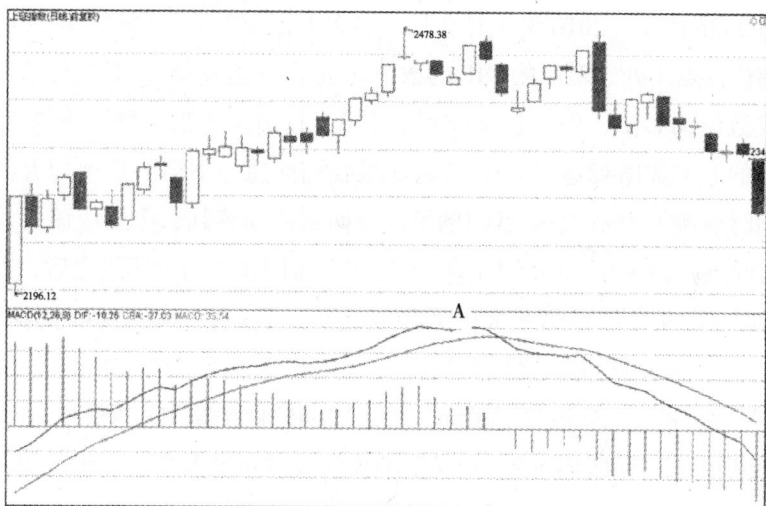

图 2-24 DIF 值（三）

值到达 5 以上时，行情即使在强势市场环境中也肯定会改变运行方向，以修正
DIF 的数值。现在 DIF 在 A 处数值达到了 -5.53，说明行情有反弹的需要以修正
DIF 的数值。于是行情从低点 1 开始反弹，反弹到低点 2，行情再次下跌，再次
下跌到低点 3 处，对应的 DIF 的 B 处数值再次超过 -5 到达 -5.43 的时候，DIF 又
到了需要修正的区间，于是行情再次从低点 3 处开始反弹，一直涨到尾盘，同时
这一天形成了一个确认性启动的大阳线，也就是著名的 1664 点。

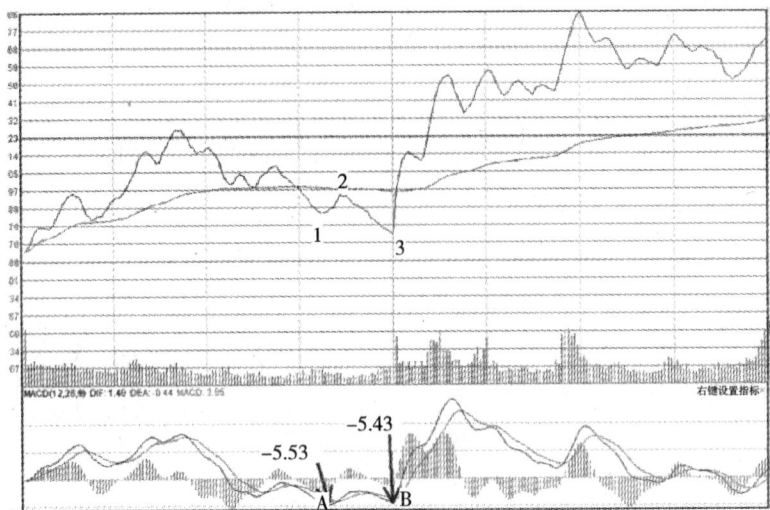

图 2-25 DIF 值（四）

如图 2-26 所示，2010 年 7 月 2 日，当天上证指数分时经过一段时间的单边下跌，到达低点 1 处，对应的 DIF 的数值超过了-5 达到-5.77 时，行情有反弹以修正 DIF 数值的必要，但仅仅反弹到低点 2，行情又再次下跌，下跌到低点 3，这时对应的 DIF 数值到达-6.40。这时如果我们回想一下第一章预判大盘见底的内容，同时参考上面的 1664 点的例子，我们就能预感到，今天应该是我们进场的最佳时间点。因为在 2010 年 5 月 21 日那根前期介入的大阳线之后，尤其是在我们见到 6 月 29 日那根恐吓人的大阴线之后，我们就一直在期待能有预测见底的带长上影线 K 线或者带长下影线 K 线的出现。今天当 DIF 的数值第一次达到-5.77 时，我们就应该有所期待，尤其当 DIF 的数值再次达到-6.40 时，我们就应该心潮澎湃，因为所期待的带长下影线的 K 线可能要出现。于是当分时从低点 3 处开始反弹。令许多人始料未及的是，大盘从此处一直涨到尾盘，形成了一个"定海神针"，但对于有所准备的我们就不是始料未及而是梦想成真，在 2319 点我们完成了完美的抄底动作。

如图 2-27 所示，2009 年 8 月 4 日，当天上证指数分时经过一段时间大幅的单边下跌，直到下跌到低点 1 时才止住跌势，对应的 DIF 在 A 处的数值达到-8.38，其值有修正的需要，于是行情开始反弹。但这波反弹行情让人始料未及的是，居然反弹到低点 2，基本与前一天收盘价相当，也就是说把之前的跌幅全部吃掉了。而这时对应的 DIF 数值却达到了不常见的 7.88 的高度，但仅仅小

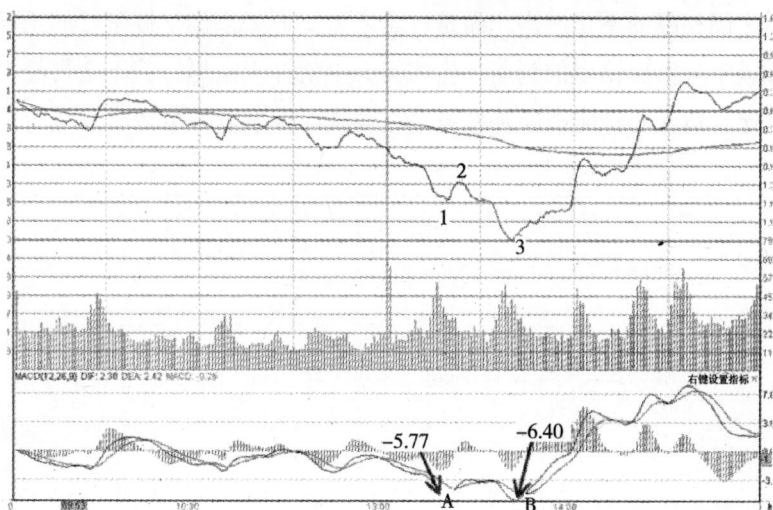

图 2-26　DIF 值（五）

幅下跌调整到低点 3 后，行情又再次上涨，达到高点 4 时，对应的 DIF 的数值更是达到了惊人的 8.09 的高度，更加需要修正。这时如果看上证指数日 K 线图的话，我们知道这时形成的是一根带长下影线的 K 线，这是与图 2-26 一样的"定海神针" K 线吗？我们今天应该在 DIF 的数值达到-8.38 的时候，在那个地方抄底进去，再一次地完成完美的抄底动作。且慢，我们来看看图 2-26 出现的位置，图 2-26 出现的位置是在前期经过了一段时间的下跌，尤其是在 2010 年 5 月 21 日那根前期介入的大阳线之后。在我们见到 6 月 29 日那根恐吓人的大阴线之后，我们就一直期待能有预测见底的带长上影线 K 线或者带长下影线 K 线的出现，也就是说图 2-26 出现的位置是在我们一直强调的相对位置的相对低位处。而图 2-27 出现的位置，是从 1664 点以来经过了大幅的上涨以后，也就是说出现在了相对高位。而且是在 7 月 29 日那根试探性做空的大阴线之后，是我们一直所期盼的带长下影线预测见顶的上吊线，而不是"定海神针"。此时离尾盘结束的时间仅仅还剩半个小时多一点，既然知道了现在是相对高位，而且出现的是我们一直期盼出现的上吊线，就是我们卖出股票的最佳时机，而不是抄底的最佳时机。如果这时我们手中还有股票，那就可以全部卖光。于是就在许多投资者看到从低点 1 开始的强势拉起动作，以为行情能再创辉煌，纷纷杀进去之时，而我们则利用我们已经掌握的技术，经过充分而正确的分析，在上证分时达到高点 4 之时，及时地、从容地了结出局，筹码抛给了别人，利润安全地也完全地留给了自己，完成了完美的逃顶动作，天堂和地狱之间相隔的不是鸿沟，而是一念之差。而如果你掌握了好的正确的分析方法，你就不会做出错误的判断，你将天天生活在天堂里，就不会再经常徘徊在地狱的边缘，每天心惊胆战心神疲惫，过着犹如炼狱般的生活。

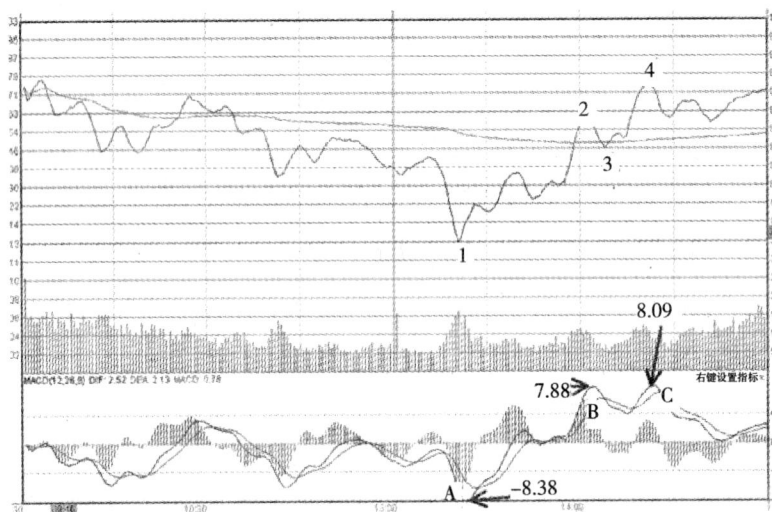

图 2-27　DIF 值（六）

如图 2-28 所示，2010 年 11 月 11 日，上证指数分时经过将近一天的单边拉升，快接近尾盘时，DIF 的数值在 A 处达到 6.91，DIF 有修正的必要，也就是说分时要调整了，这时我们看到高点 1 处分时线开始走平，然后突然拐头向下，当天收出了一根"避雷针"K 线。既然大盘的行情已经涨了这么多，也就是说现在是在相对高位的地方，而且在此之前，已经出现过几根带长下影线的 K 线，当接近收盘时，我们又看到要收出一根"避雷针"K 线，我们还犹豫什么？撤吧。就在我们在尾盘抛出手中的筹码第二天，一根试探性做空的大阴线来了，我们走的是多么的及时！如果投资者 11 月 11 日这天能在 DIF 的数值达到 6.91 需要修正的地方，同时看到在对应的高点 1 处，迅速出手，那岂不是又完成了一次完美的逃顶动作。尽管我们是在尾盘走人，但也是很完美的，你说是不是呢？

介绍完分时图 DIF 的数值区间作用，下面来介绍一下 BAR 彩色柱状线的辅助作用。

红色柱状线是做多信号，当红色柱状线增多拉长时，说明多方气势旺盛，多头行情仍将继续；反之，当红色柱状线缩短时，说明多头气势在衰减，股价随时

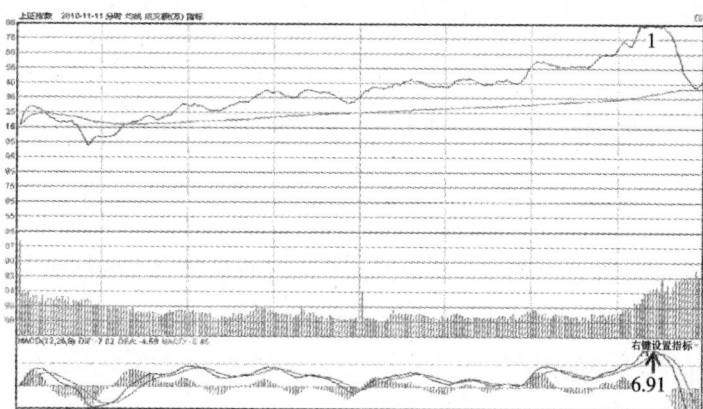

图 2-28　DIF 值（七）

可能下跌。绿色柱状线是做空信号，当绿色柱状线增多拉长时，说明空方气势旺盛，空头行情仍将继续；反之，当绿色柱状线缩短时，说明空方气势在衰减，股价随时会止跌或见底回升。在实际运用时，BAR 一定要跟 DIF 配合使用，当BAR 的增长速度能跟上 DIF 的增长速度，也就是说 DIF 能沿着 BAR 彩色柱状线上升或下降时，股价会继续沿着以前的方向运行，当 DIF 超过 BAR 彩色柱状线的高度，远离 BAR 彩色柱状线时，股价就可能会转向，尤其是 DIF 绝对值超过1.5 以上，在非强势市场，随时可能改变方向（见图 2-29)。我们可以形象地把BAR 彩色柱状线看作是柱子，DIF 看作是绳子，只有绳子缠绕在柱子上，绳子才是牢靠的，当绳子远离了柱子依托，就会掉下来。

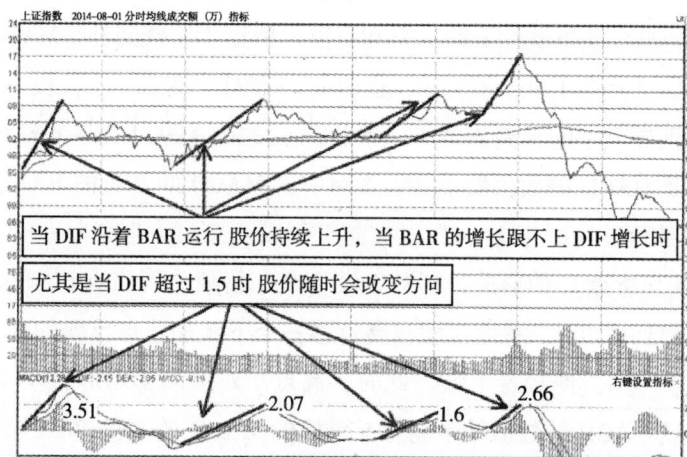

图 2-29　BAR

第七节　MACD 分时的实例应用

为方便起见本节分时图中，价格凡是在昨日收盘价以上的标注为高点+数字，在昨日收盘价以下的标注为低点+数字。MACD 在 0 轴以上的标注为高点+字母，在 0 轴以下的标注为低点+字母。

一、顶背离实例

如图 2-30 所示，2014 年 5 月 22 日，上证指数早盘 DIF 正常地沿着 BAR 彩色柱状线运行，指数持续上涨，当 DIF 的数值超过 2.1 时，虽然 DIF 已经超过了 BAR 彩色柱状线，但因为是强势市场，指数继续上升，直到 DIF 的数值达到 3.55。这时 DIF 的数值远远地大于 BAR 彩色柱状线的数值，DIF 不能和 BAR 协调上涨，这时一波上涨结束，指数形成了高点 1，MACD 形成高点 A，下跌调整开始。而随着调整的开始 MACD 形成死叉，在强势调整一段以后，指数再次上涨，随着指数的再次上涨 MACD 也再次形成金叉。当指数上涨到高点 2 时，MACD 又形成了高点 B，这时指数高点 2 的高度高于高点 1 的高度，但 MACD 高点 B 没有高于 MACD 的高点 A，这时指数分时形成了顶背离。随着顶背离的到来，指数开始下跌，MACD 也随着下跌的进行形成了死叉。下跌到高点 3 处仅仅进行了微弱的平台整理继续下跌，直到高点 4 位置才止跌回升，MACD 也再次形成金叉，指数缓慢地上涨到高点 5，这时我们看到，高点 5 不仅没有达到高点 3 的高度，更别说上午的最高点 2 了。而且高点 3 对应的 MACD 的 C 处，其 BAR 彩色柱状线及 MACD 的数值低于高点 3 对应的 MACD 的 B 处的 BAR 彩色柱状线及 MACD 的数值，这时当 MACD 再次向下形成死叉时，形成第一个下跌加速点 C。随着下跌加速点 C 的形成，指数继续下跌。指数跌到高点 6，仅仅进行微弱的反弹，反弹到高点 7，高点 7 没有高过第一个下跌加速点反弹的起点，也就是没有反弹到高点 4，便接着下跌。此时，高点 7 对应的 MACD 的 D 处，其 BAR 彩色柱状线及 MACD 的数值低于高点 5 对应的 MACD 的 C 的 BAR 彩色柱状线及 MACD 的数值，于是当 MACD 再次死叉时，又形成连续的第二个下跌加速点 D，指数又继续下跌。这次下跌一段时间后到达高点 8，然后反弹，反弹到高点 9，没有到达高点 7 的高度，便又形成了第三个下跌加速点 E，这时我们看到在第三个加速点形成后，指数的下跌速度明显加快。一天当中除了早盘的一个上涨，指数就这样在顶背离后形成了一个接一个的下跌加速点，指数跌跌不休直到尾盘。

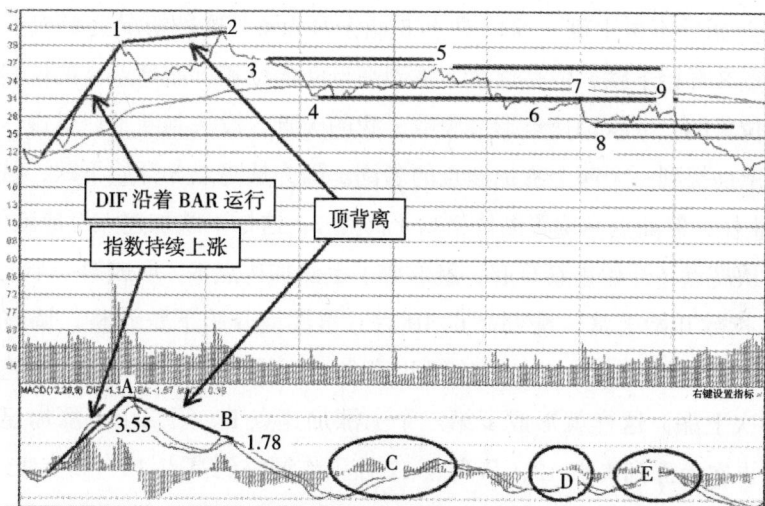

图 2-30　顶背离（三）

如图 2-31 所示，2014 年 5 月 21 日，上证指数早盘 DIF 沿着 BAR 一波快速下跌，一口气跌到低点 1 的位置，这时 BAR 线为-2.1 到达随时改变方向的区域。接着一波快速的上涨，一鼓作气拉到低点 2，随着一波快速的拉升 MACD 也在 A 处形成了金叉，这时虽然短时间内上涨将近 1%，但因为 BAR 的增长速度完全可以跟上 DIF 的上涨速度，所以可以继续上涨，在低点 2 稍作调整又拉到高点 3，一扫早盘下跌的阴霾。这时 DIF 的数值（3.45）到达随时要调整的数值区间的同时，也远远地偏离了 BAR，接着调整便开始了。随着下跌调整的到来 MACD 在高点 B 处形成了死叉，但仅仅下跌调整到低点 4，而低点 4 的位置，还没到第一波的上涨低点 2 的位置，就止跌回升，说明市场很强势。随着指数的再次上涨MACD 形成金叉，当指数上涨到高点 5 时，这时 DIF 数字为 2.17，如果这时开始调整，而 DIF 的数值又不会再增长的话，那么就会形成 MACD 的高点 C，由于高点 5 高于高点 3，而对应的 MACD 的高点 C 低于 MACD 的高点 B，这样就形成了顶背离，要注意风险了。如图 2-31 所示，这时指数不再继续上涨而是开始了调整，但仅仅稍作调整便又开始了再次上涨，当再次上涨到高点 6 时，便涨不动了，这时的高点 6 高于高点 5，同时高点 6 对应的 MACD 的高点 D 低于高点 5 对应的 MACD 的高点 C，再次形成顶背离，2 次顶背离下跌调整在所难免了。2 次顶背离后从高点 6 处开始下跌调整，MACD 也随即形成了死叉，一直调整到高点 7 才止跌，调整暂时结束，然后指数开始再次上升，MACD 也再次形成金叉，当上涨到高点 8 后不再上涨，这时高点 8 低于高点 6，这种情况会形成下跌加速点。从高点 8 开始下跌，但是这次下跌到高点 9 的位置，而高点 9 的位置是高于高点 7 的位置的，下跌加速点形成失败，我的天呀，没法判断了。且慢，回忆一下，我们上面提到一个叫上涨加速点的名词。因为从高点 8 开始下跌，跌到高点 9 的位置止住，但高点 9 位置的价格高于高点 7，这样下跌加速点形成就失败了。这时笔者从高点 7 开始重新算起，就形成了上涨加速点 E。形成第一个上涨加速点 E 后，指数开始上涨，涨到高点 10 后，再次地开始下跌调整，调整到高点 11，这次下跌调整到高点 11，没有低于高点 9 而是仅仅达到与高点 8 差不多的高度便再次上涨，这样就形成了第二个上涨加速点 F。第二个上涨加速点形成后，指数再次上涨到高点 12，从高点 12 处稍作调整到高点 13，高点 13 仅仅进行了小幅调整，没有调整到高点 10 的位置，便形成了第三个上涨加速点 G。形成上涨加速点 G 以后，股价一鼓作气冲过近期高点 12 和远期高点 6 到达高点 14，在高点 14 进行强势调整，然后一直涨到尾盘。

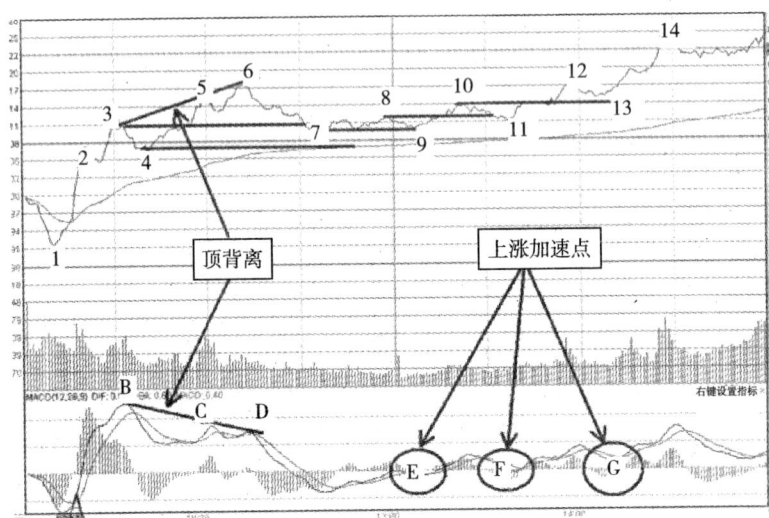

图 2-31　顶背离（四）

看完前面的两张图，读者应该会产生疑问，不是说 2 次背离比 1 次背离的下跌幅度更大吗？回答是：正常情况下而且大部分情况下是这样，只有少数不正常的情况下，才会不跌反涨。何为不正常呢？在分析说明图 2-31 哪里不正常之前，我们先来看一张正常的例子。

如图 2-32 所示，2013 年 1 月 24 日，上证早盘小幅下跌形成低点 1，然后开始上涨到高点 2 的位置，从高点 2 的位置开始下跌调整，调整到高点 3 位置，这时高点 3 高于低点 1，于是形成了上涨加速点 A。形成上涨加速点 A 后，开始一波迅速地拉升并达到高点 4，这时 BAR 彩色柱状线增长速度能跟上 DIF 的增长速度，说明上涨的动力很强。在高点 4 位置只经过一点点强势的调整，调整到高点 5 便开始又一波的上涨。在上涨到高点 6 时，彩色柱状线 BAR 已经跟不上 DIF 的增长速度，DIF 的数值需要通过指数的分时调整来修正，此时形成了高点 6 和第一个 MACD 的高点 B，随着调整的开始 MACD 形成死叉。当调整到高点 7 时，高点 7 的位置还没有达到高点 4 的位置就开始回升，说明市场很强势。随着从高点 7 开始上涨 MACD 再次金叉，当上涨到高点 8 后，又再次开始调整，形成了 MACD 的第二个高点 C，这时高点 8 高于高点 6，相对应的 MACD 的高点 C 低于 MACD 的高点 B，此时形成了顶背离。顶背离形成后，指数从高点 8 开始下跌，随着下跌的进行 MACD 再次形成死叉，但仅仅小幅下跌到高点 9，我们看到高点 9 的位置没有达到高点 7，而是仅仅下跌到高点 6 附近，说明市场还是很强势，到达高点 9 后，指数再次上升随即 MACD 也再次形成金叉，当指数上涨到高点 10 时，指数涨不动了，指数形成了高点 10，MACD 同时也形成第三个高点，即 MACD 的高点 D，这时高点 10 分别高过高点 8 和高点 6，而 MACD 的高点 D 低于 MACD 的高点 C 和 MACD 的高点 B，从而形成了 2 次顶背离。2 次顶背离形成后，指数从高点 10 处开始下跌，很迅速地连续跌破早盘强势调整的高点 9、高点 7、高点 5，说明一波强烈的下跌开始到来，直到下跌到高点 11 指数才止住下跌。然后开始上涨，这时 MACD 也随着上涨的进行再次金叉，但仅仅微弱地上涨到高点 12 便开始继续下跌，而高点 12 没有高过高点 5，这时形成了下跌加速点 E。形成下跌加速点 E 后，又很快地跌破早盘高点 3 和低点 1，到低点 13 处才勉强止住快速下跌的趋势，形成低点 13 的同时也形成了 MACD 的低点 F。从低点 13 开始缓慢地下跌，直到下跌到低点 14。这段时间虽然是下跌，但 BAR 柱状线是红色，MACD 也是在低点 13 的地方形成金叉，说明这时空方的内在力量有减弱的迹象。从低点 14 开始反弹，反弹到低点 15，也就是基本与低点 13 持平的地方，空方再次发力又开始下跌，这时形成了第二个下跌加速点 G。形成下跌加速点 G 后一直下跌到低点 16，才止跌反弹，这时形成低点 16 和 MACD 的低点 H，而低点 16 低于低点 13，所对应的 MACD 的低点 H 高于 MACD 的低点 F，底背离，空方有再次减弱的迹象。随着底背离的产生，股价从低点 16 开始反弹，但还没有反弹到低点 14 的位置指数又再次在空方的打压下开始下跌，这时形成了低点 17 和下跌加速点 I，指数再次下跌。当指数跌到低点 18 时，终于又一次地止住了跌势，开始上涨，从而形成了低点 18 和 MACD 的低点 J，而低点 18 虽然低于低点 16 和低点 13，但对应的 MACD 的低点 J 却高于 MACD 的低点 H 和 MACD 的低点 F，形成二次底背离。二次底背离指数要大幅上涨，果然从低点 18 开始指数一鼓作气地冲过低点 17，略微地高过低点 14 才开始调整，但这时已经接近收盘，多方今天没机会了。

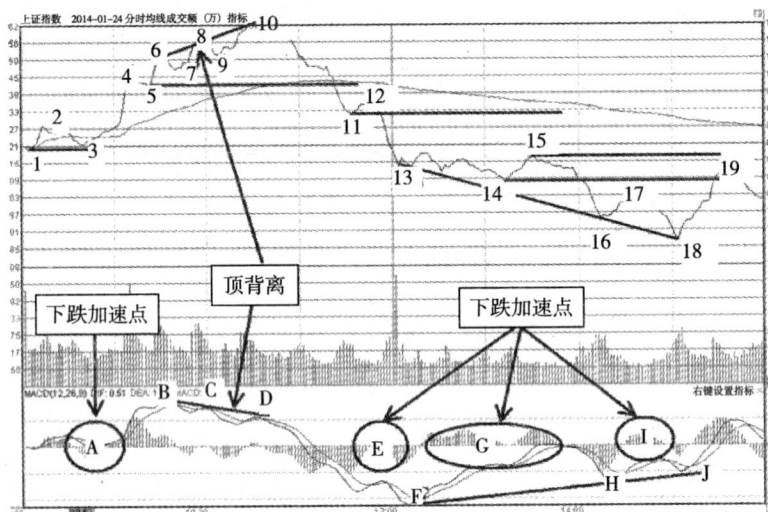

图 2-32 顶背离（五）

从图 2-32 中看到 2 次顶背离的威力了吧，如果不是在下午形成的 2 次底背离，当天一直跌到尾盘基本是没问题的。

分析完了正常的情况，现在来看看图 2-31 中的不正常情况。两张图在 2 次顶背离之前走势基本相同，那问题肯定就出在 2 次顶背离之后了，仔细再看看两张图，原来恍然大悟，问题出在 2 次顶背离后的第一波下跌，图 2-31 中 2 次顶背离后下跌调整，是慢慢地调整到高点 7，但高点 7 的位置是在早盘高点 3 附近就止住，同时在高点 7 这里，不仅没有形成下跌加速点，而是加速失败形成了上涨加速点。再看看图 2-32，在形成了 2 次顶背离以后，指数是快速跌破高点 9、高点 6（相当于图 2-31 的高点 3 位置）、高点 7、高点 5，简直就是一泻千里。之后继续形成了下跌加速点，而没有形成上涨加速点。快速地跌破重要支撑位说明下跌是真的，慢慢地下跌调整并且没有跌破重要支撑位说明下跌是假的。

总结一下，图 2-31 在形成 2 次顶背离以后开始调整，下跌调整到早盘重要高点附近，不仅没有形成下跌加速点，而是加速失败，形成了上涨加速点，而图2-32 在形成 2 次顶背离以后开始调整，是快速地跌穿早盘重要的支撑位，并且形成有效下跌加速点，就是两张图中最不同之处，细节决定成败。

二、底背离实例

如图 2-33 所示，2014 年 4 月 10 日，上证早盘 DIF 正常地沿着 BAR 彩色柱状线运行，指数持续下跌，在 DIF 的数值超过-1.93 以后，到达随时可能改变运行方向区域，这时 DIF 远远地大于 BAR 彩色柱状线的数值，DIF 不能和 BAR 再同步下跌，随着多方的介入，这一波下跌结束，指数形成了低点 1，MACD 形成了低点 A，这时反弹开始。随着反弹的进行 MACD 也形成了金叉，反弹一段时间以后，这时我们看到指数反弹的时间虽然很长，时间持续有 10 分钟，但指数上涨的幅度实在有限仅仅涨了 4 个点，于是在长时间而微弱地反弹到低点 2 后，便再次下跌，随着指数再一次下跌 MACD 也再次形成死叉。当指数跌破早盘低点 1 时，这时下跌再次结束形成了低点 3，开始了又一轮的反弹，MACD 再次形成金叉，形成了 MACD 的低点 B，这时低点 3 低于低点 1，但对应的 MACD 的低点 B 高于 MACD 的低点 A，形成底背离。随着底背离的形成，指数再次反弹，当指数反弹到低点 4 时即宣告反弹结束，这时低点 4 基本和低点 2 持平，没有高过低点 2 是危险信号，有再次跌破低点 3 的可能。随着指数再一次下跌 MACD 也再次形成死叉，但指数仅仅下跌到低点 5，高于低点 3 的位置就止住下跌，MACD 形成低点 C，这时我们看到低点 5 高于低点 3，同时低点 5 对应的 MACD 的低点 C 高于低点 3 对应的 MACD 的低点 B。不是形成再次底背离，而是形成了一个上涨加速点 C。随着上涨加速点的形成，反弹再次开始，而随着指数的反弹 MACD 也再次金叉，当指数上涨到高点 6 和早盘开盘价的位置时反弹便没了动力，于是指数再次下跌，MACD 也再次死叉。当指数跌到低点 7 时便开始又一轮的上涨，MACD 再次金叉，而低点 7 的位置基本和低点 4 的位置持平，形成了上涨加速点 D。随后股价开始一波上涨，一举冲过早盘的开盘价，到达高点 8 的位置才再次开始调整，MACD 随即死叉，当调整到高点 9 时，调整结束开始上涨，但仅微微地上涨到低于高点 8 的高点 10 处，指数便又开始调整，这时高点 10 低于高点 8，MACD 的高点 E 有可能形成下跌加速点。但从高点 10 开始又以微弱的调整到高于高点 9 的位置高点 11 处就结束了调整，下跌加速点 E 形成失败。股价再次上涨，MACD 形成金叉 F。因为下跌加速点形成失败的原因（从图中我们能看到 E 处 MACD 的红色柱状线其实就 2 根，在高点 10 处只要少涨一个点这 2 根红色柱状线就不会出现，所以我们完全可以把高点 8 到高点 11 这一段看成一个整体，可以把这地方的绿色柱状线带看作一个上涨加速点）。这一波的上涨比之前的任何一波都迅速和猛烈，一鼓作气拉到高点 12，形成 MACD 的高点 G，在这里仅仅稍作停留，又形成了一个上涨加速点 H，然后又一口气冲到高点 14，形成 MACD 的高点 I，这时 DIF 数值到达不常见的 5.6，远远地高于了 BAR 彩色柱状线的数值，处在肯定需要调整的区域，接下来指数一直调整到尾盘结束。

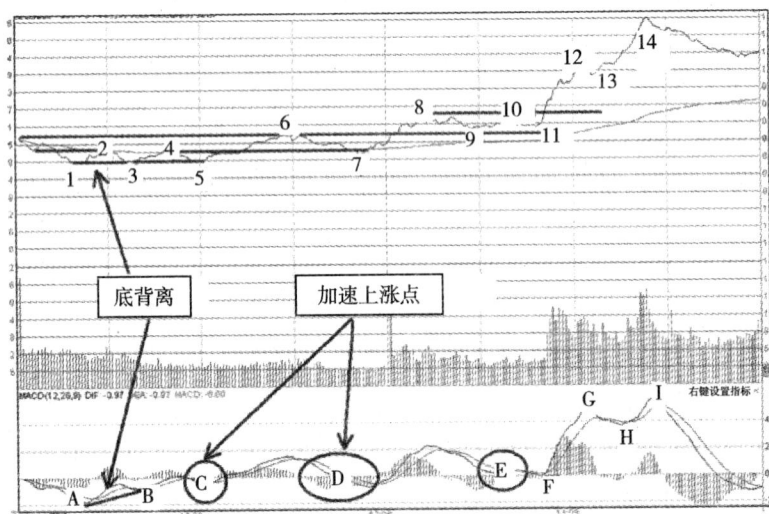

图 2-33 底背离（三）

　　如图 2-34 所示，2014 年 3 月 12 日，上证指数早盘经过一波下跌后反弹，反弹到高点 1 处，反弹结束后形成了 MACD 的高点 A，此时的 DIF 数值为 2.08，处在随时需要调整的区域，再次下跌到低点 2 后接着又反弹到高点 3，这时形成了高点 3 和 MACD 的高点 B，DIF 的数值为 2.17。这时高点 3 高于高点 1，MACD 的高点 B 也高于 MACD 的高点 A，形成的不是顶背离。从高点 3 开始调整到高点 4，高点 4 虽然低于高点 1 但高于高点 2，属于强势调整。调整结束后指数继续上涨到达高点 5，这时 MACD 形成了 MACD 的高点 C，DIF 的数值达到 2.71，而且前面的 MACD 的高点 A 和高点 B 处的 DIF 数值也在 2.0 上方，离 BAR 彩色柱状线也比较远，随时可能展开调整。因为高点 5 高于高点 3 和高点 1，对应的 MACD 的高点也是比前面 2 个都高，所以形成的不是顶背离，但调整是必须的。从高点 5 一波快速地下跌调整到低点 6 方才勉强结束，此时低点 6 介于低点 2 和低点 4 之间，还算强势，但随后上涨到低点 7 不仅高度很小，勉勉强强到达低点 4 的位置，而且 MACD 也没有形成金叉，而在 D 位置形成了一个 MACD 的连跌，说明下跌动力很强，于是紧接着又是一波快速下跌，一举跌破早盘的最低点到达低点 8 才算止住。随着反弹的开始 MACD 形成金叉，MACD 形成低点 E，但反弹力度太弱，几个点而已，随后指数又开始下跌，MACD 也再次形成死叉。再次跌到低点 9 时，这时形成 MACD 的低点 F 高于 MACD 的低点 E，但对应的指数分时低点 9 低于低点 8，第一次底背离。从低点 9 开始反弹到低点 10，但这次还是很弱，低点 10 没有突破低点 8 就再次下跌到低点 11，MACD 也形成了 MACD 的低点 G。这时候低点 11 低于低点 9 和低点 8，而 MACD 的低点 G 高于 F 和 E，2 次底背离。随着 2 次底背离的到来，股价开始反弹，反弹到低点 12，虽然仅仅略高于低点 10，但回调的低点 13 也只是略微低于低点 10 一点点，同时 MACD 都没有形成死叉就再次向上形成连升，属于强势调整，接着又是一波快速上涨，到达早盘的低点 10 附近开始再次调整，形成低点 14。从低点 14 开始调整，MACD 再次形成死叉 H，这次调整历时将近半个小时，跌到低点 15，但低点 15 的位置在低点 12 处便止住而开始上涨，随着指数的上涨 MACD 在 I 处形成金叉，随后 MACD 又形成一个 MACD 的连升 J，然后一直涨到尾盘。

　　如图 2-35 所示，大盘经过早盘的一波下跌，直到低点 1 处才止住跌势形成反弹，随着反弹的进行，MACD 在 A 处形成金叉。当反弹到低点 2 后行情又开始下跌，MACD 也随着再次的下跌形成了死叉，在跌到低点 3 后，再次止住了跌势

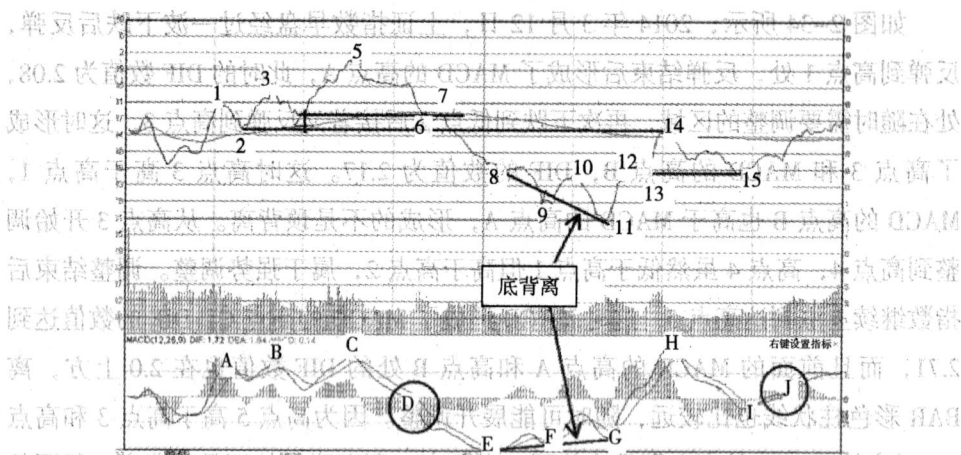

图 2-34　底背离（四）

开始反弹，MACD 在 B 处也再次形成金叉，这时我们看到低点 3 低于低点 1，但对应的 MACD 的 B 处高于 A 处，形成了底背离。随着底背离的到来大盘开始反弹，但这次仅仅是微弱的反弹，便再次下跌。但这次下跌 BAR 彩色柱状线仅仅是缩短并没有使 MACD 死叉，跌到低点 4 时开始反弹，MACD 在 C 处形成了一个连升，这时低点 4 低于低点 3 和低点 1，但对应的 MACD 连死叉都没有就开始了反弹，强势 1 次底背离。之后指数就是一波猛烈的反弹。因为这个强烈底背离的到来，第二天大盘居然封在涨停板，还有比这更好的抄底方法吗。此图时间是 2008 年 9 月 18 日。

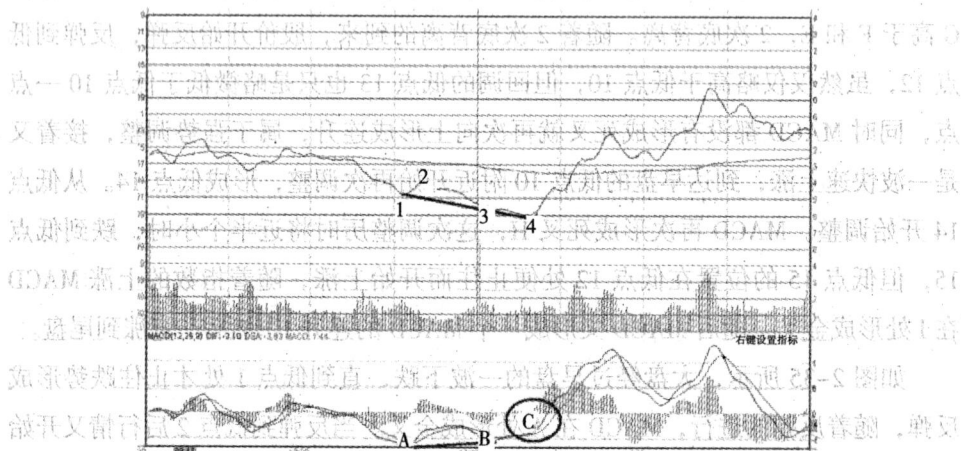

图 2-35　底背离（五）

如图 2-36 所示，早盘上证指数低开后一波强烈的反弹，然后指数开始下跌，跌到低点 1 处止住跌势，开始反弹，随着反弹的进行 MACD 在 A 处形成金叉。反弹到低点 2 后，指数再次下跌，MACD 也随后开始形成死叉，当跌到低点 3 后，指数再次反弹，MACD 在 B 处再次形成金叉，这时低点 3 低于低点 1，而对应的 MACD 的 B 处高于 A 处，底背离。随着底背离的到来大盘开始剧烈地反弹，当天从底背离处涨幅高达 7%。此图时间是 2008 年 10 月 28 日，也就是著名的 1664 点的日子。

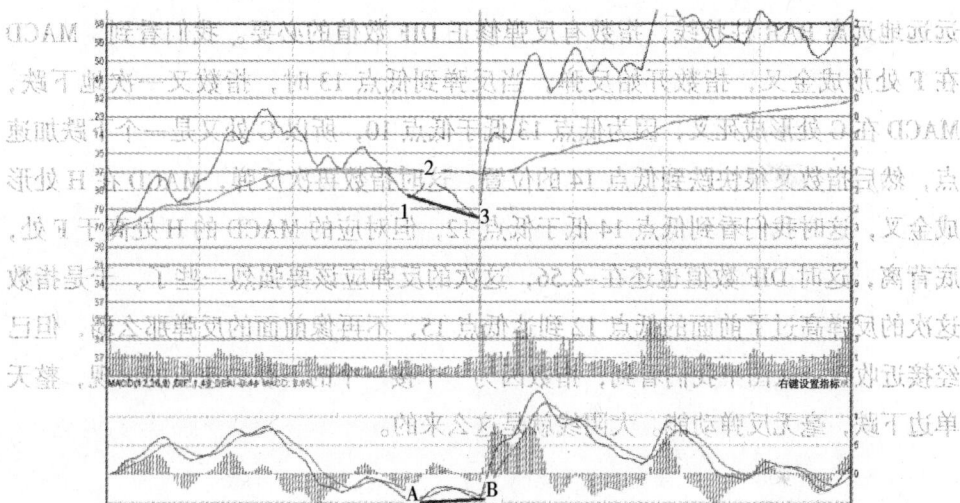

图 2-36 底背离（六）

三、其他实例

如图 2-37 所示，2014 年 6 月 19 日，早盘上证指数经过短暂的上涨到达高点 1 处，便开始下跌，一直跌到低点 2 处止住了跌势，开始反弹。随着反弹的进行，MACD 形成金叉，仅仅稍微反弹到低点 3 后就再次开始下跌，MACD 随即在 A 处形成死叉。这个地方我们看到，低点 3 低于早盘高点 1，这时 MACD 在 A 处形成了一个下跌加速点。下跌加速点 A 形成后，指数继续下跌，跌到低点 4 处，指数再次反弹 MACD 也再次形成金叉，当反弹到低点 5 后，又开始了下跌，MACD 在 B 处也再次形成死叉，低点 5 低于低点 3，MACD 又形成了下跌加速点 B。随后指数再次下跌到达低点 6 后，开始反弹，MACD 再次随着反弹的到来形成金叉。当仅仅稍微地反弹到低点 7 处时，指数便再次下跌 MACD 在 C 处形成死叉，同样的因为低点 7 低于低点 5，MACD 的 C 处又是一个下跌加速点。当指数再次下跌到低点 8 时，指数开始横向运行，虽然未反弹但 MACD 还是形成了金叉，当指数横向运行到低点 9 后，MACD 再次在 D 处形成了下跌加速点 D，D 处下跌加速点形成使指数下跌的速度加快，这次快速地下跌到低点 10 处开始反弹，MACD 形成金叉，反弹到低点 11 处，再次下跌。因为低点 11 低于低点 9，所以低点 11 处对应的 MACD 的 E 处又是一个下跌加速点 E。然后指数再次快速下跌，到达低点 12，这时低点 12 对应的 MACD 的 F 处，DIF 数值达到-3.0，同时 DIF 远远地远离 BAR 柱状线，指数有反弹修正 DIF 数值的必要。我们看到，MACD 在 F 处形成金叉，指数开始反弹，当反弹到低点 13 时，指数又一次地下跌，MACD 在 G 处形成死叉，因为低点 13 低于低点 10，所以 G 处又是一个下跌加速点，然后指数又很快跌到低点 14 的位置，这时指数再次反弹，MACD 在 H 处形成金叉，这时我们看到低点 14 低于低点 12，但对应的 MACD 的 H 处高于 F 处，底背离，这时 DIF 数值也还在-2.56，这次的反弹应该要强烈一些了，于是指数这次的反弹高过了前面的低点 12 到达低点 15，不再像前面的反弹那么弱，但已经接近收盘。从图中我们看到，指数因为一个接一个的下跌加速点的出现，整天单边下跌，毫无反弹动能。大阴线就是这么来的。

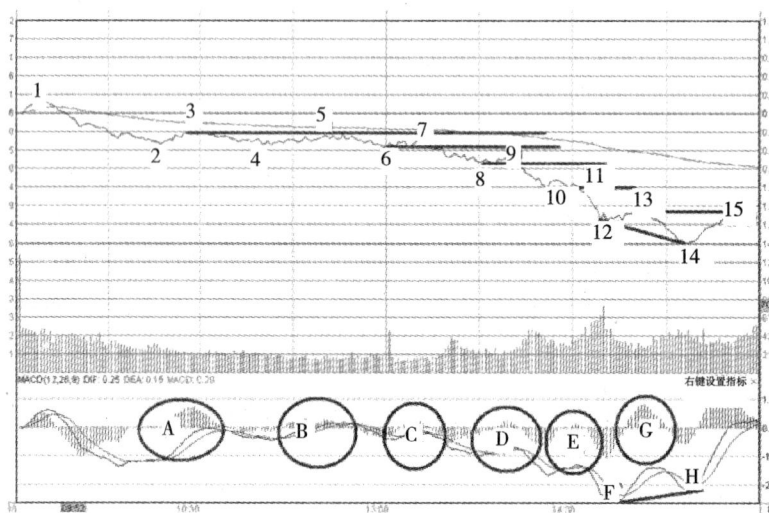

图 2-37　底背离（七）

　　如图 2-38 所示，2014 年 4 月 25 日，早盘上证指数经过一波下跌到达低点 1 处，止住跌势，随即开始反弹，MACD 在 A 处形成金叉。反弹到低点 2 处，再次下跌，但这次仅仅是 BAR 彩色柱状线缩短，MACD 并没有形成死叉，指数便在低点 3 处开始反弹，MACD 在 B 处形成了一个连升。反弹到低点 3 后，指数再次开始下跌，MACD 也再次形成死叉。当下跌到低点 5 后，指数再次开始上升，MACD 形成金叉，这时我们看到低点 5 高于低点 2，于是 MACD 在 C 处是一个上涨加速点。上涨加速点形成后，指数开始一波快速的涨势，上涨到高点 7 处（在高点 7 之前，笔者标注了一个高点 6，我们看到高点 6 是高点 7 的颈线位，这个地方形成的是一个头肩顶形态），高点 7 的地方 DIF 数值达到 2.2，非强势市场 DIF 数值到达 2.2 有修正的必要，同时 DIF 已经远离 BAR 彩色柱状线，我们看到从高点 7 处开始下跌调整，MACD 在 D 处形成死叉，当指数跌破高点 6 到达高点 8 处，止住跌势开始反弹，MACD 也随着反弹的进行形成金叉。当指数反弹到高点 9 后，就再次下跌，MACD 在 E 处也再次形成了死叉，我们看到，高点 9 仅仅刚刚触及高点 6，所以这个地方形成的是下跌加速点 E。那此次的下跌加速点会不会形成失败呢，从高点 8 到高点 9 的反弹力度看，反弹力度很弱，同时没有突破上面头肩顶的颈线位高点 6，所以这个地方的下跌加速点不会形成失败格局。接下来的结果印证了我们的判断，指数从高点 9 一路下跌到低点 10 才止住跌势，开始反弹，随着反弹的进行 MACD 形成金叉，当反弹到低点 11 时，行情再次下跌，MACD 在 F 处形成死叉，低点 11 没有高过前面的低点 5 就更别说上面的高点 8 了，MACD 在 F 处又形成了一个下跌加速点。形成了 2 次下跌加速点，想必下面的下跌要开始加快了。果然指数从低点 11 处快速下跌到低点 12 稍作反弹到低点 13，又再次下跌到低点 14。这时在 H 处形成了一个下跌加速点，同时我们看到低点 14 低于低点 12，但对应的 MACD 的 J 处高于 G 处，这里形成了一个底背离，看样子多方开始发力了。但是从低点 14 反弹到低点 15，低点 15 处仅仅与低点 13 持平，没有反弹到甚至超过低点 10，说明反弹很弱，于是我们可以把整个 J 处看作一个下跌加速点，既然又是一个下跌加速点，那么下面的下跌同样是很快的，于是行情从低点 15 后一路下跌到尾盘，途中在 K 处，又形成了一个下跌加速点。

　　如图 2-39 所示，2011 年 11 月 30 日，上证指数早盘小幅低开后下跌到低点 1，然后经过小幅的反弹接着又下跌，形成了第一个下跌加速点 A。接着下跌到

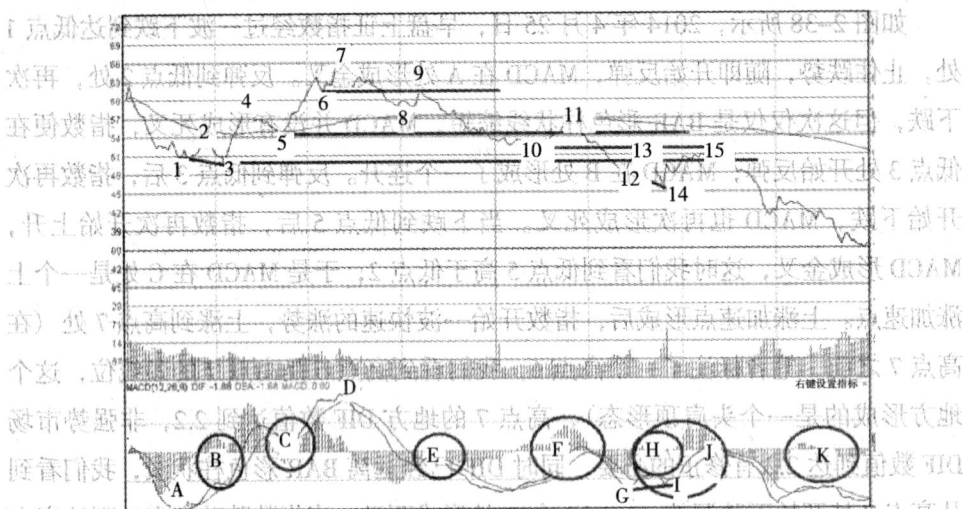

图 2-38 底背离（八）

低点 2，开始反弹到低点 3，低点 3 低于低点 1，于是又形成了下跌加速点 B。下跌加速点 B 形成后，指数又继续下跌，直跌到低点 4 处才勉强止住跌势，其中途中还形成一个下跌加速点 C 和下跌加速点 D。在跌到低点 4 处后，我们看到 DIF 数值已经到达-6.55，而且 DIF 远离了 BAR 彩色柱状线，于是 DIF 有修正的必要。在低点 4 处，指数开始反弹，仅仅稍作反弹到低点 5 就再次下跌到低点 6，这时我们看到低点 6 低于低点 4，对应 MACD 的 F 处高于 E，这时候形成了底背离。形成底背离后指数开始缓慢反弹到低点 7，而这时低点 7 基本和低点 5 持平。我们通过反弹的力度和高度，可以很容易地判断，这个底背离肯定会失败。因为如果指数想通过底背离进行翻转，那么从低点 6 到低点 7，首先速度要快，其次高度要高，不要说低点 7 的高度要达到早盘低点 2 的高度，最起码高度也要达到下跌加速点 C 处对应的高度才行。而且通过 MACD 的 E 处数值其实我们应该能得出结论，之所以能形成这个底背离，是因为 DIF 修正的需要，所以是虚假底背离。现在不管是不是因为 DIF 修正的需要，单凭高度、力度都没出现这两条，就可以判断指数肯定会继续下跌，于是指数在反弹到低点 7 后，继续下跌。跌到低点 8 处，稍作反弹到低点 9，又再次形成下跌加速点 G，随着下跌加速点的再次形成。指数又快速地下跌到低点 10，此时 MACD 的 H 处的 DIF 数值又到了-5.78，是需要修正的数值，指数开始反弹，反弹到低点 11 稍作调整到低点 12，在 I 处形成了连升，继续反弹到低点 13，然后再次开始下跌。单边下跌又在一个接一个的下跌加速点形成后再次出现。大阴线就这么简单地又出现了，这就是下跌加速点的威力。

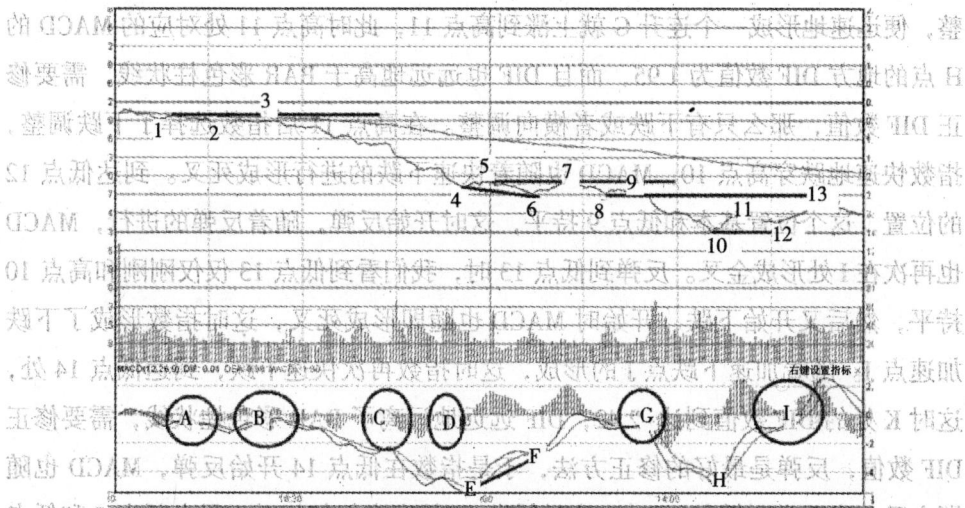

图 2-39 底背离（九）

如图 2-40 所示，2014 年 8 月 14 日，早盘上证指数经过一波下跌，到达低点 1 处，DIF 的数值虽然只到达-1.30，但因为 DIF 远远高于彩色柱状线 BAR，有修正的必要，这时指数开始反弹，MACD 在 A 处形成金叉。随着指数反弹到低点 2 处，便开始调整，但此次调整仅仅是 BAR 彩色柱状线缩短，MACD 并没有形成死叉，调整到低点 3 处，指数便在 B 处形成了一个连升。上涨到低点 4 处后，指数又开始调整，MACD 形成死叉。调整到低点 5 处时，指数又开始上涨，随着再次上涨，MACD 形成金叉，这时我们看到低点 5 高于前面的低点 2，调整不到前期低点，在低点 5 对应的 MACD 的 C 处形成了一个上涨加速点。随着上涨加速点的形成，指数再次上涨，当上涨到高点 6 后，DIF 数值到达 1.46，同时 DIF 远远高于 BAR 彩色柱状线，非强势市场，DIF 需要修正，这时指数再次开始调整。随着调整的到来，MACD 在 D 处形成死叉。调整到低点 7 时，指数在前面的低点 5 的上方止住跌势，开始反弹，MACD 也再次形成金叉。反弹到高点 8 处，行情再次下跌，MACD 也随即形成死叉，这时高点 8 低于高点 6，所以这时高点 8 对应 MACD 的 E 处，形成了一个下跌加速点。但指数仅仅下跌到高于低点 7 的低点 9 处便开始反弹，此时低点 9 对应的 MACD 的 F 处，形成了一个上涨加速点，E 处的下跌加速点加速失败。因为下跌加速点 E 加速下跌失败，而后随即又形成了上涨加速点 F，那么我们知道，此处的上涨一定要快于也大于前面从低点 1 到高点 6 的上涨。果然指数从低点 9 开始上涨到高点 10 处仅仅稍作调整，便迅速地形成一个连升 G 就上涨到高点 11，此时高点 11 处对应的 MACD 的 H 点的地方 DIF 数值为 1.95，而且 DIF 也远远地高于 BAR 彩色柱状线，需要修正 DIF 数值，那么只有下跌或者横向调整。在高点 11 后指数选择了下跌调整，指数快速地跌穿高点 10，MACD 也随着快速下跌的进行形成死叉。到达低点 12 的位置，这个位置基本和低点 9 持平，这时开始反弹，随着反弹的进行，MACD 也再次在 I 处形成金叉。反弹到低点 13 时，我们看到低点 13 仅仅刚刚和高点 10 持平，然后又开始下跌，开始时 MACD 也随即形成死叉，这时指数形成了下跌加速点 J。随着加速下跌点 J 的形成，这时指数再次快速下跌，到达低点 14 处，这时 K 处的 DIF 数值到达-2.42，DIF 远远地远离了 BAR 彩色柱状线，需要修正 DIF 数值，反弹是最好的修正方法，于是指数在低点 14 开始反弹，MACD 也随即金叉。当反弹到低点 15 时，这时低点 15 的高度仅仅相对于早盘低点 5 和低点 7 的高度，没有达到或超过低点 12 的位置，便再次开始下跌，MACD 形成死叉，这时低点 15 对应的 MACD 的 I 处，又形成了一个下跌加速点 I。2 次加速的形成使指数再次快速地下行，快到尾盘是在低点 16 处，DIF 数值达到-2.95，但此时已经接近收盘，想反弹修正 DIF 数值已经没有时间了。

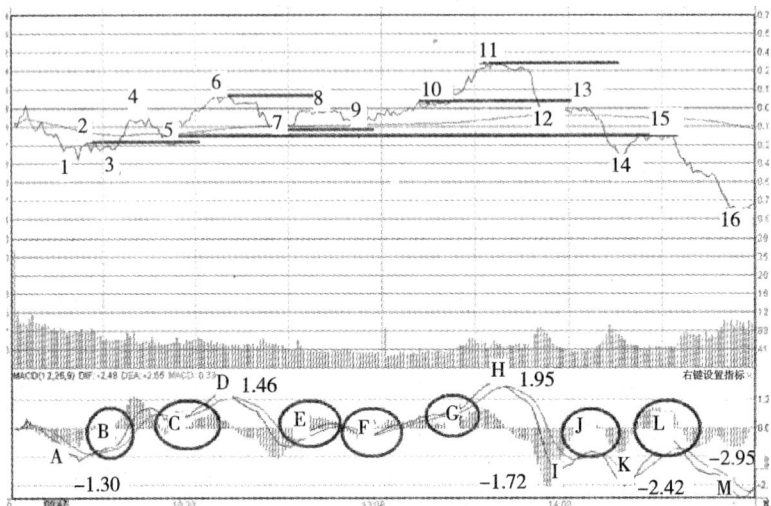

图 2-40　底背离（十）

为什么 J 处下跌加速点能成功形成，而 E 处不能成功形成。一是因为从高点 11 到低点 12 的过程中下跌是迅速地跌穿前面的高点 10，而反弹的高度却没有到达高点 10 的高度。前面 E 处，从高点 6 处下跌到低点 7 处时，是缓慢地跌穿了低点 4，同时从低点 7 处反弹，反弹的高度超过高点 4。二是因为整体我们看到是非常强势市场，高点 11 处的 DIF 数值为 1.95，而高点 6 处的 DIF 数值为 1.46，一个是需要剧烈的调整修复 DIF 数值，另一个是不需要的。人们常说态度决定一切，也就是说从低点 12 开始的反弹高度，决定了 J 点的结果。如果从低点 12 处形成的是快速的上涨，而不是无力微弱的反弹，结果自然就不一样了。

如图 2-41 所示，是 2014 年 8 月 14 日和 15 日连在一块的图，我们从图 2-24 知道，在图中的 M（对应的图 2-25 为 A 点）点处 DIF 有修正的需要。然后我们从图 2-25 看到，14 日尾盘的小幅拉升和 15 日早盘经过一个小幅高开后，DIF 进行了修正，从早盘的高开点位 4 处开始再次下跌。下跌到低点 5 后，指数开始反弹，这时低点 5 低于前一天的低点 3，而对应的低点 5 处的 MACD 的 B 点高于低点 3 对应的 A 点，这时形成了一个底背离。随着底背离的产生指数开始反弹，反弹到高点 6 处，下跌调整，调整到高点 7 后，指数再次反弹，这时看到高点 7 高于低点 5，于是 MACD 在高点 7 对应的 C 处形成了，上涨加速点。有了底背离和上涨加速点 C，指数再次上涨，在高点 8 处稍作停留，并且又形成了一个上涨加速点 D，便再次上涨到高点 9，到达高点 9 后，进行了调整，MACD 也在 E 处形成了死叉，指数稍作调整再次上涨，MACD 也随即形成金叉。当再次上涨到高点 10 后，指数又开始了调整，MACD 也再次在 F 处形成死叉，这时高点 10 高于高点 9，而对应的 MACD 的 F 处低于 E 处，形成了顶背离。随着顶背离的到来，指数开始调整下跌，调整到高点 11，指数止跌回升，到达高点 12 后再次下跌。而高点 12 低于高点 10，于是高点 12 的 MACD 形成了一个下跌加速点 G，下跌加速点形成后，指数快速地下跌到低点 13，同时在图中还形成了加速下跌 H，我们看到低点 13 高于前一天的颈线位高点 1，同时高于前一天的反弹高点 2，说明这地方支撑强烈，同时看到在高点 13 的位置上，DIF 数值也达到了-2.06，DIF 也远离了 BAR 彩色柱状线，需要修正一下。于是指数在高点 13 处，开始了反弹，而且是快速的反弹，一波反弹直到尾盘才结束。图 2-41 告诉大家，分时图可以连起来看，如果你在早盘不清楚会怎么走，那么你可以把当天的早盘分时图与前一天的尾盘分时图连在一起，这样你早盘就不至于迷茫了。而且前一天的阻力位和支撑位，如果被突破以后，就会成为当天的支撑位和阻力位。

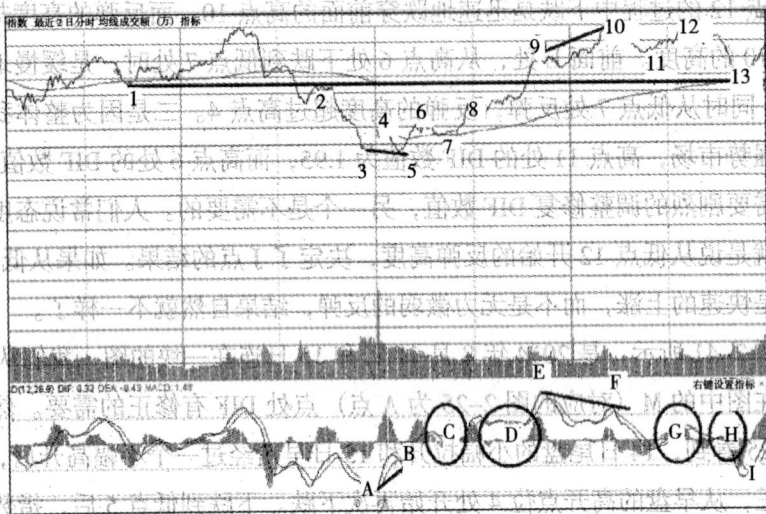

图 2-41 连起来的分时图

第三章　经典的 MACD 判断大盘趋势

第一节　长短周期介绍

一般分析 K 线时，我们把 K 线系统分为 1 分钟 K 线、5 分钟 K 线、15 分钟 K 线、30 分钟 K 线、60 分钟 K 线、120 分钟 K 线、日 K 线、周 K 线、月 K 线及季 K 线和年 K 线。那么打开上述的 K 线系统时与之对应的 MACD 周期分别是 1 分钟周期线、5 分钟周期线、15 分钟周期线、30 分钟周期线、60 分钟周期线、120 分钟周期线、日周期线、周周期线、月周期线及季周期线和年周期线。

以上周期笔者一般分成 4 类：

(1) 1 分钟周期线、5 分钟周期线、15 分钟周期线为超短线周期；

(2) 30 分钟周期线、60 分钟周期线、120 分钟周期线为短线周期；

(3) 日周期线为中线周期；

(4) 周周期线和年以上周期线为长线周期。

趋势的走好和走坏，基本都是由短及长。短线周期走好自然会带动中线周期走好，然后中线周期就带动长线周期走好，如果中长线周期被带动走好以后，这时中长线周期又不再受短线周期制约，而是中长线周期引领着短线周期在走，直到中长线周期出现疲态。这时短线周期走坏又能带动中长线周期走坏，中长线周期被短线周期带动走坏以后，中长线周期又不再受短线周期制约，直到中长线周期出现疲态，再次循环。

因为 1 分钟周期太短了，所以在用 MACD 分析大盘趋势时，1 分钟 K 线系统的 MACD 基本不会使用，只有在分析当天走势或者做股指期货日内交易时才能用到。5 分钟 K 线和 15 分钟 K 线系统的 MACD 也不是太常用，主要用到的是 30 分钟 K 线以上级别。

第二节　背离的 30 分钟、60 分钟、120 分钟的运用

"天下武功，唯快不败"，武侠迷们应该都会记得古龙小说中的这句名言，无论对手功力多深，只要出手比他快一步，就可以掌握主动，克敌制胜。千里之堤溃于蚁穴，细节决定成败，所以我们一定要重视短线周期的作用。本节为广大读者带来短线判断的法宝。

如图 3-1 所示，上证指数经过一段时间的上涨到达位置 1 以后，出现下跌调整，随着调整的进行，MACD 在 A 处形成死叉。当调整到位置 2 时，再次上涨，这时 MACD 再次形成金叉。指数再次上涨到位置 3 时，又出现了下跌调整，MACD 在 B 处形成死叉，这时位置 3 高于位置 1，但对应的 MACD 的 B 处低于 A 处，顶背离。随着顶背离的到来，指数开始下跌，MACD 也再次形成死叉，当下跌到位置 4 时，出现再次上涨，MACD 也再次形成金叉。但没涨多久到达位置 5 又再次出现了下跌，MACD 随即再次形成死叉，这个时候我们看到位置 5 低于位置 3，MACD 在 C 处形成了一个下跌加速点。随着下跌加速点的到来，指数继续下跌到了位置 6 才止住下跌，开始再次的上涨，MACD 也随即形成金叉。但当指数上涨到位置 7 时，指数受到前面位置 4 的压制，再次下跌，MACD 又再次形成死叉，位置 7 低于前面的位置 4，这个地方又形成了下跌加速点。在这里形成了顶背离和 2 次下跌加速点，不走你还想干吗，别报什么幻想了，下跌只能继续。

如图 3-2 所示，上证指数经过一段时间的上涨，到达位置 1，然后出现下跌调整，随着调整的进行，MACD 随即在 A 处形成死叉。当调整到位置 2 时再次上涨，但 MACD 并没有形成金叉，再次上涨到达位置 3 后，再次出现下跌调整，这时形成了一个连跌。当指数下跌到位置 4 时，再次出现上涨，这时 MACD 形成金叉。当指数上涨到位置 5 时，又开始了下跌调整，MACD 在 B 处形成死叉。这时我们看到位置 5 高于位置 3 和位置 1，但对应的 MACD 的 B 处低于 A 处，顶背离。随着顶背离的到来，指数开始了快速地下跌，跌穿了位置 4 到达位置

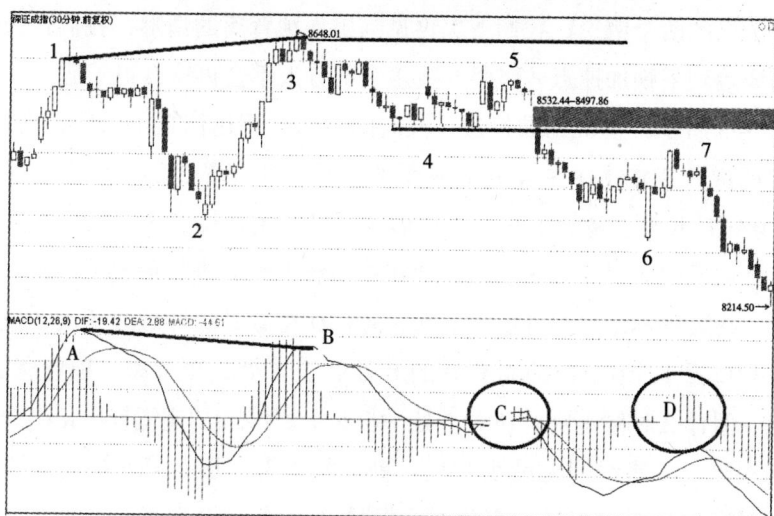

图 3-1 实例分析（一）

6，才止住跌势。然后开始反弹，MACD 也随着反弹的开始形成金叉，但仅仅反弹到位置 7，指数便再次下跌，MACD 也随即在 C 处形成死叉。反弹的位置 7 低于位置 4，这时 C 处形成了一个下跌加速点。顶背离要走，现在顶背离和下跌加速点都来了，与图 3-1 有什么不同吗？少了一个下跌加速点而已，还不走留着干吗？

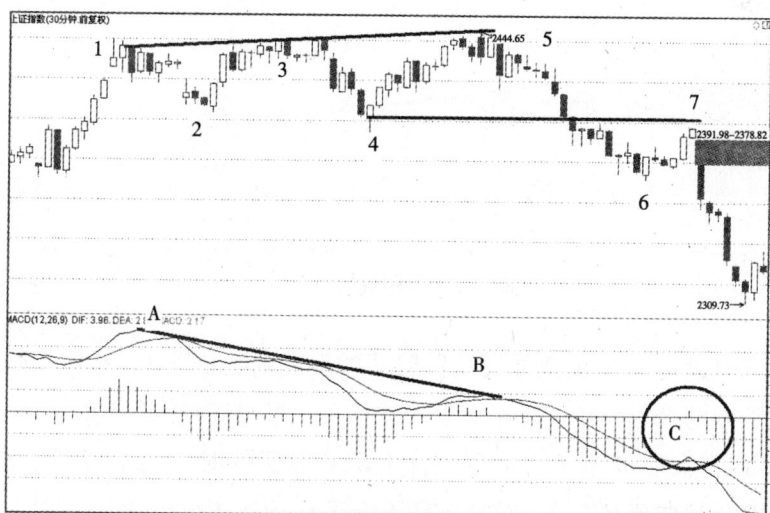

图 3-2 实例分析（二）

有了上面的两个例子，我们下次再见到出现顶背离的情形，我们什么时候走呢？还需要等到下跌加速点才走吗？我想大部分人不会再这么想了吧。

如图 3-3 所示，上证指数经过一段时间上涨，到达位置 1 以后，出现调整，随着调整的进行，MACD 在 A 处形成死叉。调整到位置 2 处，再次上涨到位置 3，这次 MACD 并没有随着上涨的进行形成金叉。到达位置 3 后又再次进行下跌调整，下跌到位置 4 时，再次上涨，MACD 随着上涨的进行形成了金叉，当到达位置 5 时，指数涨不动了便开始了下跌，MACD 在 B 处随即形成死叉，位置 5 高于位置 3 和位置 1，但对应的 MACD 的 B 处低于 A 处，顶背离。顶背离了走吗，当然要走，但什么时候走呢？位置 5 处一根长上影线的"避雷针"K 出现了，然后又是两根带长下影线的上吊线 K 线，前三根不走，那么第四根小阴线该走了吧，这个时候 MACD 虽然还没有死叉，但是 B 处的 BAR 彩色柱状线已经没有 A 处的高了，顶背离只是早晚的事情而已。

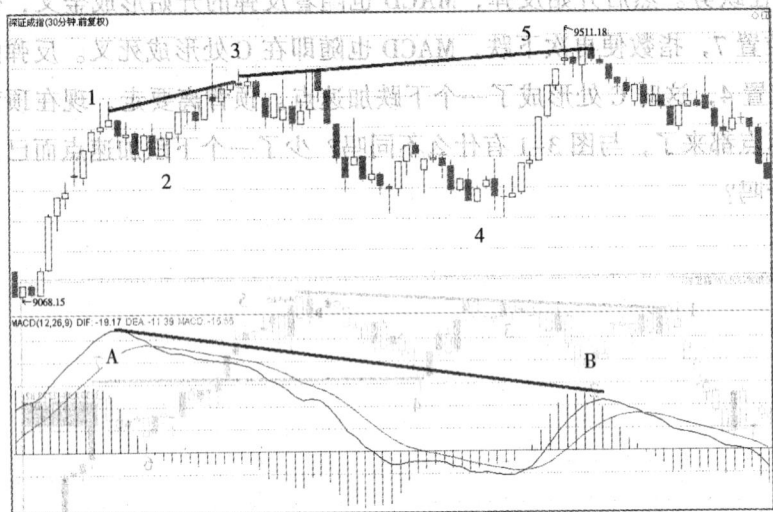

图 3-3　实例分析（三）

如图 3-4 所示，上证数经过一段时间的上涨到达位置 1，然后开始下跌调整，随着调整的进行，MACD 在 A 处形成死叉。当调整到位置 2 时，再次上涨，这时 MACD 再次形成金叉。指数再次上涨到位置 3 时，又出现了下跌调整，MACD 在 B 处形成死叉，这时位置 3 高于位置 1，但对应的 MACD 的 B 处低于 A 处，顶背离。随着顶背离的到来，指数开始下跌，MACD 也再次形成死叉，当下跌到位置 4 时，出现再次的上涨，MACD 也再次形成金叉。但没涨多久到达位置 5 又再次出现了下跌，MACD 形成死叉，这个时候我们看到位置 5 低于位置 3，在 MACD 的 C 处形成了一个下跌加速点。随着下跌加速点的到来，指数继续下跌到了位置 6 才止住下跌，开始再次的上涨，MACD 也随即形成金叉。但当指数上涨到位置 7 时，受到前面位置 5 的压制，再次下跌，MACD 在 D 处又再次形成死叉，高点 7 低于前面的位置 5，MACD 的 D 处又形成了一个下跌加速点。在这里形成了顶背离和 2 次下跌加速点，还能上涨吗？你懂的，下跌只能继续。图3-4 中哪个地方是好的离场点呢，在位置 3 处连续出现了几根十字星，十字星是警示性信号，黄灯来了该停车了，别非要等红灯亮了才停。

图 3-4 实例分析（四）

30 分钟能提前判断顶部的来临，那能不能提前判断底部呢？当然可以的。

如图 3-5 所示，上证指数经过一段时间的大幅下跌，在 1 处止住跌势以后，然后开始反弹，随着反弹的进行，MACD 在 A 处形成金叉。当反弹到位置 2 时上证指数再次下跌，MACD 也再次死叉。等跌到 3 的位置，开始了又一次反弹，MACD 在 B 处形成金叉。这时位置 3 低于位置 1，但对应的 MACD 的 B 处高于 A 处，1 次底背离。随着底背离的到来，行情开始反弹，反弹到位置 4 再次开始下跌，MACD 也再次死叉。上证指数再次跌到位置 5 时，反弹又开始了，随着反弹的开始 MACD 在 C 处再次形成了金叉。这时我们看到位置 5 低于位置 3

和位置1，但 MACD 的C处高于 B 处和 A 处，2次底背离。随着2次底背离的到来行情开始了一波反弹。

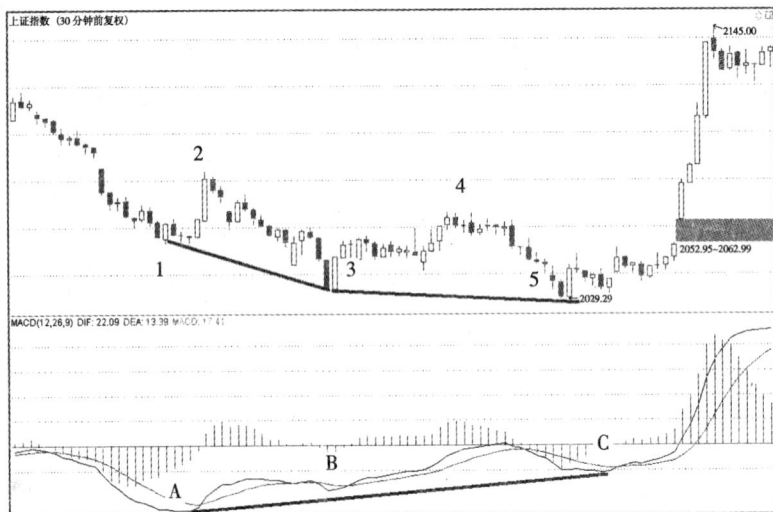

图 3-5 实例分析（五）

如图 3-6 所示，上证指数经过一段时间的大幅下跌，在1处止住跌势以后开始反弹。随着反弹的进行，MACD 在 A 处形成金叉。当反弹到位置2时再次下跌，MACD 也再次形成死叉。当跌到位置3，开始了又一次反弹，MACD 在 B 处形成金叉。这时位置3低于位置1，但对应的 MACD 的 B 处高于 A 处，1次底背离。随着底背离的到来，上证指数开始反弹，反弹到高点4再次开始下跌，MACD 也再次形成死叉。指数再次跌到位置5时，反弹又开始了，随着反弹的开始，MACD 在 C 处再次形成了金叉。这时我们看到位置5低于位置3和位置1，但 MACD 的 C 处高于 B 处和 A 处，2次底背离。随着2次底背离的到来上证指数开始了一波反弹。

如图 3-7 所示，上证指数经过一段时间的大幅下跌，在位置1处止住跌势以后开始反弹，MACD 也随着反弹的开始在 A 处形成金叉，反弹到高点2时再次下跌，在从位置1到位置2这段时间里，虽有反复但始终没有跌破位置1的最低点，同时 MACD 也没有形成死叉，而是用了3个连升，直到从高点2开始下跌MACD 才再次死叉。上证指数再次大幅下跌到位置3，才止住跌势，但仅仅做了微弱的反弹就继续下跌。虽然反弹是微弱的，但 MACD 却在 B 处形成了金叉，

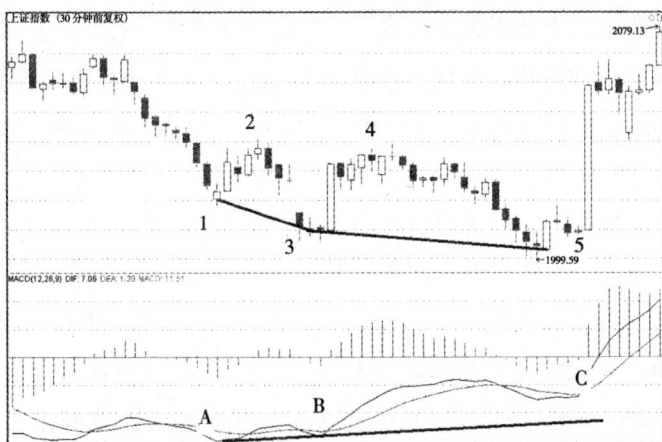

图 3-6　实例分析（六）

这时位置 3 低于位置 1，但对应的 MACD 的 B 处高于 A 处，1 次底背离。在微弱的反弹后继续下跌到位置 4 的时候，BAR 彩色柱状线虽然缩短，但 MACD 并没有死叉，而是随着随后的反弹在 C 处形成了 1 个连升。上证指数反弹到位置 5 后，再次形成下跌，MACD 也再次死叉，这时形成一个下跌加速点，要小心一点。当上证指数随着再次下跌跌到位置 6 时，又再次反弹，MACD 在 D 处再次金叉，这时我们看到前面的下跌加速点形成失败，现在位置 6 低于位置 3 和位置 1，但对应的 MACD 的 D 处高于 B 处和 A 处，2 次底背离。随着 2 次底背离的到来上证指数进行了一波大幅的拉升。

图 3-7　实例分析（七）

如图 3-8 所示，上证指数在经过了一段时间的下跌，在 1 处止住跌势以后开始反弹，随着反弹的进行，MACD 在 A 处形成金叉。上证指数反弹到位置 2 后，再次下跌，MACD 也再次死叉，当跌到位置 3 时，开始再次反弹，MACD 在 B 处也再次金叉。这时位置 3 低于位置 1，但对应的 MACD 的 B 处高于 A 处，1 次底背离，有了上面的几个实例我们是不是该放心一点了呢，是不是有点期盼 2 次底背离的到来？随着 1 次底背离的到来，上证指数开始上涨，到达高点 4 处，上证指数再次下跌，MACD 也再次形成死叉。经过了一段时间的下跌，到达 5 处，又再次开始反弹，MACD 在 C 处也再次形成金叉，这时位置 5 低于位置 3 和位置 1，但对应的 MACD 的 C 处高于 B 处和 A 处，2 次底背离真的来了，放心做多吧，现在不是涨与不涨的问题，而是涨少和涨多的问题了。

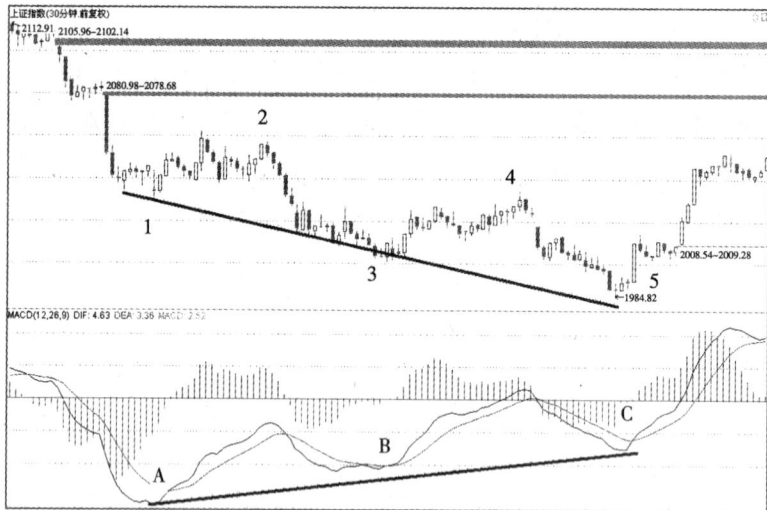

图 3-8　实例分析（八）

如图 3-9 所示，上证指数经过一段时间的大幅下跌，在位置 1 止住跌势以后开始反弹，MACD 也随着反弹的开始在 A 处形成金叉，反弹到高点 2 时再次下跌，但 MACD 并没有随着下跌的开始而形成死叉，仅仅 BAR 彩色柱状线缩短了一点，指数跌到位置 3 便再次开始上涨，这里用了 1 个连升，直到上涨到位置 4，开始下跌后 MACD 才再次形成死叉。上证指数再次大幅下跌到 5 的位置，止住了跌势开始上涨，MACD 随着上涨的开始形成金叉，上涨到位置 6，上证指数再次下跌，MACD 在 B 点处再次形成死叉。位置 6 没有高过位置 4，MACD 的 B

处为下跌加速点。随着下跌加速点的到来，指数再次下跌，跌到 7 处止住跌势，开始反弹，随即 MACD 在 C 处形成金叉。这时位置 7 低于位置 1，但对应的 MACD 的 C 处高于 A 处，底背离。做多吧，错不了。

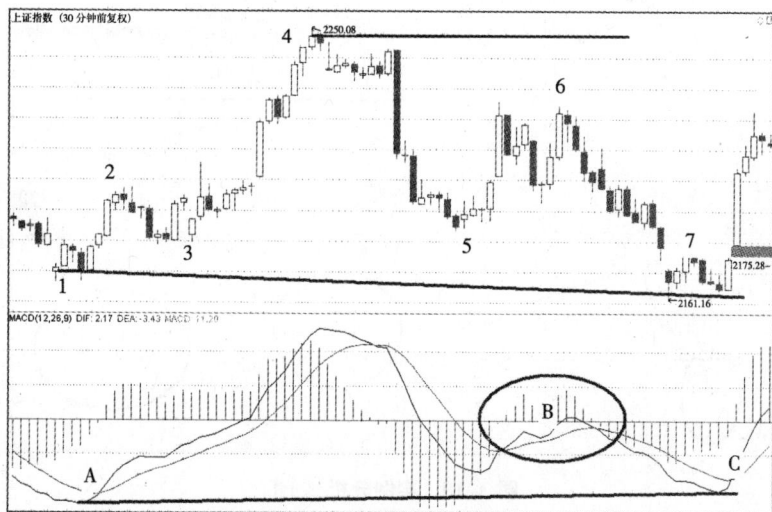

图 3-9　实例分析（九）

讲述完 30 分钟的情形，下面来看看 60 分钟的情形。

如图 3-10 所示，上证指数经过一段时间的下跌，到达位置 1 处止住跌势以后开始反弹，随着反弹的开始，MACD 在 A 处形成金叉，反弹到位置 2，遇到阻力又再次出现下跌回调，调整到位置 3 再次回升，在这个过程中 BAR 彩色柱状线缩短但 MACD 没有形成死叉，形成一个连升 B。上证指数再次回升到位置 4，再次下跌回调，随着回调的进行，MACD 在 C 处形成死叉。当回调到位置 5 时再次上升，MACD 也再次金叉，当上涨到位置 6 时，上证指数又遇到阻力下跌回调，MACD 在 D 处形成死叉。这时位置 6 高于位置 4，但对应的 MACD 的 D 点低于 C 点，顶背离形成。顶背离的产生使这次下跌回调的深度大于以前的下跌回调深度，直到到达位置 7 才止住跌势开始上涨，随着上涨的到来，MACD 再次形成金叉，当上涨到位置 8 时，遇到位置 6 的阻力，再次开始下跌，MACD 也再次形成死叉，这是因为位置 8 没有超过位置 6，形成了一个加速下跌点 E。因为下跌加速点的形成，这次一下子跌破前期的低点 1，直到位置 9 才止跌反弹，随着反弹的进行 MACD 也再次形成金叉，当反弹到位置 10 时，遇到位置 7 的压力再次下跌，MACD 也再次形成死叉，这时位置 10 低于前面的位置 8，在 F 处再次形成下跌加速点，上证指数再次向下。

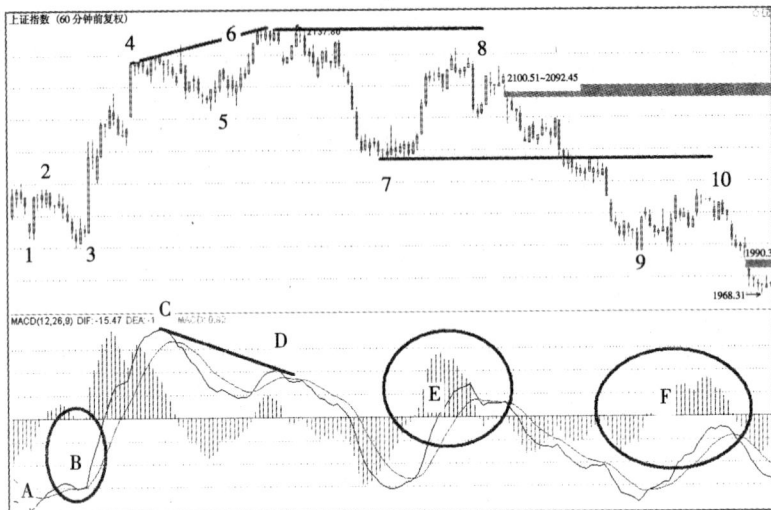

图 3-10　实例分析（十）

　　如图 3-11 所示，上证指数经过一段时间的上涨，到达位置 1 以后，开始下跌回调，MACD 在 A 处形成死叉，回调到位置 2，又再次开始上涨。随着再次上涨，MACD 形成金叉，当上涨到位置 3 时，又一次地下跌回调，MACD 在 B 处形成死叉。这时位置 3 高于位置 1，但对应的 MACD 的 B 处低于 A 处，形成顶背离。随着顶背离的出现，这次的下跌回调是快速地跌破位置 2，中间连续又用了 2 个跳空下跌，直到位置 4 处才止跌反弹。随着反弹的进行 MACD 形成金叉，反弹到位置 5 时，又再次形成下跌，MACD 再次形成死叉，这时位置 5 远远地低于位置 2，形成了加速下跌点 C，这一次顶背离使上证指数从 2334.33 点一口气下跌到 1849.65 点，短短 17 个交易日下跌 484 点，多么的恐怖，如果你学过了上面 30 分钟周期的 MACD 顶背离，你是不是该提前离场呢。笔者认为你肯定会的，而且笔者知道你肯定会在高点 3 处连续十字星那个地方离场。

　　如图 3-12 所示，上证指数经过一段时间的上涨到达位置 1，开始下跌调整，随着调整的进行 MACD 在 A 处形成死叉，调整到位置 2，指数止跌回升，MACD 也随即形成金叉。当再次上涨到位置 3 时，又出现回调，MACD 也在 B 处形成死叉。这时位置 3 高于位置 1，相对应的 MACD 的 B 处低于 A 处，形成顶背离。

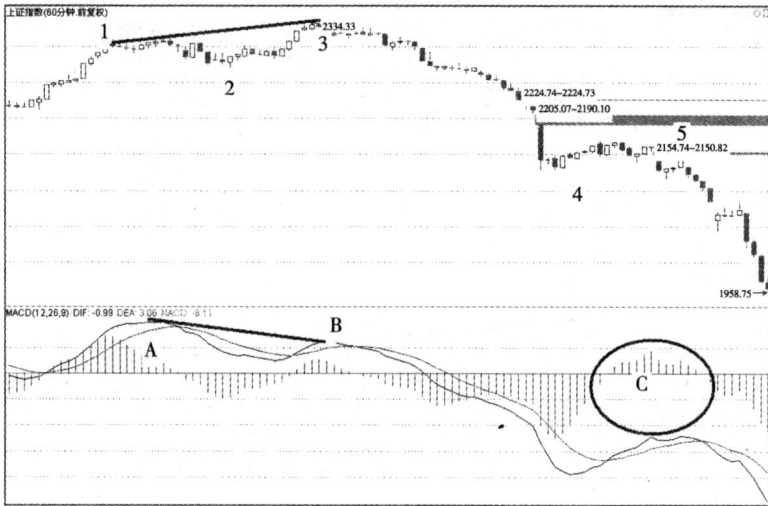

图 3-11   实例分析（十一）

随着顶背离的到来我们要小心一点，但这次回调高于位置 2 的位置 4，指数就再次止跌回升，MACD 也再次形成金叉。当上涨到位置 5 时，指数再一次地下跌回调，随着又一次下跌回调的开始，MACD 在 C 处死叉，这时位置 5 高于位置 3 和位置 1，对应的 MACD 的 C 处虽然高于 B 处，但低于 A 处，2 次顶背离形成。这时要格外的小心，果然随着 2 次顶背离的到来，这次的下跌回调快速地跌破前期的位置 4 和位置 2，中间还有一次跳空下跌。2 次顶背离的形成使指数在短短 32 个交易日从 2260.80 点下跌到 1984.82 点，跌幅高达 276 点。按上面的惯例，我们应在位置 3 处找一个地方离开，但后来发现我们离开早了，我们离开以后又过了好几天才见顶，没有把一波做完。

　如图 3-13 所示，上证指数经过一段时间的上涨，到达位置 1，开始出现调整，随着调整的进行，MACD 在 A 处形成死叉，这次的调整是横向调整，在 2 处开始再次上涨，MACD 也再次形成金叉。当上涨到位置 3 时又出现了调整，随着调整的到来 MACD 在 B 处再次形成死叉，这时位置 3 高于位置 1，对应的 MACD 的 B 点低于 A 点，形成顶背离，这时要小心一点了。虽然这时形成了顶背离，但这次仅仅小幅调整到位置 4，指数便结束了调整再次上涨，MACD 随着上涨的进行形成金叉。当上涨到位置 5 时，指数又出现了下跌回调，MACD 在 C 处再次形成死叉，这时的位置 5 高于位置 3 和位置 1，但相对应的 MACD 的 C 处低于 B 处也低于 A 处，2 次顶背离形成。随着 2 次顶背离的形成，这次指数快速地跌破

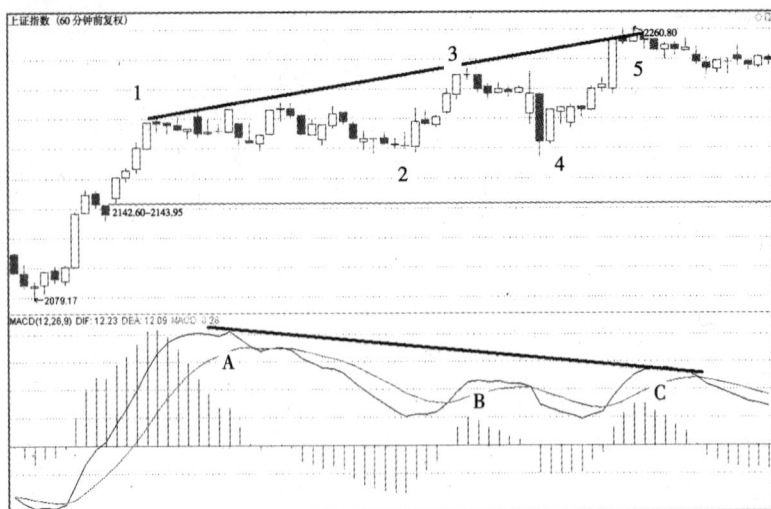

图3-12　实例分析（十二）

位置4和位置2，直到位置6才止住下跌开始反弹，随着反弹的进行MACD也再次金叉，这次反弹在位置6的上方做了一个箱体震荡，到达位置7时再次下跌，MACD也再次形成死叉，这时箱体的位置低于前期的位置2，于是MACD在D处形成了下跌加速点。2次顶背离的形成使指数从2177.56点跌到1974.38点，这次仅用了15个交易日，跌幅到达203点。1次顶背离后要卖，卖早了也要卖，别把甘蔗从头到根都吃了。

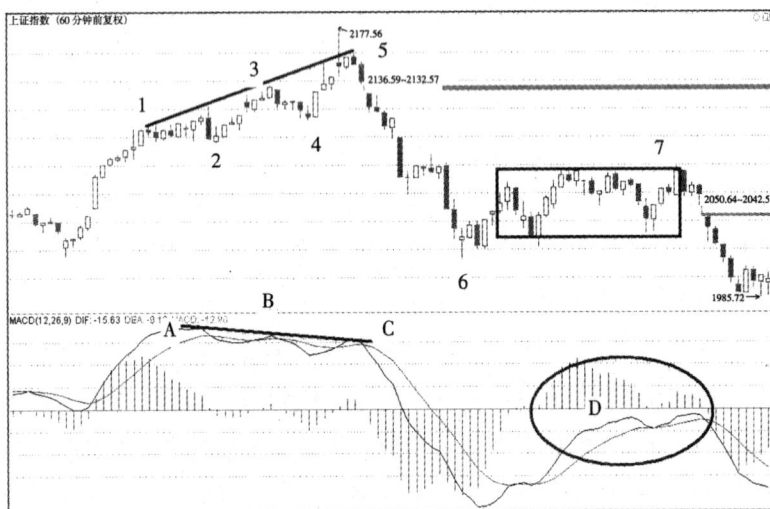

图3-13　实例分析（十三）

　　如图 3-14 所示，上证指数经过一段时间的大幅下跌，在位置 1 止住跌势以后开始反弹，随着反弹的进行，MACD 在 A 处形成金叉。当上证指数反弹到位置 2 时，遇到压力再次下跌，MACD 在 B 处形成死叉，再次下跌到位置 3，上证指数进行一个微弱的反弹，虽然反弹微弱，但 MACD 还是在 C 处形成了金叉。这时位置 3 低于位置 1，但对应的 MACD 的位置 C 处高于 A 处，形成底背离。当微弱反弹到位置 4，这时再次下跌 MACD 也再次形成死叉，因为位置 4 低于前面的位置 1 和位置 2，所以这时形成的是下跌加速点。但这次仅仅下跌到位置 5，就止跌回升，MACD 在 D 处再次形成金叉，这时候位置 5 低于位置 3 和位置 1，但对应的 MACD 的 D 处高于 C 处和 A 处，2 次底背离形成，下跌加速点形成失败，上证指数开始从 1949.58 点开始上涨，直到 2444.8 点方才结束。用短周期 MACD 可以更早一点地介入。

图 3-14　实例分析（十四）

　　如图 3-15 所示，上证指数经过一段时间的下跌，在位置 1 止住跌势以后开始上涨，随着上涨的进行 MACD 在 A 处形成金叉，当上涨到高点 2 时，指数再次下跌，MACD 也随即形成死叉。当下跌到位置 3 时再一次地止住了跌势开始上涨，MACD 在 B 处又一次形成金叉，这时位置 3 低于 1 处的位置，但对应的 MACD 的 B 处高于 A 处，形成底背离。随着底背离的到来，这次上涨到略高于位置 2 的位置 4 处停住了上涨，再次下跌，MACD 也随着下跌的进行再次形成死叉。跌到位置 5 时指数再次上涨，上涨到位置 6 处，指数再次下跌，这次在上涨的过程中 BAR 彩色柱状线仅仅缩短没有使 MACD 金叉形成一个连跌。指数再次从位置 6 处下跌，跌到位置 7 处止住了跌势，开始再次上涨，随着指数的再次上涨 MACD 在 C 处形成金叉，这时位置 7 低于位置 3 和位置 1，但对应的 MACD 的 C 处高于 B 处和 A 处，2 次底背离形成。每次 2 次顶背离都会下跌一段时间，那么 2 次底背离肯定会上涨一段时间，放心地买入吧，错不了。随着 2 次底背离的到来指数从 2161.16 点上涨到 2334.33 点，20 个交易日涨幅达 173 点。

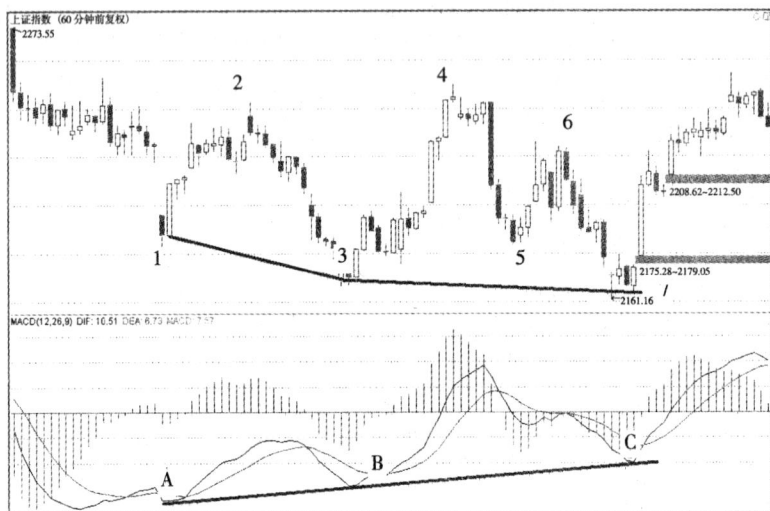

图 3-15　实例分析（十五）

如图 3-16 所示，上证指数在经历一段时间大幅下跌之后，在位置 1 止住跌势开始反弹，MACD 随着反弹的进行在 A 处形成金叉。指数反弹到位置 2，在位置 2 处做了一个箱体整理，整理的过程中 MACD 始终没有形成死叉。直到在位置 3 处，整理结束再次下跌，MACD 才形成死叉，从位置 3 再次跌到位置 4，指数止跌回升，这时的位置 4 高于位置 1，但对应的 MACD 的 B 处高于 A 处，1 次底背离形成。随着底背离的形成，指数开始上涨，MACD 在 B 处形成金叉，再次上涨到位置 5，指数受到前期箱体的压制再次形成下跌，MACD 也再次形成死叉，这时位置 5 低于前期箱体底部，有可能形成下跌加速点。随着指数的再次下跌，跌到位置 6 开始再次止跌回升，随着指数上涨的进行，MACD 在 C 处形成金叉，这个时候位置 6 低于位置 4 和位置 1，但是对应的 MACD 的位置 C 高于 B

处和 A 处，下跌加速点形成失败，形成了 2 次底背离。随着 2 次底背离的到来，指数从 2078.99 点上涨到 2260.87 点。仅仅 15 个交易日上涨了 181 点。

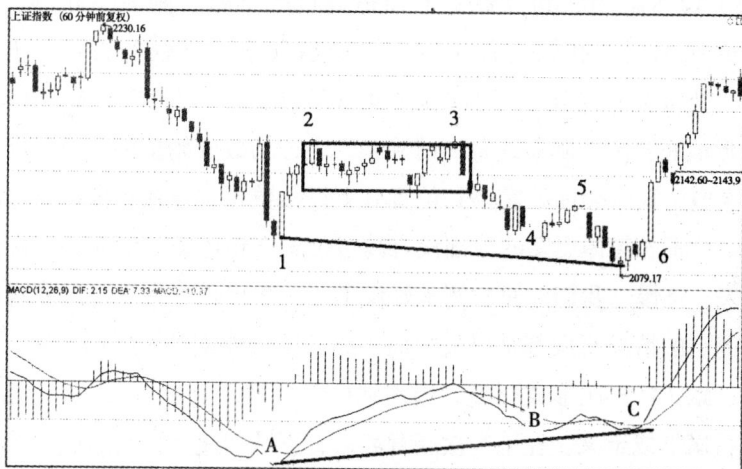

图 3-16　实例分析（十六）

如图 3-17 所示，上证指数经过一段时间的下跌，在位置 1 获得支撑，止住跌势，然后开始反弹，随着反弹的进行，MACD 在 A 处形成金叉。当反弹到位置 2 时，遇到阻力再次下跌，MACD 也再次形成死叉。下跌到位置 3，行情又再次反弹，MACD 在 B 处也随即再次形成金叉。这时位置 3 低于位置 1，但对应的 MACD 的 B 处高于 A 处，形成底背离。底背离的到来，行情从 1984.82 点开始反弹，短短 18 个交易日涨了 137 点。

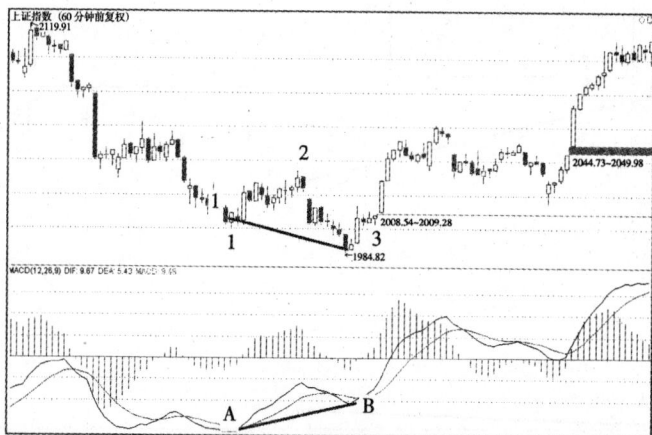

图 3-17　实例分析（十七）

如图 3-18 所示,上证指数经过一段时间大幅下跌,直到位置 1 才止住跌势,开始反弹,随着反弹的进行,MACD 在 A 处形成金叉。反弹到位置 2,上证指数在这里做了箱体震荡,到位置 3 上证指数再次下跌,随着下跌的再次开始,MACD 形成死叉。当跌到位置 4 时,上证指数止住下跌的脚步,开始反弹,MACD 在 B 处再次形成金叉。这时位置 4 低于位置 1,而对应的 MACD 的 B 处高于 A 处,形成底背离。随着底背离的到来,上证指数开始反弹,但仅仅反弹到位置 5 就再次做了箱体震荡,震荡到位置 6 上证指数再次下跌,MACD 也随即形成死叉。这时位置 5 箱体震荡的顶部没有高过位置 2 箱体震荡的底部,好像是下跌加速点要来。且慢,我们前面的例子好像不止一次出现,在第一次底背离后,形成下跌加速点的情况每次都是以失败而告终,这次能例外吗?向后看,从位置 6 开始下跌,MACD 再次形成死叉,当跌到位置 7 时,上证指数再次上涨,MACD 在 C 处也再次形成金叉。在第一次底背离后,下跌加速点再次形成失败,上证指数要上涨。但现在有一个现象,如果我们以位置 7 处的带长上影线的 K 线开盘价算,那么位置 7 低于位置 4 和位置 1,对应的 MACD 的 C 处高于 B 处和 A 处,形成的是 2 次底背离;如果我们以位置 7 的带长上影线的 K 线的收盘价看,形成的是上涨加速点。无所谓了,不管是 2 次底背离还是上涨加速点,都是要上涨的。于是行情从这个地方仅仅用了 14 个交易日涨幅达 140 点。

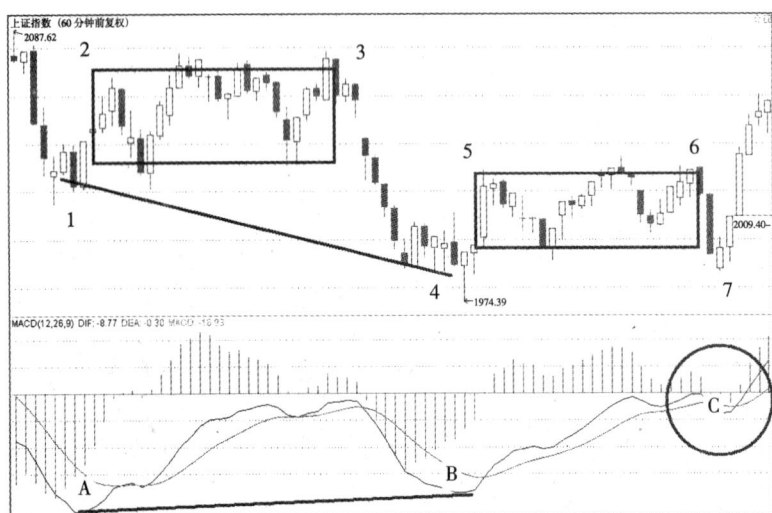

图 3-18 实例分析(十八)

　　总结一下：好像感觉底背离 2 次见底的要多，而顶背离基本 1 次就差不多了。为什么会这样呢，道理很简单，往楼上抬东西很费劲，往楼下扔东西很省劲，只需要一松手就行，做股票也是这个道理。

　　下面介绍背离 120 分钟线的运用。

　　如图 3-19 所示，上证指数经过一段时间的大幅上涨到达高点 1，出现下跌调整，随着调整的开始 MACD 在 A 处形成死叉。调整到位置 2 时，又再次上升但 MACD 并没有随着调整的进行而形成金叉。当上涨到位置 3 后指数又再次调整，调整到位置 4 后，指数开始上涨，这次 MACD 随着指数的上涨形成金叉。当指数上涨到位置 5 后，又开始下跌调整，这时 MACD 在 B 处形成死叉。此时的位置 5 高于位置 3 和位置 1，但对应的 MACD 的 B 处低于 A 处，形成顶背离，前面读者见到过 30 分钟、60 分钟顶背离开始下跌，那现在是 120 分钟的顶背离，你说跌还是不跌呢？答案是肯定的：就一个字"跌"。

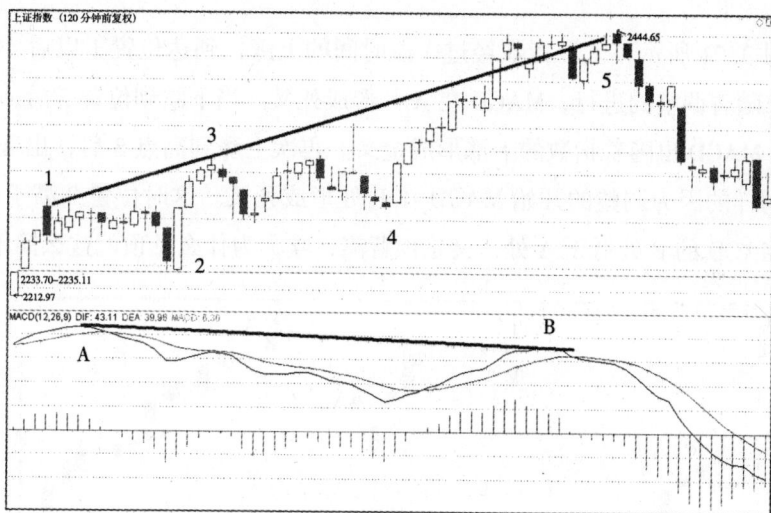

图 3-19　实例分析（十九）

　　如图 3-20 所示，上证指数经过一段时间的上涨到达位置 1 以后出现下跌调整，随着调整的进行，MACD 在 A 处形成死叉。当下跌到位置 2 后，开始再次上涨，MACD 也随着指数的上涨形成金叉。再次上涨到位置 3 后，又出现了下跌调整，MACD 同样的因为调整的开始在 B 处形成死叉。这时我们看到位置 3 高于位置 1，对应的 MACD 的 B 处低于 A 处，形成顶背离。顶背离跑吧，看过前文的读者都跑了，现在还等什么。

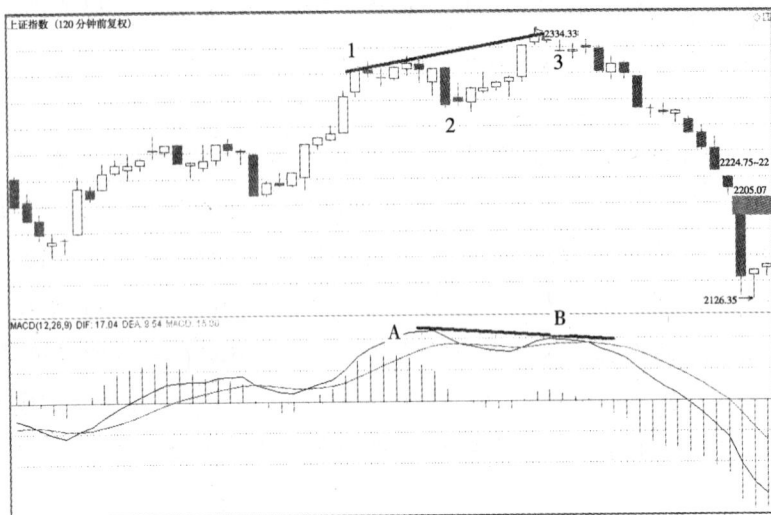

图 3-20　实例分析（二十）

　　如图 3-21 所示，上证指数经过一段时间的上涨，到达位置 1 以后，出现下跌调整，随着调整的进行，MACD 在 A 处形成死叉。当下跌到位置 2 后，开始再次上涨，MACD 也随着指数的上涨形成金叉。再次上涨到高点 3 后，出现了下跌调整，同样的因为调整的开始 MACD 在 B 处形成死叉。这时位置 3 高于位置 1，对应的 MACD 的 B 处低于 A 处，又是顶背离，唉，为什么见顶就这么简单呢？

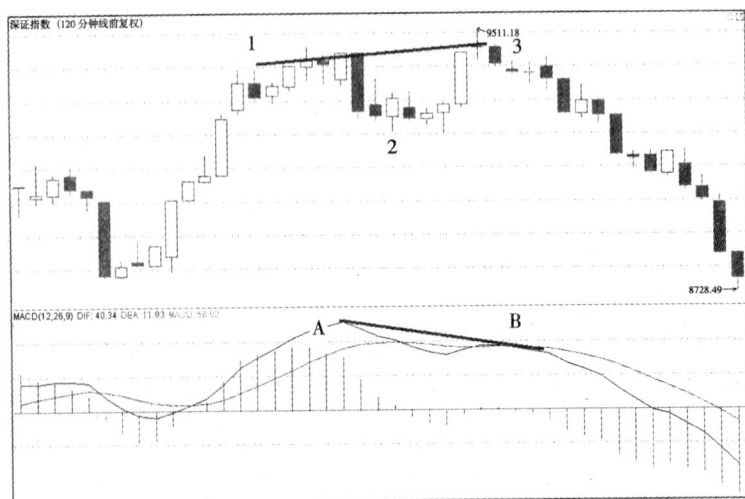

图 3-21　实例分析（二十一）

如图 3-22 所示，上证指数经过一段时间的大幅下跌，到达位置 1 处止住跌势，开始反弹，随着反弹的进行，MACD 在 A 处形成金叉。反弹到位置 2 处再次下跌，MACD 也随着下跌的开始形成死叉。再次下跌到达位置 3 时，指数再次开始反弹，MACD 也随着反弹的进行在 B 处形成了金叉。这时位置 3 低于位置 1，但对应的 MACD 的 B 处高于 A 处，形成底背离。顶背离会跌，底背离会涨吗？您说呢？

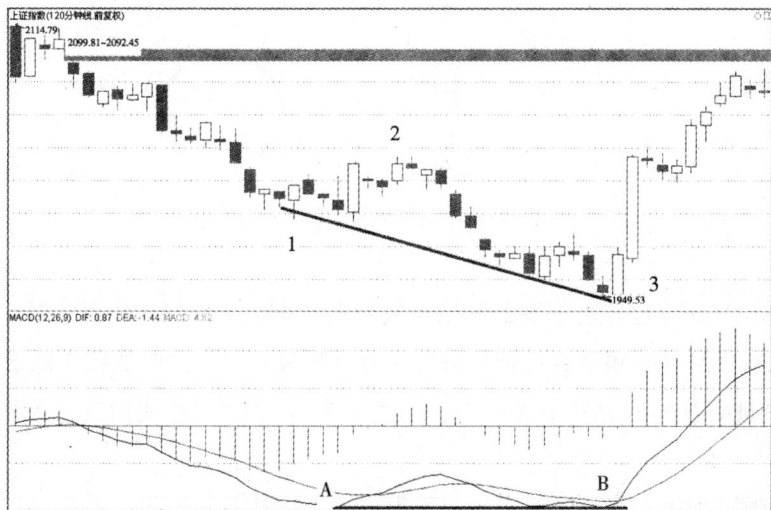

图 3-22　实例分析（二十二）

如图 3-23 所示，上证指数经过一段时间的大幅下跌，到达位置 1 处止住跌势，然后开始反弹，随着反弹的进行，MACD 在 A 处形成金叉。反弹到高点 2 处再次下跌，MACD 也随着下跌的开始形成死叉。再次下跌到达位置 3 时，指数再次开始反弹，MACD 也随着反弹的进行在 B 处形成金叉。这时位置 3 低于位置 1，但对应的 MACD 的 B 处高于 A 处，形成底背离。随着底背离的到来指数开始上涨，但仅仅上涨到高点 4 就再次下跌，随着下跌的进行，BAR 彩色柱状线开始缩短但并没有使 MACD 形成死叉。当再次的下跌到达位置 5 时便又开始了上涨，MACD 在 C 处形成了连升。这时位置 5 低于位置 3 和位置 1，但 MACD 在 C 处高于 B 处和 A 处，C 处的连升是强于 2 次背离的表现。

如图 3-24 所示，上证指数经过一段时间的大幅下跌，到达位置 1 处止住跌势，然后开始反弹，随着反弹的进行，MACD 在 A 处形成金叉。反弹到高点 2 处

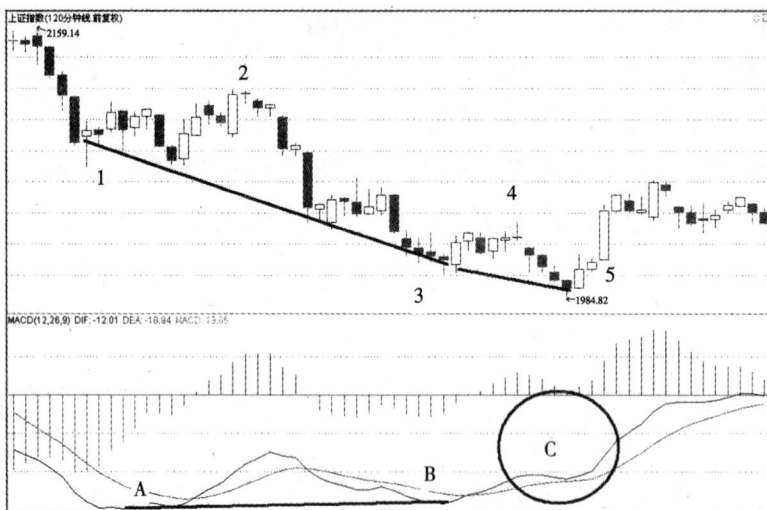

图 3-23　实例分析（二十三）

再次下跌，MACD 也随着下跌的开始形成死叉。再次下跌到达位置 3 时，指数再次开始反弹，MACD 也随着反弹的进行在 B 处形成金叉。这时位置 3 低于位置 1，但对应的 MACD 的 B 处高于 A 处，形成底背离。不说大家也明白该怎么做了。

图 3-24　实例分析（二十四）

第三节　背离的日线运用

如图 3-25 所示，上证指数经过长时间的大幅下跌，跌到位置 1 处止住了跌势，然后开始反弹，随着反弹的进行 MACD 在 A 处形成金叉。反弹到位置 2 处开始再次下跌，MACD 也随着再次的下跌形成死叉。再次下跌到位置 3，又开始再次反弹，MACD 在 B 处形成金叉。这时候位置 3 低于位置 1，而对应的 MACD 的 B 处高于 A 处，形成了底背离，随着底背离的到来，指数从 1065.90 点历时短短 30 个交易日上涨到 1210.10 点，涨幅达 144 点。指数从位置 3 经过一波快速的上涨到达高点 4 后再次下跌，这时 MACD 也随着再次的下跌形成死叉。当下跌到位置 5 时，指数开始上涨，MACD 在 C 处也再次形成金叉。我们看到位置 5 低于位置 3，但对应的 MACD 的 C 处并没有 B 处高，可是位置 5 低于 1 处，对应的 MACD 的 C 处高于 A 处，这时 C 处相对应 A 处形成了底背离。2 次底背离，相信这次的上涨肯定要比上一次猛烈些，果然在 2 次底背离后指数从 1047.83 点快速上涨到 1756.18 点，仅用了短短 30 个交易日涨幅达 708 点。

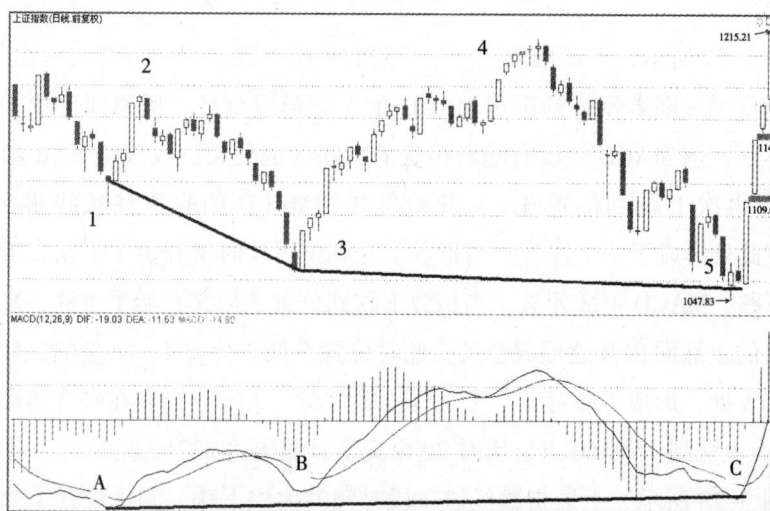

图 3-25　实例分析（二十五）

如图 3-26 所示，上证指数经过长时间的大幅下跌，跌到位置 1 处止住了跌势，然后开始反弹，随着反弹的进行，MACD 在 A 处形成金叉。反弹到位置 2 处开始再次地下跌，MACD 也随着再次的下跌形成死叉。再次下跌到位置 3，又开始再次反弹，MACD 在 C 处形成金叉。这时的位置 3 低于位置 1，对应的，MACD 的 C 处高于 A 处，形成了底背离（为什么没有介绍 B 处的情形，B 处时间太短可以算也可以不算）。随着这个底背离的到来，指数历经了 1 年多的上涨方才结束。

图 3-26　实例分析（二十六）

如图 3-27 所示，上证指数经过长时间的大幅下跌，跌到位置 1 止住了跌势，然后开始反弹。随着反弹的进行 MACD 在 A 处形成金叉。反弹到位置 2 处开始再次地下跌，但 MACD 并没有随着再次的下跌形成死叉，仅仅是 BAR 彩色柱状线缩短，再次下跌到位置 3，又开始反弹，MACD 的彩色柱状线再次变长，MACD 在此处形成了一个连升。当指数上涨到位置 4 时又开始了下跌，随着指数的再次下跌，MACD 形成死叉，当指数下跌到位置 5 后又开始了上涨，MACD 也随着再次的上涨而在 B 处形成金叉，此时位置 5 低于位置 1，对应的，MACD 的 B 处高于 A 处，形成了底背离。又是日线底背离，买吧。指数在底背离形成后从 1311.68 点上涨到 1649.60 点，历时 70 个交易日涨幅达 337 点。

如图 3-28 所示，上证指数经过一段时间的大幅下跌，到达位置 1 处，止住跌势开始反弹，随着反弹的进行，MACD 在 A 处形成金叉。反弹到位置 2 后，指

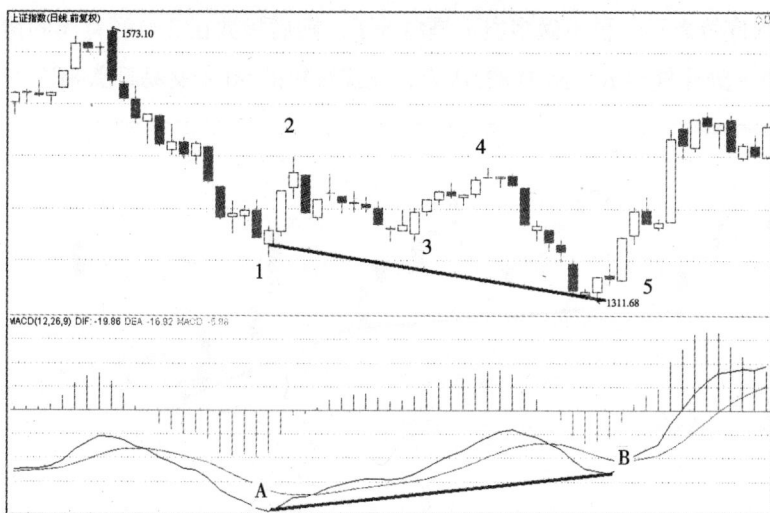

图 3-27　实例分析（二十七）

数再次下跌，下跌到位置 3 后再次反弹，但 MACD 并没有因为反弹的进行而形成金叉，仅仅是 BAR 彩色柱状线缩短，随着反弹的再次开始，BAR 彩色柱状线再次变长，形成了一个连升。当反弹到高点 4 后，指数开始了下跌，MACD 形成死叉。在下跌到位置 5 后，指数再次反弹，MACD 也随着反弹的进行在 B 处形成金叉。这时位置 5 低于位置 1，而对应的 MACD 的 B 处高于 A 处，形成底背离。随着底背离的到来指数开始上涨，但这次仅仅上涨到高点 6 就又下跌了，难道这次底背离不灵验了？不能吧，哦，对了，不是还有 2 次底背离吗，那就等等看。随着从高点 6 的下跌，MACD 在 C 处再次形成死叉。这时我们看到高点 6 的位置低于高点 4，在 C 处这个地方形成了一个下跌加速点，是不是前面的底背离彻底失败了？我们现在来回想一下，前面讲解 30 分钟、60 分钟底背离后是不是有出现下跌加速点的情况，或许有人会说好像有，不要好像有，翻翻前面不就行了吗。果然我们在前面看到了图 3-16，底背离形成后出现下跌加速点的情况。那还有什么好怕的，短周期线都能形成 2 次底背离，日线同样可以形成。从高点 6 一直下跌到位置 7，指数止住了跌势，开始上涨，MACD 也随即在 D 处形成金叉。这时位置 7 低于位置 5，MACD 的 D 处也低于位置 5 对应的 MACD 的 B 处。很正常的走势没有形成底背离呀，白等了。为什么不看远点呢？往前看，我们看到位置 7 低于位置 1，但对应的 MACD 的 D 处高于 A 处，中间仅仅就隔了一个 B 处，而且何况 B 处相对应 A 处，当初形成的也是一个底背离，2 次底背离，没得说的。2 次底背离了，再不做多岂不是白等了。随后指数在 2 次底背离的情况下从 1307.40 点一鼓作气地上涨到 1783.01 点，仅仅短短的 90 个交易日涨幅达 475 点。

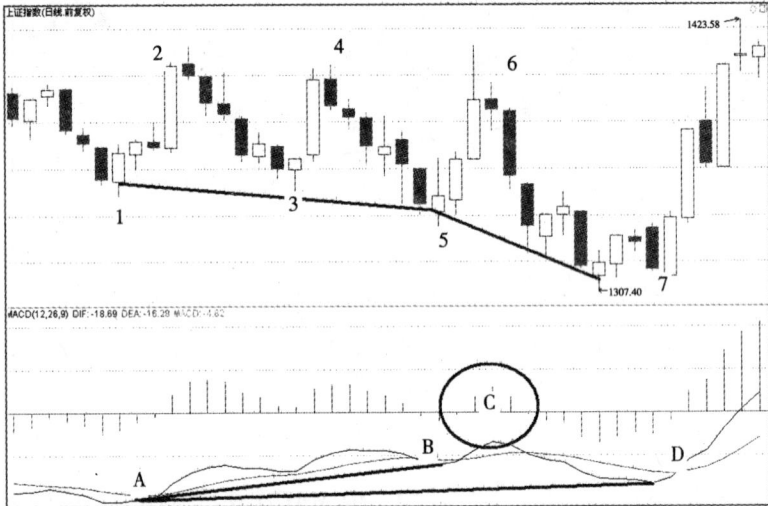

图 3-28　实例分析（二十八）

如图 3-29 所示，上证指数经过长时间的大幅下跌，跌到位置 1 止住了跌势，然后开始反弹，随着反弹的进行 MACD 在 A 处形成金叉。反弹到位置 2 处开始再次下跌，MACD 也随着再次下跌形成死叉。再次下跌到位置 3 后又再次反弹，MACD 在 B 处形成金叉。这时的位置 3 低于位置 1，而对应的 MACD 的 B 处高于 A 处形成了底背离，底背离涨吧，还需要担心吗？

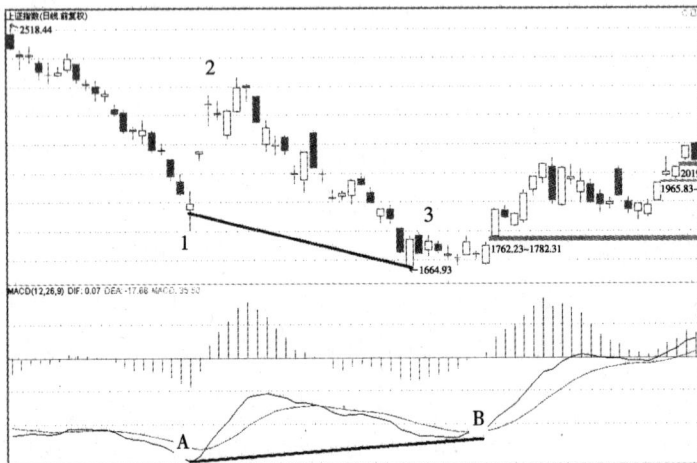

图 3-29　实例分析（二十九）

如图 3-30 所示，上证指数经过长时间的大幅下跌，跌到位置 1 止住了跌势，然后开始反弹，随着反弹的进行 MACD 在 A 处形成金叉。反弹到位置 2 开始再次的下跌，MACD 也随着再次下跌形成死叉。再次下跌到位置 3 后又开始再次反弹，随着再次的反弹，MACD 在 B 处形成金叉。这时的位置 3 低于位置 1，对应的，MACD 的 B 处高于 A 处形成了底背离。怎么又是底背离？无语！

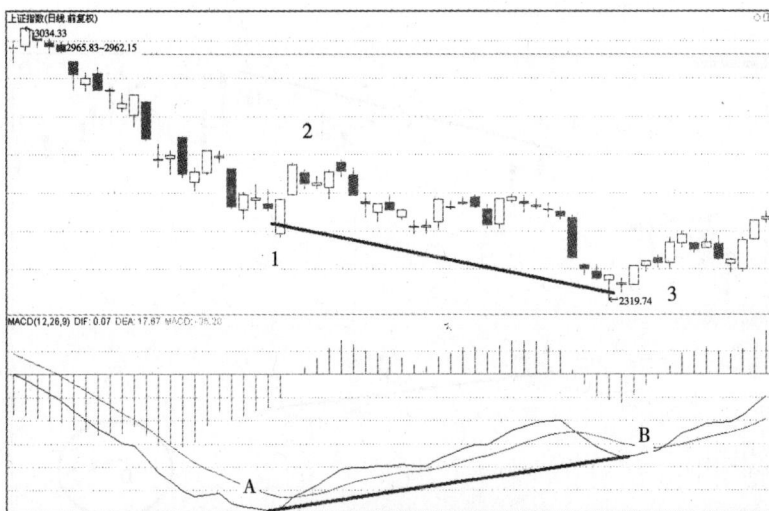

图 3-30　实例分析（三十）

上面讲了底背离后指数开始上涨，下面来介绍顶背离指数下跌的情况。

如图 3-31 所示，上证指数经过一段时间的大幅上涨，到达位置 1，然后开始下跌调整。随着调整的进行，MACD 在 A 处形成死叉。调整到位置 2，开始再次上涨，随着指数的再次上涨，MACD 也再次形成金叉。当上涨到位置 3 时，指数又开始了下跌调整，MACD 在 B 处也再次形成死叉，这时位置 3 高于位置 1，对应的，MACD 的 B 处低于 A 处，形成顶背离。底背离会涨，顶背离会不会跌呢？我们拭目以待，当指数再次下跌，MACD 也再次形成死叉。当调整到位置 4 时，又开始了上涨，MACD 再次金叉，再次上涨到位置 5 后，指数又一次的下跌，MACD 也再次的下跌，在 C 处形成死叉。此时的位置 5 高于位置 3 和位置 1，但对应的 MACD 的 C 处低于 B 处和 A 处，又一次的顶背离，2 次顶背离。这次该跌了吧。随着 2 次顶背离的到来，指数这次下跌的深度比以前深，这次跌破位置 4，直到位置 6 才停住，但并没有我们以前讲到的 30 分钟、60 分钟和 120

分钟跌得快。指数跌到位置 6 后止住跌势开始上涨，随着上涨的再次到来，MACD 也随即形成金叉，上涨到位置 7 后再次下跌，MACD 也在 D 处再次形成了死叉。这时我们仔细看看，位置 7 并没有到达位置 5 的高度，这时 D 处形成的是一个下跌加速点，有了 2 次顶背离，又来一个下跌加速点，错不了吧？果然随着这个下跌加速点的到来，从此处开始短短 80 个交易日指数跌了将近 600 点，如果你没有逃掉这个顶，你的心情会是怎样呢？

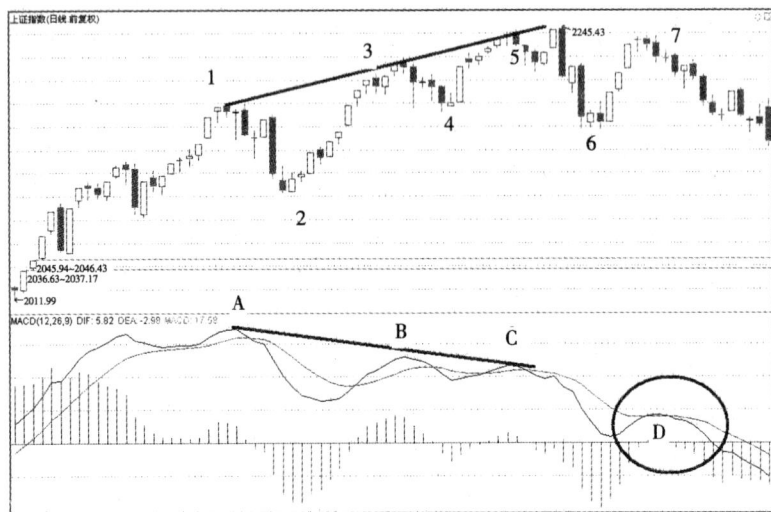

图 3-31　实例分析（三十一）

如图 3-32 所示，上证指数经过一段时间的大幅上涨到达位置 1，然后开始下跌调整，随着调整的进行，MACD 在 A 处形成死叉。调整到位置 2 后，开始了再次上涨，MACD 也随即形成金叉。当再次上涨到位置 3 后，又开始了下跌调整，MACD 在 B 处形成了死叉，这时位置 3 高于位置 1，但对应的 MACD 的 B 处低于 A 处，形成顶背离，要小心了。再次调整到位置 4 后又开始了上涨，MACD 随着指数的再次上涨形成了金叉，上涨到位置 5 后，指数又开始下跌调整，MACD 在 C 处形成死叉，此时位置 5 高于位置 3 和位置 1，但对应的 MACD 的 C 处低于 A 处，2 次顶背离了。跑吧，上面的 2 次顶背离后形成了一个下跌加速点，我们既然知道了要跌，为什么还要等下跌加速点再形成呢？万一不形成直接下跌呢。随着 2 次顶背离的形成，指数经历 109 个交易日跌幅 520 点。好悬，幸亏跑得早。

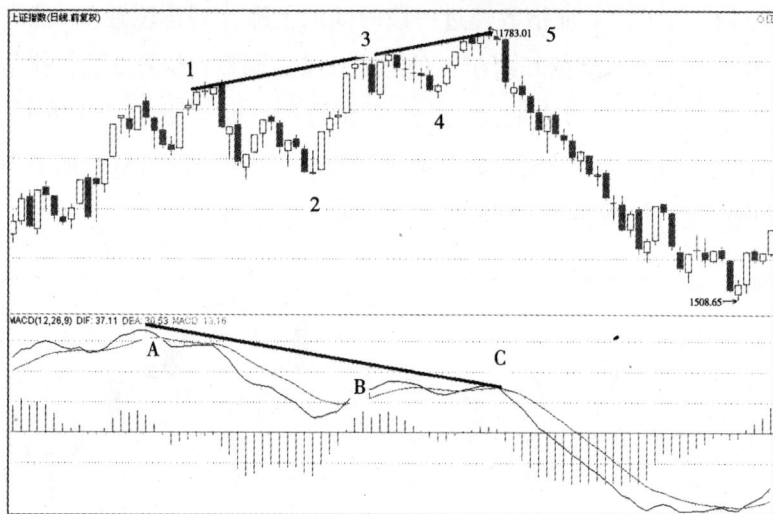

图 3-32　实例分析（三十二）

　　如图 3-33 所示，上证指数经过一段时间的上涨，到达位置 1，出现下跌调整，MACD 随着调整的开始在 A 处形成死叉。调整到位置 2 后，指数再次上涨，MACD 也随即再次形成金叉。再次上涨到位置 3，指数又开始下跌调整，MACD 在 B 处形成死叉。这时位置 3 高于位置 1，但对应的 MACD 的 B 处低于 A 处，形成顶背离。还等什么，留一点给别人吧，先撤再说。

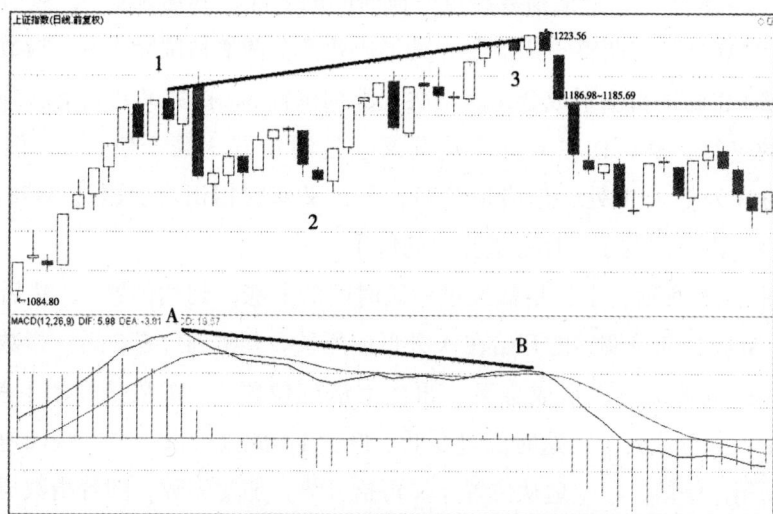

图 3-33　实例分析（三十三）

如图 3-34 所示，上证指数经过一段时间的上涨，到达位置 1，然后出现下跌调整，MACD 随着调整的开始在 A 处形成死叉。调整到位置 2 后，指数再次上涨，MACD 也随即再次形成金叉。当上涨到位置 3 时，指数又开始下跌调整，MACD 在 B 处形成死叉。这时位置 3 高于位置 1，但对应的 MACD 的 B 处低于 A 处，形成顶背离，与图 3-33 有什么不一样吗？

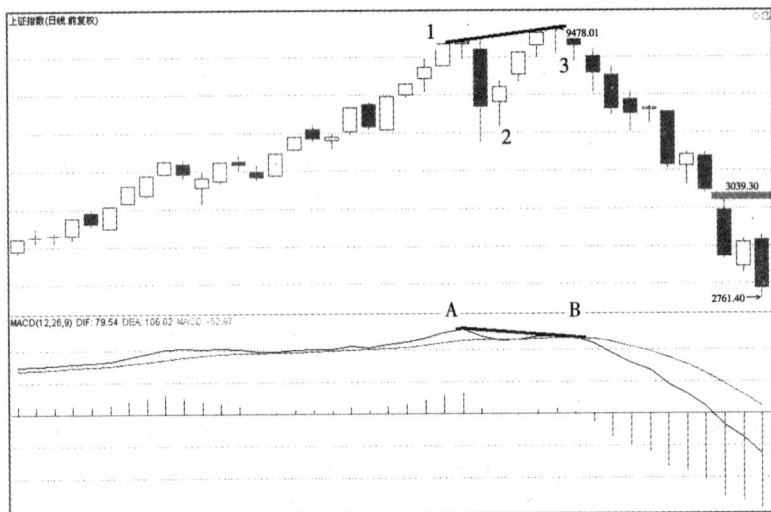

图 3-34　实例分析（三十四）

如图 3-35 所示，上证指数经过一段时间的上涨，到达位置 1，然后出现下跌调整，MACD 随着调整的开始在 A 处形成死叉。调整到位置 2 后，指数再次上涨，MACD 也随即再次形成金叉。再次上涨到位置 3，指数又开始下跌调整，随着调整的进行，MACD 在 B 处形成死叉。这时位置 3 高于位置 1，但对应的 MACD 的 B 处低于 A 处，形成顶背离，怎么又似曾相识。躲得过 3478 点那么 3186 点也就没有问题了，你的进步我的快乐。

如图 3-36 所示，上证指数经过一段时间的上涨，到达位置 1，然后出现下跌调整，MACD 随着调整的开始在 A 处形成死叉。调整到位置 2 后，指数再次上涨，MACD 也随即再次形成金叉。再次上涨到位置 3，指数又开始下跌调整，MACD 在 B 处形成死叉。这时位置 3 低于位置 1，此处形成一个下跌加速点，但指数仅仅稍作停留，很快地从位置 4 又再拾升势，加速失败，随着指数再次的上涨 MACD 再次形成金叉。当指数上涨到位置 5 时，指数再次下跌，随即 MACD

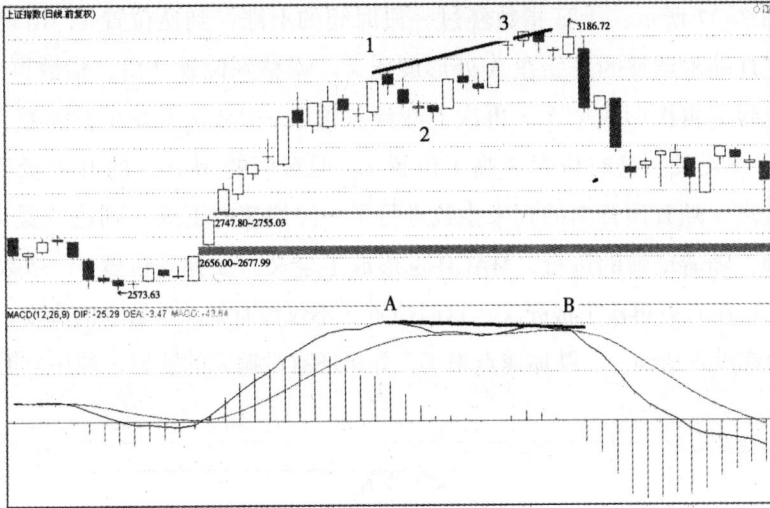

图 3-35 实例分析（三十五）

在 C 处再次形成死叉，此时位置 5 高于位置 1，但对应的 MACD 的 C 处低于 A 处，形成顶背离。

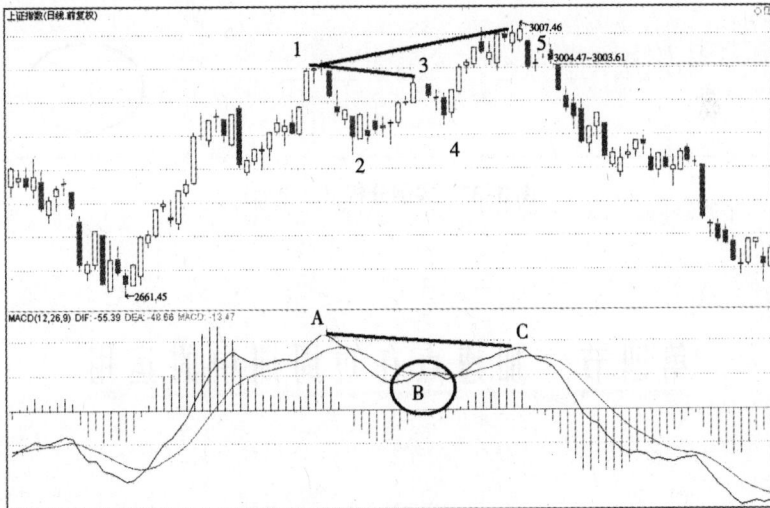

图 3-36 实例分析（三十六）

　　如图 3-37 所示，上证指数经过一段时间的上涨，到达位置 1，出现下跌调整，MACD 随着调整的开始在 A 处形成死叉。调整到位置 2 后，指数再次上涨，MACD 也随即再次形成金叉。再次上涨到位置 3，指数又开始下跌调整，MACD 在 B 处形成死叉。这时位置 3 高于位置 1，但对应的 MACD 的 B 处低于 A 处，形成顶背离。随着顶背离的到来指数进行了一波快速的下跌，到达位置 4，开始一波反弹，随着反弹的进行，MACD 也形成了金叉。反弹到位置 5，指数再次下跌，MACD 在 C 处再次形成死叉，这时位置 5 不仅没有到达位置 3 的高度，连前面的小平台都没有达到，下跌加速点来了，如果还有没抛完的筹码，现在全扔了吧。

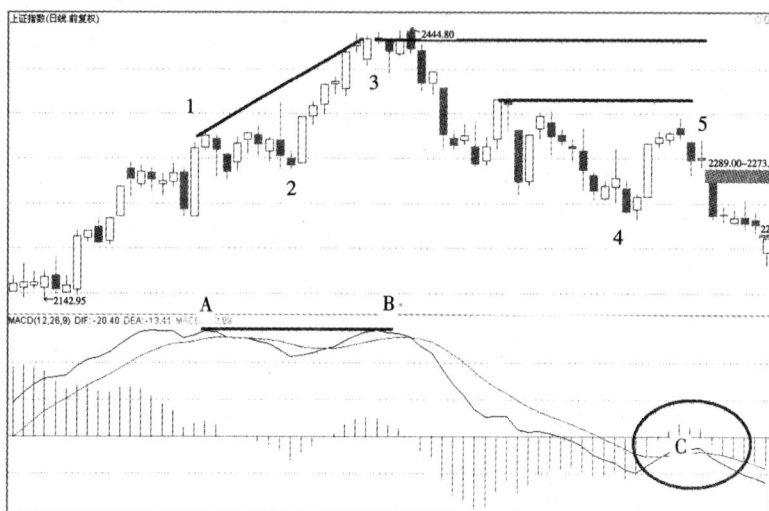

图 3-37　实例分析（三十七）

第四节　加速点在短周期中的运用

　　首先我们介绍下跌加速点在短周期中的运用。

　　如图 3-38 所示，上证指数经过一段时间的上涨，在位置 1 处开始调整，随着调整的进行，MACD 在 A 处形成死叉。调整到位置 2 的地方，指数开始反弹，

MACD 也随即形成金叉，反弹到位置 3 处，指数再次下跌，同时 MACD 在 B 处形成了死叉。这时位置 3 低于位置 1，同时位置 3 对应的 MACD 的 B 处，其 BAR 彩色柱状线及 MACD 的数值也低于位置 1 对应的 MACD 的 A 处的彩色柱状线及 MACD 的数值，于是 MACD 在 B 处形成了下跌加速点 B。随着加速下跌点 B 的形成，指数继续下跌，下跌到位置 4 处开始了再次的反弹。随着反弹的进行，MACD 形成金叉，但这次的反弹是微弱的，仅仅做了一个横向的平台整理，整理到位置 5 后继续下跌，然后 MACD 也随着指数的再次下跌而形成了死叉。此时位置 5 低于位置 3，也低于第二次上涨的起点位置 2。同时，位置 5 对应的 MACD 的 C 处，其 BAR 彩色柱状线虽然略高于位置 3 对应的 B 处，但 C 处的 BAR 彩色柱状线及 MACD 的数值双双低于位置 1 所对应的 MACD 的 A 处的 BAR 彩色柱状线及 MACD 的数值，于是在 MACD 的 C 处，形成了一个连续的下跌加速点 C。下跌加速点 C 形成后，指数继续下跌，然后在位置 6 止住了跌势再次开始反弹，同样随着反弹的进行。MACD 也再次形成金叉，而且这次的反弹和上一次的反弹一样很弱，都仅仅是做了个横向箱体式整理反弹，当指数整理到位置 7 后，便再次形成了下跌，随着下跌的进行。MACD 又形成了死叉。这时位置 7 低于位置 5，也低于第三次上涨的起点位置 4，凡是反弹不能高于上一次上涨起点的反弹都属于弱势反弹，下跌就是唯一的选择。同时，位置 7 对应的 MACD 的 D 处，其 BAR 彩色柱状线及 MACD 的数值低于位置 1 对应的 MACD 的 A 处是一目了然，尽管 BAR 彩色柱状线高于 B 处和 C 处，但低于 A 处这一点是最主要的。于是 MACD 在 D 处，形成了第三个下跌加速点 D，所以指数的下跌只能继续。

如图 3-39 所示，上证指数从位置 1 处开始下跌，随着指数的下跌 MACD 在 A 处形成了死叉。跌到位置 2 处开始反弹，指数的反弹带动了 MACD 的形成金叉，当反弹到位置 3 后，指数再次下跌，MACD 也随即在 B 处形成死叉，这时位置 3 低于位置 1，同时位置 3 对应的 MACD 的 B 处，其 BAR 彩色柱状线及 MACD 的数值低于位置 1 对应的 MACD 的 A 处的 BAR 彩色柱状线及 MACD 的数值，于是 MACD 的 B 处形成了一个下跌加速点 B。随着下跌加速点 B 的形成，指数继续下跌。当跌到位置 4 时止住了跌势，开始反弹，随着反弹的进行，MACD 形成了金叉，但仅仅略微反弹一点指数就再次下跌，MACD 也再次形成死叉。此时位置 5 低于位置 3，位置 5 对应的 MACD 的 C 处，其 BAR 彩色柱状线

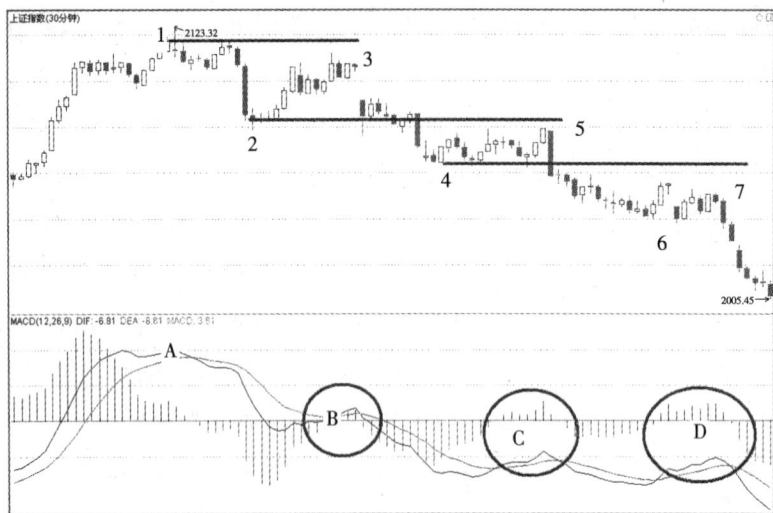

图 3-38　实例分析（三十八）

及 MACD 的数值低于位置 3 对应的 MACD 的 B 处的 BAR 彩色柱状线及 MACD 的数值，所以 MACD 的 C 处又形成了一个下跌加速点 C。下跌加速点 C 形成后，指数继续下跌，跌到位置 6 后，指数再次反弹，随着反弹的进行，MACD 再次形成金叉。反弹到位置 7 后指数再次下跌，随着下跌的进行 MACD 在 D 处形成了死叉。这时我们看到位置 7 低于位置 5，仅仅与位置 4 持平，位置 7 对应的 MACD 的 D 处，其 BAR 彩色柱状线及 MACD 的数值，虽然高于位置 5 对应的 MACD 的 C 处的 BAR 彩色柱状线及 MACD 的数值，但是其 BAR 彩色柱状线及 MACD 的数值低于位置 3 对应的 MACD 的 B 处的 BAR 彩色柱状线及 MACD 的数值，于是 MACD 的 D 处又是一个下跌加速点 D。下跌加速点 D 形成了，那就继续跌吧。

　　如图 3-40 所示，上证指数从位置 1 处开始下跌，随着下跌的进行 MACD 形成死叉，BAR 彩色柱状线成为绿色。跌到位置 2 处开始反弹，随着反弹的进行 BAR 彩色柱状线缩短，但直到反弹到位置 3 处再次开始下跌时，BAR 彩色柱状线都没有成为红色，MACD 也没有金叉，于是 MACD 在 B 处形成了一个连跌。随着 MACD 连跌 B 的形成指数跳空向下继续下跌，跌到位置 4 处勉强止住跌势，指数没有进行反弹，只是进行了横向整理，随着指数的横向整理，MACD 在 C 处形成金叉。当指数整理到位置 5 后，再次下跌，随着下跌的继续，MACD 再次形成死叉，此时位置 5 低于位置 1，但位置 5 对应的 MACD 的 D 处，其 BAR 彩色柱状线及 MACD 的数值低于位置 1 对应的 MACD 的 A 处的 BAR 彩色柱状线及

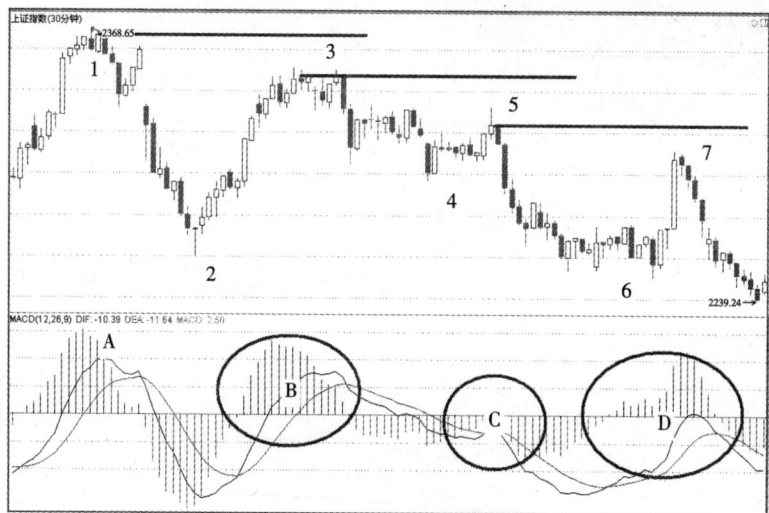

图 3-39　实例分析（三十九）

MACD 的数值，于是 MACD 在 D 处形成了下跌加速点 D。随着下跌加速点 D 的形成，指数继续下跌，当指数跌到位置 6 处后，开始了再次反弹，随着反弹的进行 MACD 在 E 处形成金叉，这时位置 6 低于位置 4，但位置对应的 MACD 的 E 处高于位置 4 对应的 MACD 的 C 处，形成底背离。底背离的到来使指数开始了比之前强烈一些的反弹，反弹的进行使 MACD 形成金叉。反弹到位置 7 后，指数再次下跌，随着指数的再次下跌 MACD 再次形成死叉。此刻位置 7 低于位置 5，虽然位置 7 对应的 MACD 的 F 处，其 BAR 彩色柱状线及 MACD 的数值大于位置 5 对应的 MACD 的 D 处的 BAR 彩色柱状线及 MACD 的数值，但是低于位置 1 对应的 MACD 的 A 处的 BAR 彩色柱状线及 MACD 的数值，于是 MACD 在 F 处又形成了下跌加速点 F。好吧，下跌加速点来了，你知道指数接下来要干什么了。但因为在 E 点形成了一个底背离，对下跌加速点 F 我们是不是要时刻注意观察呢，要留意 2 次底背离的到来。果然，指数再次下跌以后，到达位置 8 后，开始反弹，此时位置 8 低于位置 6，位置 8 对应的 MACD 的 G 处虽然低于位置 6 对应的 MACD 的 E 处，但是高于位置 4 对应的 MACD 的 C 处，根据我们前面讲的关于底背离的内容，于是我们知道在 G 处 2 次底背离形成了。形成了 2 次底背离，那么指数上涨吧！

　　如图 3-41 所示，上证指数从位置 1 开始上涨，随着上涨的进行 MACD 在 A 处形成金叉。上涨到位置 2 处开始下跌，MACD 随着指数的下跌形成死叉，跌到

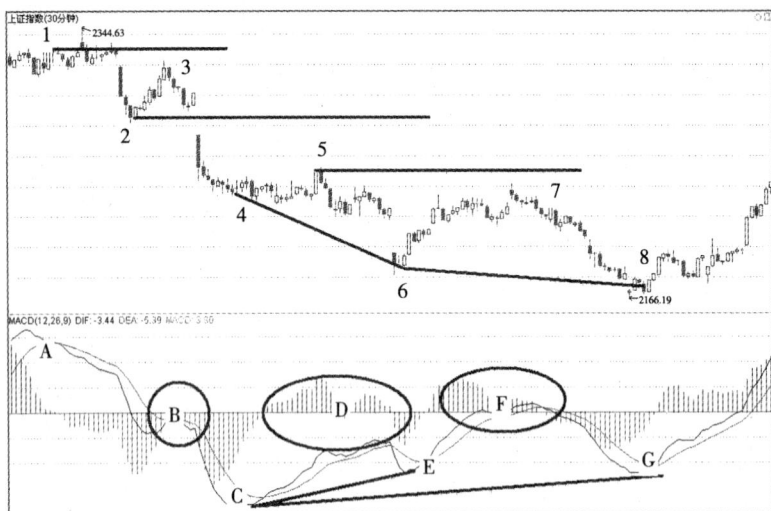

图 3-40 实例分析（四十）

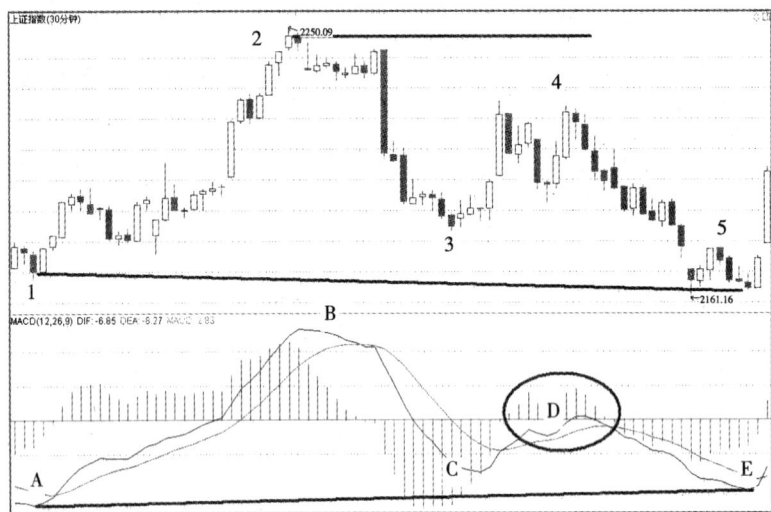

图 3-41 实例分析（四十一）

位置 3 后，指数再次上涨，MACD 也再次形成金叉。当上涨到位置 4 后，指数再
次下跌，MACD 再次随着指数的下跌而形成死叉，这时我们看到位置 4 低于位置
2，位置 4 对应的 MACD 的 D 处，其 BAR 彩色柱状线及 MACD 的数值低于位置
2 对应的 MACD 的 B 处的 BAR 彩色柱状线及 MACD 的数值，于是 MACD 的 D 处
形成了一个下跌加速点 D。随着下跌加速点 D 的形成，指数继续下跌，跌到位置
5 后，指数开始反弹，此时位置 5 低于位置 3 和位置 1，虽然位置 5 对应的

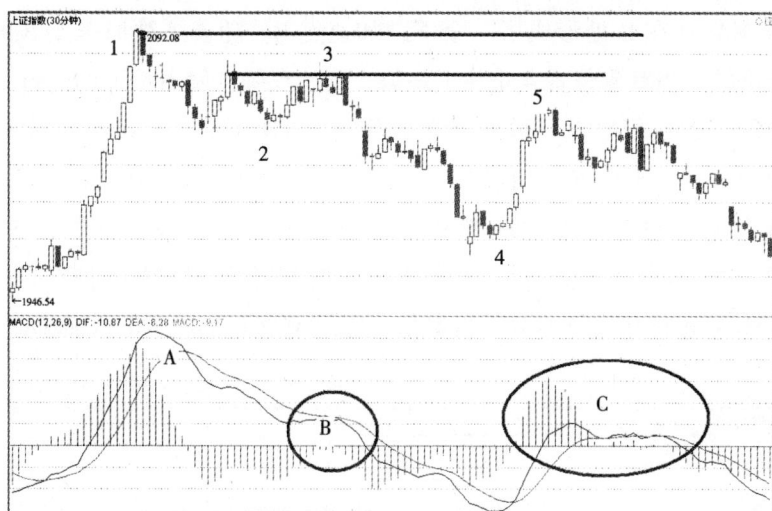

图 3-42 实例分析（四十二）

MACD 的 E 处低于位置 3 对应的 MACD 的 C 处，但高于位置 1 对应的 MACD 的 A 处，所以这个地方是底背离。与图 3-40 一样，下跌加速点失败以后形成了底背离。

如图 3-42 所示，上证指数从位置 1 处开始下跌，随着下跌的进行，MACD 形成死叉，跌到位置 2 后开始反弹，反弹到位置 3 后，指数又继续下跌，在从位置 2 到位置 3 的反弹过程中，BAR 彩色柱状线只是缩短，MACD 并没有金叉，MACD 在 B 处形成了一个连跌。随着连跌的形成指数继续下跌，下跌到位置 4 后止跌反弹，MACD 随着反弹的进行形成金叉，反弹到位置 5 后，指数再次下跌，MACD 也随着指数的再次下跌而再次形成死叉，此时位置 5 低于位置 3 更低于位置 1，位置 5 对应的 MACD 的 C 处，其 BAR 彩色柱状线及 MACD 的数值低于位置 1 对应的 MACD 的 A 处的 BAR 彩色柱状线及 MACD 的数值，于是 MACD 在 C 处形成一个下跌加速点 C。随着下跌加速点 C 的形成，指数继续下跌。

如图 3-43 所示，上证指数从位置 1 处开始下跌，随着指数的下跌，MACD 在 A 处形成死叉。跌到位置 2 处开始反弹，指数的反弹带动了 MACD 形成金叉，当反弹到位置 3 后，指数再次下跌，MACD 也随即在 B 处形成死叉，这时我们看到位置 3 低于位置 1，同时位置 3 对应的 MACD 的 B 处，其 BAR 彩色柱状线及 MACD 的数值低于位置 1 对应的 MACD 的 A 处的 BAR 彩色柱状线及 MACD 的数

值，于是 MACD 在 B 处形成了一个下跌加速点 B。随着下跌加速点 B 的形成，
指数继续下跌。当跌到位置 4 止住了跌势，开始反弹，随着反弹的进行，MACD
形成了金叉，但仅仅略微反弹到位置 5 指数就再次下跌，MACD 也再次形成死
叉。此时位置 5 低于位置 3，位置 5 对应的 MACD 的 C 处，其 BAR 彩色柱状线
虽然高于位置 3 对应的 MACD 的 B 处的 BAR 彩色柱状线，但位置 5 对应的
MACD 的 C 处，其 BAR 彩色柱状线及 MACD 的数值低于位置 1 对应的 MACD 的
A 处的 BAR 彩色柱状线及 MACD 的数值，所以 MACD 形成了下跌加速点 C。

图 3-43   实例分析（四十三）

如图 3-44 所示，上证指数从位置 1 处开始下跌，随着指数的下跌，MACD
在 A 处形成了死叉。跌到位置 2 处开始反弹，指数的反弹带动了 MACD 形成金
叉，当反弹到位置 3 后，指数再次下跌，MACD 也随即在 B 处形成死叉，这时位
置 3 低于位置 1，同时位置 3 对应的 MACD 的 B 处，其 BAR 彩色柱状线及
MACD 的数值低于位置 1 对应的 MACD 的 A 处的 BAR 彩色柱状线及 MACD 的数
值，于是 MACD 在 B 处形成了一个下跌加速点 B。随着下跌加速点 B 的形成，
指数继续下跌。当跌到位置 4 止住了跌势后，开始反弹，随着反弹的进行，
MACD 形成金叉，指数反弹到位置 5 再次下跌，MACD 也再次形成死叉。此时我
们看到位置 5 高于位置 3，但位置 5 低于位置 1，位置 5 对应的 MACD 的 C 处，
其 BAR 彩色柱状线及 MACD 的数值低于位置 1 对应的 MACD 的 A 处的 BAR 彩

色柱状线及 MACD 的数值，MACD 在 C 处，形成下跌加速点 C。随着下跌加速点 C 的形成，指数再次开始下跌，跌到位置 6 后开始反弹。随着反弹的进行，MACD 再次形成金叉，反弹到位置 7 后指数又再次下跌，MACD 也随着下跌的进行形成死叉。这时位置 7 低于位置 5，位置 7 对应的 MACD 的 D 处，其 BAR 彩色柱状线及 MACD 的数值低于位置 5 对应的 MACD 的 C 处的 BAR 彩色柱状线及 MACD 的数值，于是 MACD 在 D 处再次形成了下跌加速点 D。随着下跌加速点 D 的形成，指数开始了一波快速的下跌。

图 3-44　实例分析（四十四）

经过前面几个例子的学习，我们对下跌加速点有了初步的完整印象，知道了只要出现下跌加速点股价必然要下跌，比背离还好用，因为背离以后还可能形成 2 次背离，而下跌加速点形成后股价会不拖泥带水地直接下跌。既然下跌加速点如此好用，那么好了，现在我们来看看何时卖出股票。如图 3-44 所示，比如在位置 1 处你没有卖出股票，那么在指数再次反弹到位置 3 的时候你是不是该卖出股票了呢，因为随着下跌加速点 B 的形成，指数还会进行一波下跌。跌到位置 4 后，指数再次开始反弹，如果你还没有卖完手中的股票，在反弹到位置 5 后，当你发现 MACD 的 DIF 的数值超过 BAR 彩色柱状线的数值，或者简单点说 DIF 远离了 BAR，两者不能同步运行，同时此刻你发现位置 5 没有高过位置 1 的可能，并且 MACD 有再次形成死叉的可能时，那么又是一个卖出股票的好时机，因为你知道又一个下跌加速点要来。如果在位置 5 你还没有卖完股票，那么当指数反弹到位置 7，而你又发现在位置 7 处对应的 MACD 可能要再次形成死叉，并且位置 7 高不过位置 5 的时候，你是不是要把手中的股票抛完呢，因为再一次的下跌会比前面的下跌幅度大和速度快。如果这是一只股票的日 K 线图，以后你还会在位置 3、位置 5、位置 7 处买入股票吗？

如图 3-45 所示，上证指数从位置 1 处开始下跌，随着指数的下跌，MACD 在 A 处形成死叉。跌到位置 2 处开始反弹，指数的反弹带动了 MACD 形成金叉，当反弹到位置 3 后，指数再次下跌，MACD 也随即在 B 处形成死叉，这时我们看到位置 3 低于位置 1，同时位置 3 对应的 MACD 的 B 处，其 BAR 彩色柱状线及 MACD 的数值低于位置 1 对应的 MACD 的 A 处的 BAR 彩色柱状线及 MACD 的数值，于是 MACD 在 B 处形成了一个下跌加速点 B。随着下跌加速点 B 的形成，指数继续下跌。当跌到位置 4 时止住了跌势，开始反弹，随着反弹的进行 MACD 形成金叉，但仅仅略微反弹到位置 5 指数就再次下跌，MACD 也再次形成死叉。此时我们很容易地看到位置 5 不仅低于位置 3，也低于第二次上涨的起点位置 2。同时位置 5 对应的 MACD 的 C 处，其 BAR 彩色柱状线不仅低于位置 3 对应的 MACD 的 B 处的 BAR 彩色柱状线及 MACD 的数值，同时其 BAR 彩色柱状线及 MACD 的数值也低于位置 1 对应的 MACD 的 A 处的 BAR 彩色柱状线及 MACD 的数值，所以 MACD 形成了下跌加速点 C，指数继续跌吧，没有他途。 现在来看看卖出的点位，如果在位置 1 时你没有卖出股票，那么当指数再次反弹到位置 3 时，如果发现位置 3 不能高于位置 1 了，那么是不是就应该在 MACD 想要再次形成死叉的时候卖出股票呢。即使在位置 3 没有卖出股票，那么当指数跌破位置 2 的时候，是用了一根大的阴线跌穿了第二次上涨的起点，而且此时下跌加速点已经形成完毕，还有不卖的理由吗。即使你在跌破位置 2 时没有卖出，那么当指数再次从位置 4 微弱地反弹到位置 5 的时候，你是不是该卖出股票了呢，因为位置 5 连第二次上涨的起点位置 2 都没有达到，说明做多资金根本没有心思想去做多，既然做多资金没有做多的意愿，那么作为小投资者的我们还有什么可留恋的呢。如果本例是一只个股，我们即使在位置 1 处不慎买入了该股，那么经过前面对下跌加速点的学习，在位置 3 的时候我们应该义无反顾地卖出，而不应该等到位置 5 的时候再卖出。因为通过前面的学习我们知道现在要形成下跌加速点 B，我们更知道下跌加速点形成以后会有一波快速的下跌，如果等到位置 5 再卖，我们将承受更大的亏损。而且在位置 3 之后的走势没有一个位置是我们该买入的地方，因为我们没有看到任何的买入信号。

图 3-45　实例分析（四十五）

如图 3-46 所示，上证指数从位置 1 处开始下跌，随着指数的下跌，MACD 在 A 处形成了死叉。跌到位置 2 处开始反弹，指数的反弹带动了 MACD 形成金叉，当反弹到位置 3 后，指数再次下跌，MACD 也随即在 B 处形成死叉，这时我们看到位置 3 低于位置 1，同时位置 3 对应的 MACD 的 B 处，其 BAR 彩色柱状线及 MACD 的数值低于位置 1 对应的 MACD 的 A 处的 BAR 彩色柱状线及 MACD 的数值，于是 MACD 在 B 处形成了一个下跌加速点 B。随着下跌加速点 B 的形成，指数继续下跌。当跌到位置 4 时止住了跌势，然后开始反弹，反弹到位置 5 后又开始下跌。这时我们看到在反弹的过程中 BAR 彩色柱状线仅仅缩短，MACD 并没有形成金叉，于是位置 5 对应的 MACD 的 C 处形成了一个连跌。随着连跌的形成，指数继续下跌，跌到位置 6 止住跌势，然后开始反弹。随着反弹的进行，MACD 形成金叉，但仅仅略微反弹到位置 7 指数就再次下跌，MACD 也再次形成死叉。此时我们很容易地看到位置 7 不仅低于位置 5，也低于第二次上涨的起点位置 2。同时位置 7 对应的 MACD 的 D 处，其 BAR 彩色柱状线不仅低于位置 3 对应的 MACD 的 B 处的 BAR 彩色柱状线及 MACD 的数值，同时其 BAR 彩色柱状线及 MACD 的数值也低于位置 1 对应的 MACD 的 A 处的 BAR 彩色柱状线

及 MACD 的数值，所以 MACD 在 D 处又形成了一个下跌加速点 D，接下来指数
会怎样，你懂的。

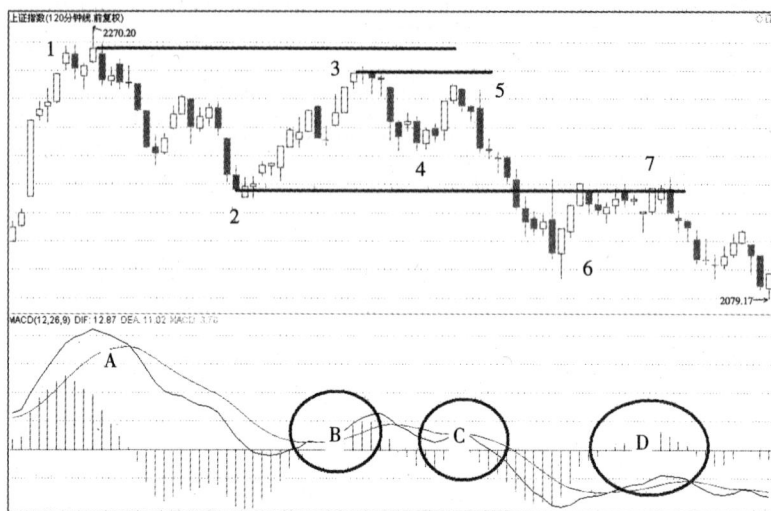

图 3-46　实例分析（四十六）

下面来分析一下何处是卖出点，如图 3-46 所示，如果在位置 1 你没有卖出
股票，那么当第二次上涨到位置 3 时，你是不是该卖出股票了呢。在位置 3 处当
连续出现 3 根带下影线的小阴线的时候，我们就能判断出，此次指数已经无力继
续上涨，也就是说指数不会超过前面的位置 1 了，而我们又看到此处的 MACD
的 BAR 彩色柱状线及 MACD 的数值也低于前面的位置 1 处 MACD 对应的各项数
值，那么我们就能提前判断 MACD 未来将形成死叉无疑。既然将来 MACD 要在
此处形成死叉，指数在这里必定是要形成一个下跌加速点。判断出要形成下跌加
速点，因为我们知道下跌加速点形成是要进行一波下跌，我们现在只有卖出一种
选择。如果此图为个股，假如我们在位置 1 处不慎买入，那么反弹到位置 3 时，
在将要形成第一个下跌加速点时是你的最佳的卖出时机，因为如果以后形成第二
个下跌加速点的话，那么其反弹的高点不会超过位置 3，很多时候甚至连第二次
上涨的起点位置 2 都不会到，那样的话我们将会出现更大的亏损，既然会这样我
们现在还有什么可犹豫的呢。

前面我们介绍了不可买入只可卖出的下跌加速点，下面介绍只可买入不可卖
出的上涨加速点。

如图 3-47 所示，上证指数经过了一段时间的下跌，在位置 1 处开始反弹，随着反弹的进行，MACD 在 A 处形成金叉。当反弹到位置 2 后指数再次下跌，在再次下跌的过程中 MACD 形成死叉，指数下跌到位置 3 后，再次反弹，随着指数的再次上涨，MACD 形成金叉。这时我们看到位置 3 高于位置 1，对应的位置 3 的 MACD 的 B 处，其 BAR 彩色柱状线及 MACD 的数值高于位置 1 处对应的 MACD 的 A 处的彩色柱状线及 MACD 的数值，于是 MACD 在 B 处形成了一个上涨加速点 B。随着上涨加速点 B 的形成，指数快速上涨到位置 4 后再次开始下跌，随着指数的再次下跌，MACD 也再次形成死叉，当下跌到位置 5 后，指数再次上涨，MACD 也随着指数的再次上涨在 C 处形成金叉，这时位置 5 虽然低于位置 2，但是高于位置 3，同时位置 5 处对应的 MACD 的 C 处，其 BAR 彩色柱状线及 MACD 的数值大于位置 3 对应的 MACD 的 B 处的 BAR 彩色柱状线及 MACD 的数值，于是 MACD 在 C 处再次形成了上涨加速点 C，随着上涨加速点 C 的再次形成，指数再次地快速上涨了一段时间。

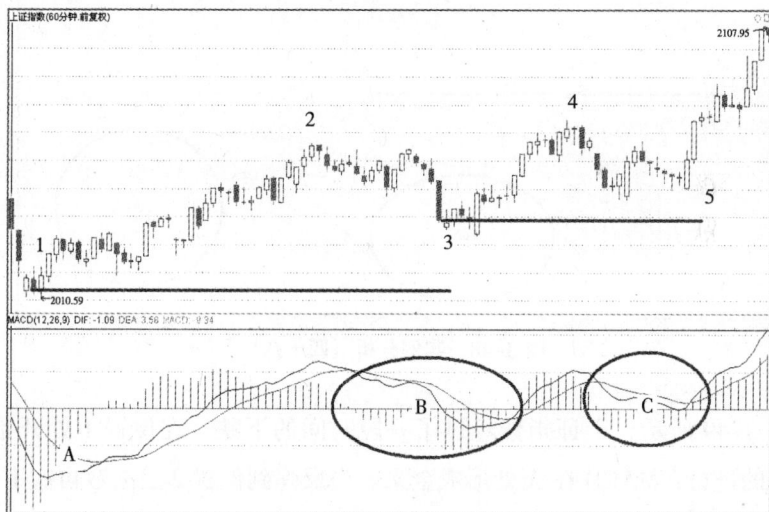

图 3-47　实例分析（四十七）

如图 3-48 所示，上证指数经过了一段时间的下跌，在位置 1 处开始反弹，随着反弹的进行，MACD 在 A 处形成金叉。当反弹到位置 2 后指数又再次下跌，在再次下跌的过程中，MACD 形成死叉，指数下跌到位置 3 后又再次反弹，随着指数的再次上涨，MACD 又形成金叉。这时位置 3 高于位置 1，对应的位置 3 的

MACD 的 B 处，其 BAR 彩色柱状线虽然低于位置 1 处对应的 MACD 的 A 处的彩色柱状线，但其 MACD 的数值是大于位置 1 处对应的 MACD 的数值，于是 MACD 在 B 处形成了一个上涨加速点 B。随着上涨加速点 B 的形成，指数快速上涨到位置 4 后再次开始下跌，随着指数的再次下跌，MACD 也再次形成死叉，当下跌到位置 5 后，指数再次上涨，MACD 随着指数的再次上涨在 C 处形成金叉，这时位置 5 高于位置 2，同时位置 5 处对应的 MACD 的 C 处，其 BAR 彩色柱状线及 MACD 的数值大于位置 2 对应的 MACD 的 B 处的 BAR 彩色柱状线及 MACD 的数值，于是 MACD 在 C 处再次形成了上涨加速点 C，随着上涨加速点 C 的形成，指数再次地快速上涨了一段时间。

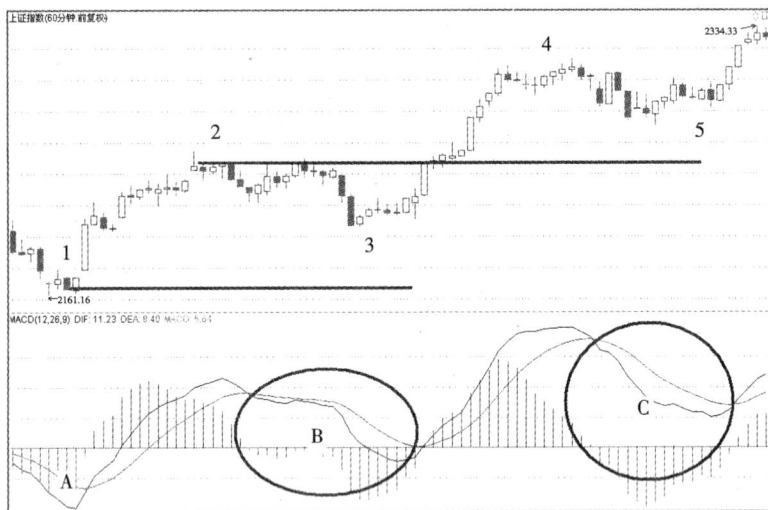

图 3-48　实例分析（四十八）

如图 3-49 所示，上证指数经过了一段时间的下跌，在位置 1 处开始反弹，随着反弹的进行，MACD 在 A 处形成金叉。当反弹到位置 2 后指数再次下跌，在再次下跌的过程中，MACD 形成死叉，指数下跌到位置 3 后再次反弹，随着指数的再次上涨，MACD 形成金叉。这时位置 3 高于位置 1，对应的位置 3 的 MACD 的 B 处，其 BAR 彩色柱状线及 MACD 的数值大于位置 1 处对应的 BAR 彩色柱状线及 MACD 的数值，于是 MACD 在 B 处形成了一个上涨加速点 B。随着上涨加速点 B 的形成，指数快速上涨到位置 4 后，然后再次开始下跌，随着指数的再次下跌，MACD 也再次形成死叉，当下跌到位置 5 后，指数再次上涨，MACD 也随着指数的再次上涨在 C 处形成金叉，这时位置 5 基本和位置 2 持平，同时位置 5 处对应的 MACD 的 C 处，其 BAR 彩色柱状线及 MACD 的数值大于位置 2 对应的 MACD 的 B 处的 BAR 彩色柱状线及 MACD 的数值，于是 MACD 在 C 处形成了上涨加速点 C。随着上涨加速点 C 的再次形成，指数再次地快速上涨了一段时间。

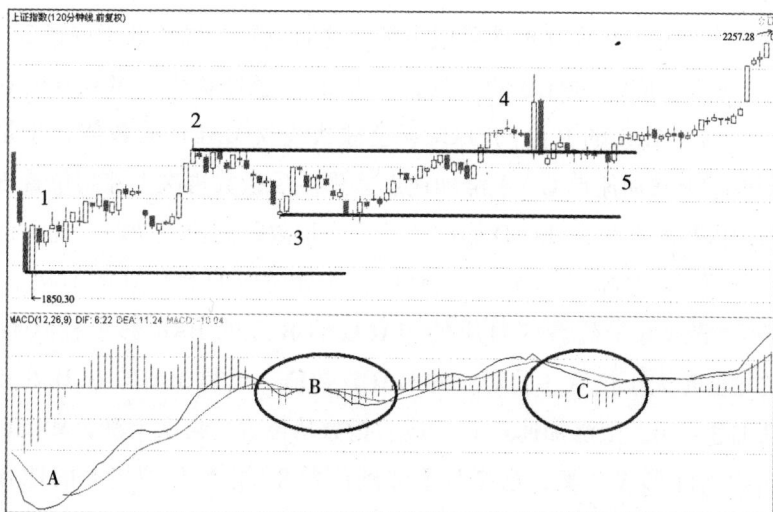

图 3-49　实例分析（四十九）

经过前面例子的学习，现在我们来分析在什么地方买入的事情。如图 3-49 所示，假如你没有在位置 1 处买入，那么当指数下跌到位置 3 处再次上涨，并且 MACD 形成金叉之时，我们是不是该买入股票了呢，因为在 MACD 形成金叉之时，这个地方要形成一个上涨加速点，上涨加速点一旦形成指数就会进行一波快速的上涨。而如果你没有在位置 3 处 MACD 形成金叉之时买入，那么当再次上涨到位置 4，然后下跌调整到位置 5 又再次上涨，并且 MACD 又再次形成金叉之时，你是不是该买入呢，因为位置 5 高于位置 3，基本与位置 2 持平，而且很容易看到 MACD 指标的各项数值都符合上涨加速点的条件。既然如此，那么此处就会形成一个上涨加速点，当再次形成一个上涨加速点时，那么接下来指数上涨的速度会更快，这个时候买入股票将是非常棒的时机。

如图 3-50 所示，上证指数经过了一段时间的下跌，在位置 1 处开始反弹，随着反弹的进行，MACD 在 A 处形成金叉。当反弹到位置 2 后指数又再次下跌，在再次下跌的过程中，MACD 形成死叉，指数下跌到位置 3 后再次反弹，随着指数的再次上涨，MACD 又形成金叉。这时我们看到位置 3 高于位置 1，对应的位置 3 的 MACD 的 B 处，其 BAR 彩色柱状线及 MACD 的数值大于位置 1 处对应的 BAR 彩色柱状线及 MACD 的数值，于是 MACD 在 B 处形成了一个上涨加速点 B。随着上涨加速点 B 的形成，指数开始上涨，上涨到位置 4 后，再次开始下跌，随着指数的再次下跌，MACD 也再次形成死叉。当跌到位置 5 后，又开始上涨，随着指数的再次上涨，MACD 再次形成金叉。这时位置 5 虽然低于位置 2，但高于位置 3，位置 5 对应的 MACD 的 C 处，其 BAR 彩色柱状线及 MACD 的数值大于位置 3 对应的 MACD 的 B 处的 BAR 彩色柱状线及 MACD 的数值，于是 MACD 在 C 处形成了上涨加速点 C。上涨加速点 C 形成后指数再次上涨到位置 6 后开始下跌，随着指数的下跌，MACD 形成死叉，当指数跌到位置 7 时，此时位置 7 虽然略低于位置 5，但高于位置 3，而且位置 7 处对应的 MACD 的 D 处，其 BAR 彩色柱状线虽然低于位置 3 对应的 MACD 的 B 处的 BAR 彩色柱状线，但其 MACD 的数值是大于位置 3 处对应的 MACD 数值，于是 MACD 在 D 处又形成了一个上涨加速点 D。上涨加速点 D 形成后指数从位置 7 再次上涨，MACD 也随着指数的再次上涨形成金叉，当指数上涨到位置 8，指数从位置 8 的地方再次下跌，MACD 又随着指数下跌的进行而形成死叉。当跌到位置 9 后，指数又开始了上涨，MACD 也随即形成金叉，这时位置 9 高于位置 7，位置 9 对应的 MACD 的 E 处，其 BAR 彩色柱状线及 MACD 的数值大于对应的位置 7 对应的 D 处的 BAR 彩色柱状线及 MACD 的数值，此时 MACD 又形成了一个上涨加速点 E。上涨加速点 E 形成后，指数上涨到位置 10，然后又一次下跌，指数仅仅略微下跌到位置 11 就开始上涨，MACD 又形成金叉。这时位置 11 高于位置 9，基本和位置 8 持平，而位置 11 对应的 MACD 的 F 处，其 BAR 彩色柱状线及 MACD 的数值大于位置 9 对应的 MACD 的 E 处的 BAR 彩色柱状线及 MACD 的数值，于是 MACD 在 F 处又形成了一个上涨加速点 F。在这个地方连续形成了 5 个上涨加速点，岂有不涨之理，于是指数在第 5 个上涨加速点形成后，进行了一波快速的上涨。

图形介绍完了，现在我们回过头看看哪里是买入的时机，仅就图 3-50 来说，一般情况下我们不推荐在位置 1 第一次金叉处买入，因为在位置 1 时除了一个 MACD 的金叉，没有强烈的买入信号。我们应该在位置 3 开始再次上涨，并且 MACD 形成金叉后买入，因为这时已经形成了第一个上涨加速点 B。如果在位置 3 没买入，那么应该在位置 5 并且 MACD 要形成金叉时买入。如果你是个谨慎的投资者，在这两个地方都没有买入，那么当指数从位置 7 开始上涨，并且 MACD 形成金叉，出现第 3 个上涨加速点时，就应该大胆地买入了，因为现在已经形成第 3 个上涨加速点了。如果你是个更加谨慎的投资者，在第 3 个上涨加速点处没买，那么当在位置 9 处，形成了第 4 个上涨加速点时，你买不买呢。如果在这个地方在你已经掌握了上涨加速点的情况下，你还不买入，那么你应该离开证券市场，因为证券市场需要谨慎，但不适合过度谨慎的人，过度谨慎就会让你失去进场的最佳时机，过度谨慎者只会有一个结果，那就是成功地抄顶。

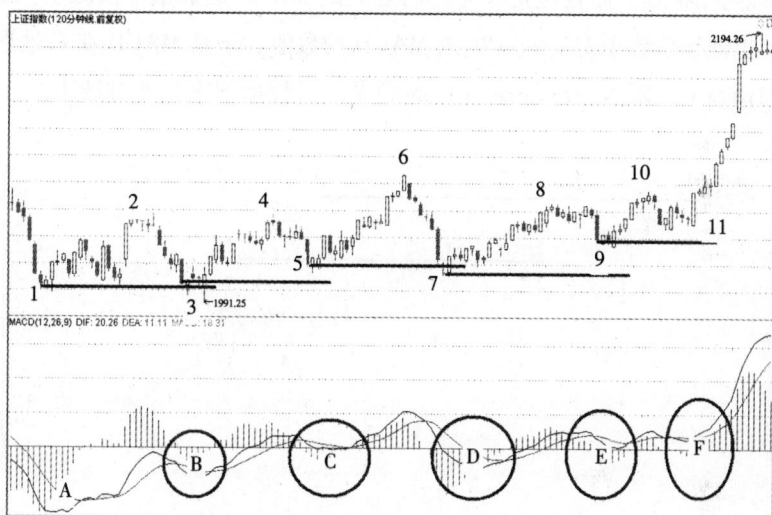

图 3-50 实例分析（五十）

第五节 加速点大盘日线中的应用

首先介绍下跌加速点在大盘日线中的应用。

如图 3-51 所示，上证指数经过一段时间的上涨到达了位置 1 处，开始了下跌调整，随着下跌调整的进行，MACD 在 A 处形成死叉。下跌到位置 2 处，开始再次上涨，MACD 也随着指数的再次上涨形成金叉，但指数仅仅略微上涨到位置 3 便再次下跌，MACD 也再次形成死叉。这时位置 3 低于位置 1，位置 3 对应的

MACD 的 B 处，其 BAR 彩色柱状线及 MACD 的数值低于位置 1 对应的 MACD 的 A 处的彩色柱状线及 MACD 的数值，于是 MACD 在 B 处形成了一个下跌加速点 B。随着下跌加速点 B 的形成，指数进一步地下跌，直到下跌到位置 4 时指数止住跌势，开始反弹。随着指数的反弹，MACD 再次形成金叉，反弹到位置 5 后，指数又再次下跌，MACD 也随即形成死叉。从图 3-51 中看到位置 5 低于位置 3，也低于第二次上涨的起点位置 2，同时位置 5 对应的 MACD 的 C 处，其 BAR 彩色柱状线虽然高于位置 3 对应的 B 处的 BAR 彩色柱状线，但低于位置 1 对应的 A 处的 BAR 彩色柱状线，而且位置 5 对应的 C 处的 MACD 的数值不仅低于位置 3 对应的 B 处，也低于位置 1 对应的 A 处的 MACD 的数值。于是 MACD 在 C 处形成了一个下跌加速点 C。随着下跌加速点 C 的形成，指数接下来只能继续下跌。

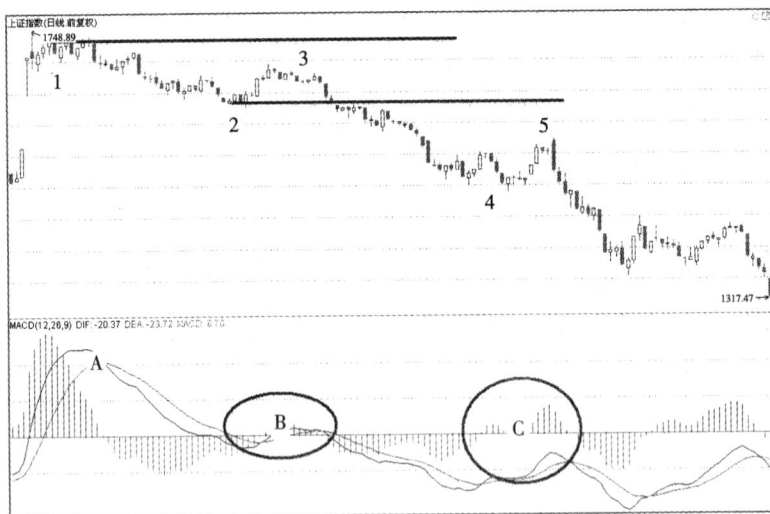

图 3-51　实例分析（五十一）

如图 3-52 所示，上证指数经过一段时间的大幅上涨，在位置 1 处开始下跌调整，随着指数的下跌调整，MACD 形成死叉。跌到位置 2 后再次开始上涨，BAR 彩色柱状线随着指数的再次上涨变短，但直到再次上涨到位置 3 又开始下跌时，BAR 彩色柱状线也没有形成红色，MACD 也没有形成金叉。于是 MACD 在这个地方形成一个连跌 B，随着连跌 B 的形成指数继续下跌，跌到位置 4 处，开始了再次的上涨，随着指数的上涨，MACD 形成金叉。当上涨到位置 5 后，指数再次下跌，MACD 随着指数的下跌形成死叉。这时位置 5 低于位置 3 和位置

1, 同时低于第二次上涨的起点位置 2, 位置 5 对应的 MACD 的 C 处, 其 BAR 彩色柱状线虽然略微高于位置 1 对应的 MACD 的 A 处的 BAR 彩色柱状线, 但是其 MACD 的数值低于位置 1 对应的 MACD 的 A 处的 MACD 的数值, 于是 MACD 在 C 处形成了一个下跌加速点 C。随着下跌加速点 C 的形成, 6124 点头部完全确立。

图 3-52 实例分析 (五十二)

如图 3-53 所示, 上证指数经过一段时间的大幅上涨, 在位置 1 处开始下跌调整, 随着指数的下跌调整, MACD 形成死叉。跌到位置 2 后再次开始上涨, BAR 彩色柱状线随着指数的再次上涨变短, 但直到再次上涨到位置 3 又开始下跌时, BAR 彩色柱状线也没有形成红色, MACD 也没有形成金叉。于是 MACD 在这个地方形成了一个连跌 B。随着连跌 B 的形成指数继续下跌, 跌到位置 4 处, 开始了再次的上涨, 随着指数的上涨, MACD 形成金叉。当上涨到位置 5 处, 指数再次下跌, MACD 又形成死叉。这时位置 5 低于位置 3 和位置 1, 位置 5 对应的 MACD 的 C 处, 其 BAR 彩色柱状线及 MACD 的数值低于位置 1 对应的 MACD 的 A 处的 BAR 彩色柱状线及 MACD 的数值, 于是 MACD 在 C 处形成了一个下跌加速点 C。随着下跌加速点 C 的形成, 指数继续下跌, 跌到位置 6 后, 指数再次开始上涨, 随着指数的再次上涨, MACD 也再次形成金叉。上涨到位置 7 后, 再次开始了下跌, 随着指数下跌的进行, MACD 也再次形成死叉, 这时位置 7 低于位置 5, 位置 7 对应的 MACD 的 D 处, 其 BAR 彩色柱状线及 MACD 的数值，虽然高于位置 5 对应的 MACD 的 C 处的 BAR 彩色柱状线及 MACD 的数值，但低于位置 1 对应的 MACD 的 A 处的 BAR 彩色柱状线及 MACD 的数值，于是 MACD 在 D 处又形成了一个下跌加速点 D。随着下跌加速点 D 的形成，指数进行了一波快速的下跌。

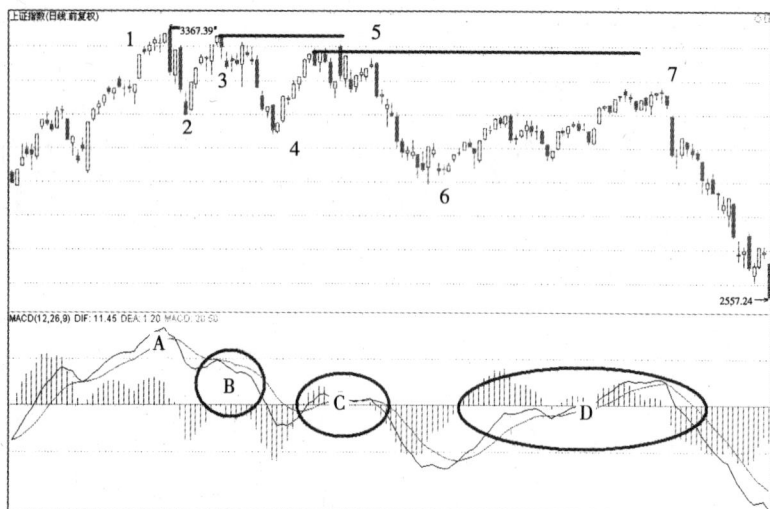

图 3-53　实例分析（五十三）

位置 7 下跌加速点 D 形成的地方，即股指期货推出的时间（2010 年 4 月 16 日）。政策对市场的影响不需要你费心地去理解，主力机构对政策的理解和操作策略会在盘面留下痕迹，你只需要去发现就行。笔者记得当初许多人对股指期货推出理解为利好，纷纷在这个位置选择加仓，但从图 3-53 中很容易地判断主力机构对股指期货的理解是利空。因为在位置 7 处股指推出的地方，在 4 月 16 日之前，位置 7 处指数迟迟不愿意突破位置 5，并且 MACD 已经有死叉的迹象。所以如果你能看懂 MACD，那么这个地方就是你清仓的地方，而不是你加仓的地方。

如图 3-54 所示，上证指数经过一段时间的上涨，在位置 1 处开始下跌，随着指数下跌的进行，MACD 形成死叉。跌到位置 2 后又再次开始上涨，随着指数的再次上涨，MACD 也再次形成金叉。上涨到位置 3 处，指数又开始了下跌，MACD 也随即形成死叉。图 3-54 中，位置 3 低于位置 1，位置 3 对应的 MACD 的 B 处，其 BAR 彩色柱状线及 MACD 数值低于位置 1 对应的 MACD 的 A 处的

BAR 彩色柱状线及 MACD 的数值，于是 MACD 在 B 处形成了一个下跌加速点 B。随着下跌加速点 B 的形成，指数再次下跌，下跌到位置 4 后开始反弹，随着指数的反弹，MACD 也再次形成金叉，当反弹到位置 5 处，指数又一次地下跌，MACD 随着指数的再次下跌形成死叉。这时位置 5 低于位置 3，位置 5 对应的 MACD 的 C 处，其 BAR 彩色柱状线及 MACD 的数值低于位置 3 对应的 MACD 的 B 处的 BAR 彩色柱状线及 MACD 的数值。于是 MACD 在 C 处又形成了一个下跌加速点 C，然后指数继续下跌。

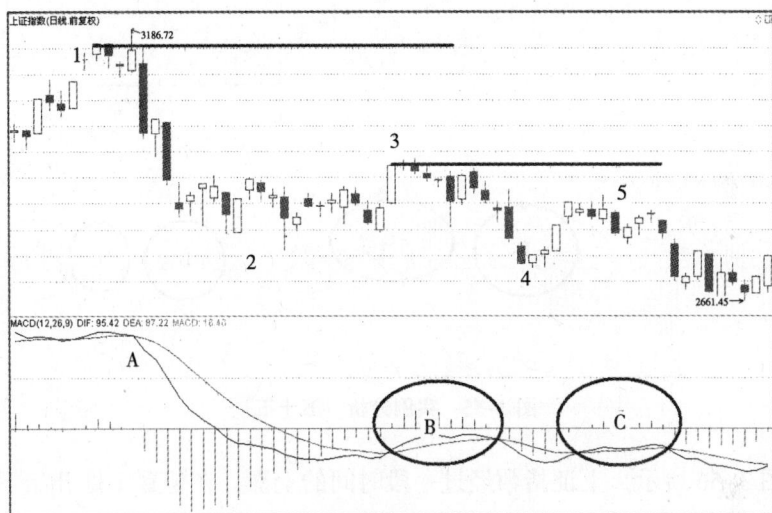

图 3-54 实例分析（五十四）

如图 3-55 所示，上证指数经过一段时间的上涨，在位置 1 处开始下跌，随着指数的下跌，MACD 形成了死叉。下跌到位置 2 后开始横盘整理，随着整理的进行，MACD 形成金叉，当整理到位置 3 后，指数又开始了下跌，然后 MACD 随着指数的下跌形成死叉，位置 3 低于位置 1，位置 3 对应的 MACD 的 B 处，其 BAR 彩色柱状线及 MACD 的数值低于位置 1 对应的 MACD 的 A 处的 BAR 彩色柱状线及 MACD 的数值，于是 MACD 在 B 处形成了下跌加速点 B。下跌加速点 B 形成后，指数继续下跌到位置 4 后开始反弹，随着反弹的进行，MACD 形成金叉。反弹到位置 5 后，指数又开始了下跌，然后 MACD 形成死叉，这时位置 5 高于位置 3，但位置 5 低于位置 1，位置 5 对应的 C 处，其 BAR 彩色柱状线虽然高于位置 1 对应的 MACD 的 A 处的 BAR 彩色柱状线，但其 MACD 的数值低于位置 1 对应的 MACD 的 A 处的 MACD 的数值。于是 MACD 在 C 处又形成了一个下跌加速点 C，随着下跌加速点 C 的形成，指数开始了一波快速的下跌，然后又形成了下跌加速点 D 和下跌加速点 E。指数就这样随着一个接一个下跌加速点的形成，不断地创出新低。

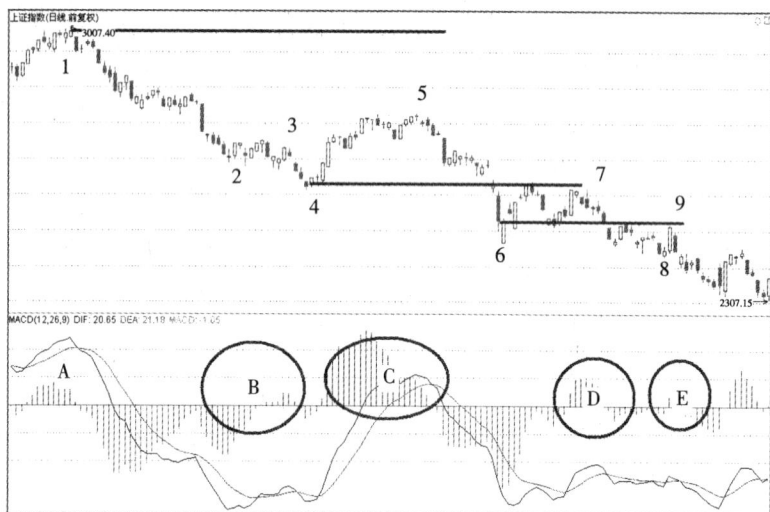

图 3-55　实例分析（五十五）

如图 3-56 所示，上证指数经过一段时间的上涨，在位置 1 处开始下跌，随着指数的下跌，MACD 形成死叉。下跌到位置 2 后再次开始上涨，随着指数的上涨，MACD 形成金叉，当上涨到位置 3 后，指数又开始下跌，然后 MACD 随着指数的再次下跌形成死叉。这时位置 3 低于位置 1，位置 3 对应的 MACD 的 B 处，其 BAR 彩色柱状线及 MACD 的数值低于位置 1 对应的 MACD 的 A 处的 BAR 彩色柱状线及 MACD 的数值，于是 MACD 在 B 处形成了下跌加速点 B。下跌加速点 B 形成后，指数继续下跌到位置 4 后开始反弹，随着反弹的进行 MACD 形成金叉。反弹到位置 5 后，指数又开始了下跌，接着 MACD 随着指数的下跌形成死叉，这时位置 5 高于位置 3，但位置 5 低于位置 1，位置 5 对应的 C 处，其 BAR 彩色柱状线虽然高于位置 1 对应的 MACD 的 A 处的 BAR 彩色柱状线，但其 MACD 的数值低于位置 1 对应的 MACD 的 A 处的 MACD 的数值。于是 MACD 在 C 处又形成了一个下跌加速点 C，随着下跌加速点 C 的形成，指数开始了一波快速的下跌。

图 3-56 实例分析（五十六）

如图 3-57 所示，上证指数经过一段时间的上涨，在位置 1 处开始下跌，随着指数的下跌，MACD 形成死叉。下跌到位置 2 后再次开始上涨，随着指数的上涨，MACD 形成金叉，当上涨到位置 3 后，指数又开始了下跌，然后 MACD 随着指数的再次下跌形成死叉。这时位置 3 低于位置 1，位置 3 对应的 MACD 的 B 处，其 BAR 彩色柱状线及 MACD 的数值低于位置 1 对应的 MACD 的 A 处的 BAR 彩色柱状线及 MACD 的数值，于是 MACD 在 B 处形成了下跌加速点 B。下跌加速点 B 形成后，指数继续下跌到位置 4 后开始反弹，随着反弹的进行 MACD 形成金叉。反弹到位置 5 后，指数又开始下跌，接着 MACD 随着指数的下跌形成死叉，这时位置 5 低于位置 1，同时也低于位置 3，位置 5 对应的 C 处，其 BAR 彩色柱状线高于位置 3 对应的 MACD 的 B 处的 BAR 彩色柱状线，但其 MACD 的数值低于位置 3 对应的 B 处的 MACD 的数值。于是 MACD 在 C 处又形成了一个下跌加速点 C，随着下跌加速点 C 的形成，指数开始了一波快速的下跌。

从前面的例子我们看到，MACD 每形成一个下跌加速点，指数就要再下跌一段距离，也就是说只要 MACD 形成下跌加速点，指数就有更低的点位等着我们，这个时候是我们卖出股票的时候，而不是我们抄底买入股票的时候。

如图 3-58 所示，上证指数经过大幅下跌，在位置 1 处开始上涨，随着指数

图 3-57　实例分析（五十七）

的上涨，MACD 在 A 处形成金叉。当上涨到位置 2 后，再次开始下跌，MACD 也随着指数的再次下跌形成死叉。跌到位置 3 后，指数又开始上涨，随后 MACD 也再次形成金叉，这时位置 3 高于位置 1，位置 3 对应的 MACD 的 B 处，其 BAR 彩色柱状线及 MACD 的数值高于位置 1 对应的 MACD 的 A 处的 BAR 彩色柱状线及 MACD 的数值，于是 MACD 在 B 处形成了上涨加速点 B。上涨加速点 B 形成后指数开始了一波快速的上涨，上涨到位置 4 后又再次下跌，MACD 随着指数的下跌形成死叉。等跌到位置 5 后，指数再次开始上涨，MACD 随后再次形成金叉。此时位置 5 高于位置 3，与位置 2 基本持平，位置 5 对应的 MACD 的 C 处，其 BAR 彩色柱状线及 MACD 的数值高于位置 3 对应的 MACD 的 B 处的 BAR 彩色柱状线及 MACD 的数值，于是 MACD 在 C 处再次形成上涨加速点 C，接着指数又开始继续上涨。

如图 3-59 所示，上证指数经过一段时间的下跌，跌到位置 1 后开始上涨，随着指数的上涨，MACD 在 A 处形成金叉。上涨到位置 2 后再次下跌，MACD 随着指数的再次下跌形成死叉。跌到位置 3 后止跌反弹，随着反弹的进行，MACD 形成金叉。这时位置 3 高于位置 1，位置 3 对应的 MACD 的 B 处，其 BAR 彩色柱状线及 MACD 的数值高于位置 1 对应的 MACD 的 A 处的 BAR 彩色柱状线及 MACD 的数值，于是在 MACD 的 B 点，形成了一个上涨加速点 B，随着上涨加速点 B 的形成，指数开始了一波快速的拉升。

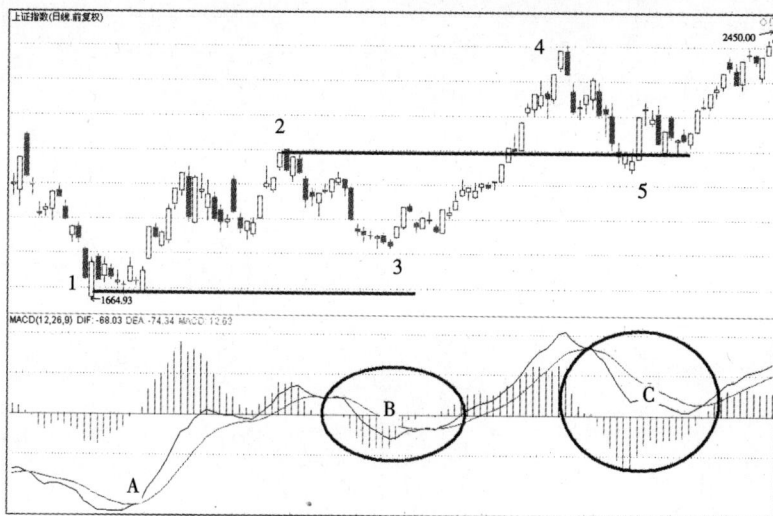

图 3-58　实例分析（五十八）

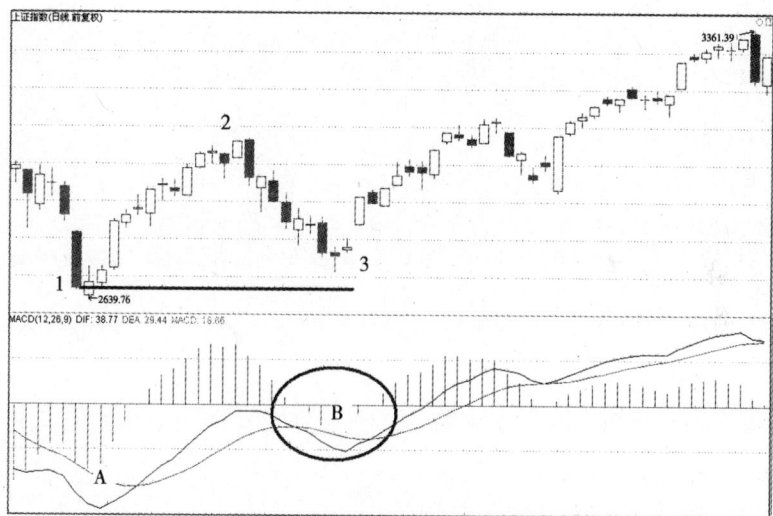

图 3-59　实例分析（五十九）

通过本章的学习，大家对 MACD 有了全新的认识，对何时金叉可以买进，何时不可以买进是否有了底气，对死叉是否也不再像以前那样充满恐惧。

到此关于 MACD 用于趋势研判基本都讲解完了，说基本讲完了，是因为由于章节和时间所限，有很多内容还没有来得及讲解。其实就本书所介绍的部分，足够大家以后用来抄底逃顶了。如果大家想继续学习欢迎大家光临 "www.yahong178.com"。

第四章 MACD 在个股中的应用

前面介绍了 MACD 在分析上证指数趋势中的应用，那么 MACD 在个股中是不是也一样适用呢，答案是肯定的，本章节就介绍一下 MACD 在个股趋势判断中的应用实例。

第一节 背离在个股中的应用

首先来看看顶背离在个股中的运用。

如图 4-1 所示，股票代码为 601699 的潞安环能。该股从 14.87 元上涨到位置 1 处后出现调整，随即 MACD 在 A 处形成死叉，当调整到位置 2 时，结束调

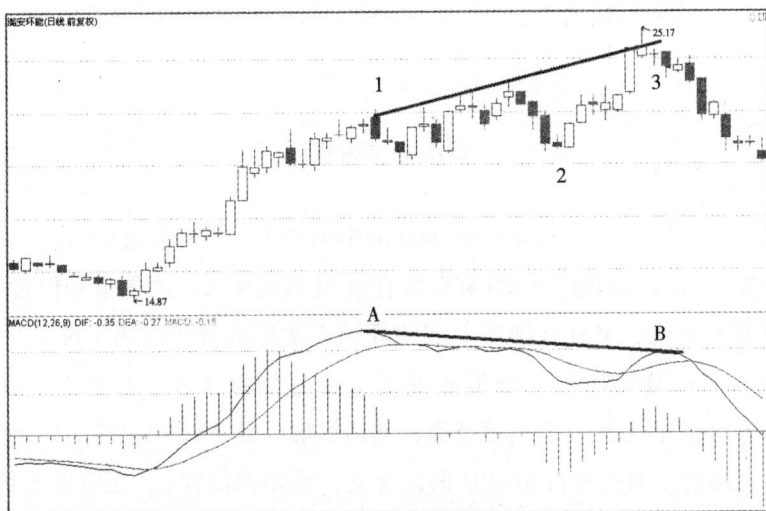

图 4-1 潞安环能

整开始上涨，MACD 随着上涨的开始再次形成金叉。当上涨到位置 3 后，再次调
整，MACD 在 B 处形成死叉，这时位置 3 高于位置 1，相对应的 MACD 的 B 处低
于 A 处，形成顶背离，然后该股一路下跌，97 个交易日跌了 60%，中间连像样
的反弹都没有。

如图 4-2 所示，股票代码为 601717 的郑煤机。该股从 8.64 元上涨到位置 1
处后出现调整，随即 MACD 在 A 处形成死叉，当调整到位置 2 处时，结束调整
开始上涨，MACD 随着股价的再次上涨形成金叉。当上涨到位置 3 处后，再次调
整，MACD 在 B 处形成死叉，这时位置 3 高于位置 1，相对应的 MACD 的 B 处低
于 A 处，形成顶背离，然后该股一路下跌，历时 88 个交易日跌了 50%，中间也
是连像样的反弹都没有。

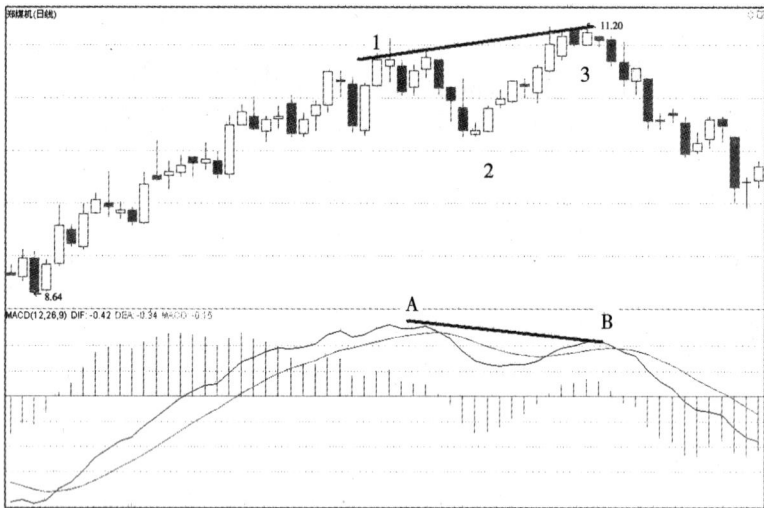

图 4-2　郑煤机

如图 4-3 所示，股票代码为 601800 的中国交建。该股经过一段时间的上涨，
上涨到位置 1 后出现调整，随即 MACD 在 A 处形成死叉，当调整到位置 2 处时，
结束调整开始上涨，MACD 随着上涨的开始再次形成金叉。当上涨到位置 3 处
后，再次调整，MACD 在 B 处形成死叉，这时位置 3 高于位置 1，相对应的
MACD 的 B 处低于 A 处，形成顶背离，然后该股一路下跌到位置 4 处止住跌势，
开始反弹，随着反弹的进行 MACD 形成金叉，反弹到位置 5，在位置 5 做了一个
箱体震荡，震荡结束后又选择了下行，MACD 再次形成死叉，在 C 处形成了一个

下跌加速点 C，下跌加速点 C 形成以后该股又是一路下跌，历时 26 个交易日又跌了 25%，中间都不知道哪天该卖出，因为一根稍大一点阳线都没有。但学过前面的章节的你，知道这中间的任何一天都是卖出的时机。

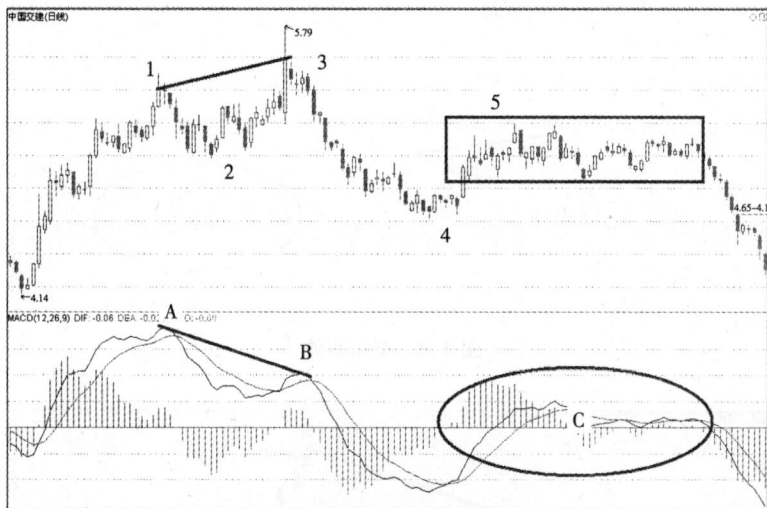

图 4-3 中国交建

　　如图 4-4 所示，股票代码为 600554 的泰山石油。该股经过一段时间的上涨，上涨到位置 1 处后出现调整，随即 MACD 在 A 处形成死叉，当调整到位置 2 时，结束调整开始上涨，MACD 随着上涨的开始再次形成金叉。当上涨到位置 3 后，再次调整，MACD 在 B 处形成死叉，这时位置 3 高于位置 1，相对应的 MACD 的 B 处低于 A 处，形成顶背离，然后该股一路下跌到位置 4 处止住跌势，开始反弹，随着反弹的进行 MACD 形成金叉，反弹到位置 5，在位置 5 做了一个箱体震荡，震荡结束后又选择了下行，MACD 再次形成死叉，在 C 处形成了一个下跌加速点 C，下跌加速点 C 形成以后该股又是一路下跌，历时 32 个交易日又跌了将近30%，中间也同样都不知道该在哪天卖出，因为基本看不到一根稍微大一点的阳线。笔者相信对于该股各位读者该知道如何操作了，这个阶段肯定只卖不买。

　　如图 4-5 所示，股票代码为 000597 的东北制药。该股经过一段时间的上涨，上涨到位置 1 处后出现调整，随即 MACD 在 A 处形成死叉，当调整到位置 2 时，结束调整开始上涨，MACD 随着上涨的开始再次形成金叉。当上涨到位置 3 后，再次调整，MACD 在 B 处形成死叉，这时位置 3 高于位置 1，相对应的 MACD 的

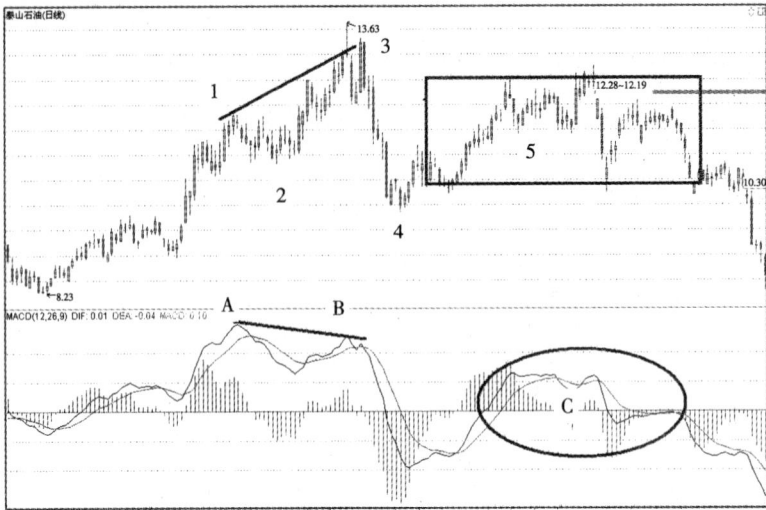

图 4-4　泰山石油

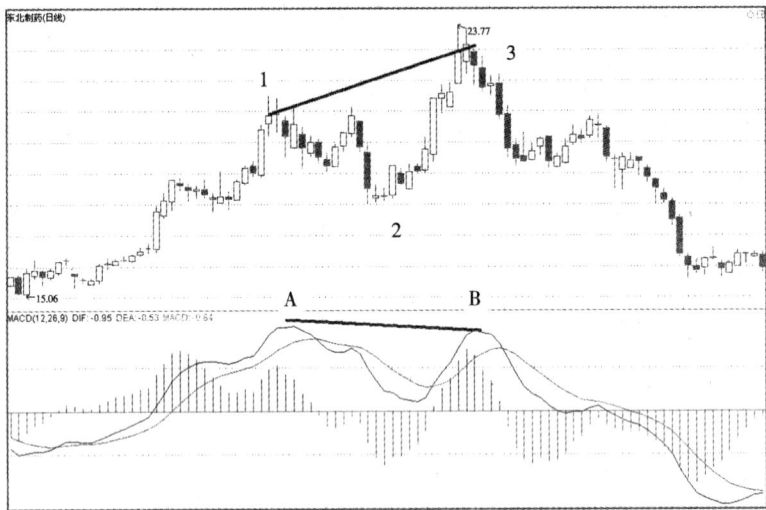

图 4-5　东北制药

B 处低于 A 处，形成顶背离，然后该股一路下跌，无休无止。

　　如图 4-6 所示，股票代码为 600589 的广东榕泰。该股经过一段时间的上涨，上涨到位置 1 后出现调整，随即 MACD 在 A 处形成死叉，当调整到位置 2 处时，结束调整开始上涨，MACD 随着上涨的开始再次形成金叉。当上涨到位置 3 后，再次调整，MACD 在 B 处形成死叉，这时位置 3 高于位置 1，相对应的 MACD 的 B 处低于 A 处，形成顶背离，然后该股一路下跌至位置 4 处止住跌势开始反弹，

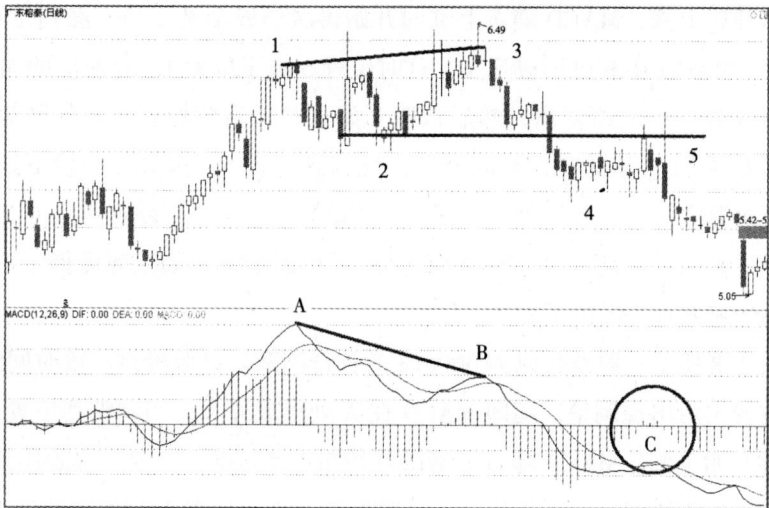

图 4-6　广东榕泰

随着反弹的进行 MACD 形成金叉，反弹到位置 5 仍接着开始下跌，这时 MACD
再次形成死叉，在 C 处形成了一个下跌加速点 C，下跌加速点形成以后该股又是
一路下跌，历时 44 个交易日又跌了将近 20%，而如果你懂得了顶背离就可以轻
易地避开这一段的下跌。

如图 4-7 所示，股票代码为 600193 的创兴资源。该股经过一段时间的上涨，
上涨到位置 1 后出现调整，随即 MACD 在 A 处形成死叉，当调整到位置 2 时，

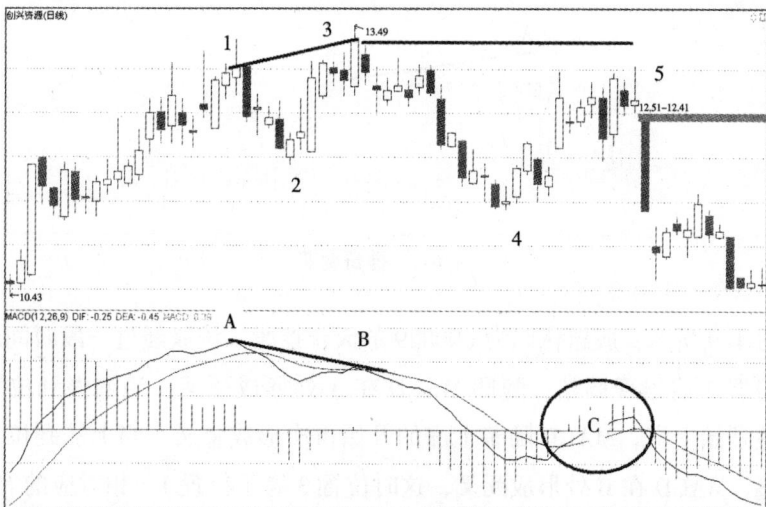

图 4-7　创兴资源

结束调整开始上涨，MACD 随着上涨的开始再次形成金叉。当上涨到位置 3 后，再次调整，MACD 在 B 处形成死叉，这时位置 3 高于位置 1，相对应的 MACD 的 B 处低于 A 处，形成顶背离，然后该股开始下跌，直到位置 4 止住跌势开始反弹，随着反弹的进行 MACD 形成金叉，反弹到位置 5，接着又开始下跌，这时 MACD 再次形成死叉，在 C 处形成了一个下跌加速点 C，下跌加速点 C 形成以后该股又是一路下跌，历时 21 个交易日又跌了将近 28%。如果你懂得了顶背离就可以轻易地避开这一段的下跌。

如图 4-8 所示，股票代码为 600613 的神奇制药。该股经过一段时间的上涨，上涨到位置 1 后出现调整，随即 MACD 在 A 处形成死叉，当调整到位置 2 处时，结束调整开始上涨，MACD 随着上涨的开始再次形成金叉。当上涨到位置 3 后，再次调整，MACD 在 B 处形成死叉，这时位置 3 高于位置 1，相对应的 MACD 的 B 处低于 A 处，形成顶背离，然后该股历时短短 22 个交易日跌了 30%。

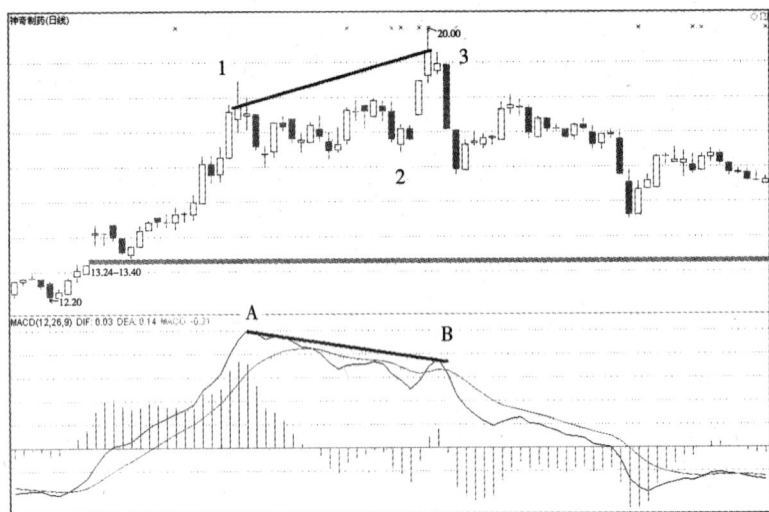

图 4-8 神奇制药

如图 4-9 所示，股票代码为 000829 的天音控股。该股经过一段时间的上涨，上涨到位置 1 后出现调整，随即 MACD 在 A 处形成死叉，当调整到位置 2 时，结束调整开始上涨，MACD 随着上涨的开始再次形成金叉。当上涨到位置 3 后，再次调整，MACD 在 B 处形成死叉，这时位置 3 高于位置 1，相对应的 MACD 的 B 处低于 A 处，形成顶背离，然后该股历时短短 16 个交易日跌了 30%。

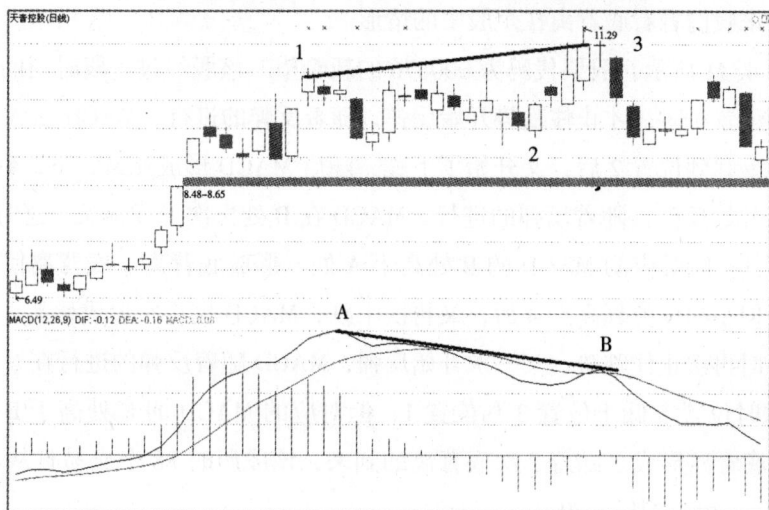

图 4-9　天音控股

如图 4-10 所示，股票代码为 300140 的启源装备。该股经过一段时间的上涨，上涨到位置 1 后出现调整，随即 MACD 在 A 处形成死叉，当调整到位置 2 时，结束调整开始上涨，MACD 随着上涨的开始再次形成金叉。当上涨到位置 3 后，再次调整，MACD 在 B 处形成死叉，这时位置 3 高于位置 1，相对应的 MACD 的 B 处低于 A 处，形成顶背离，然后该股历时 73 个交易日跌了 50%。

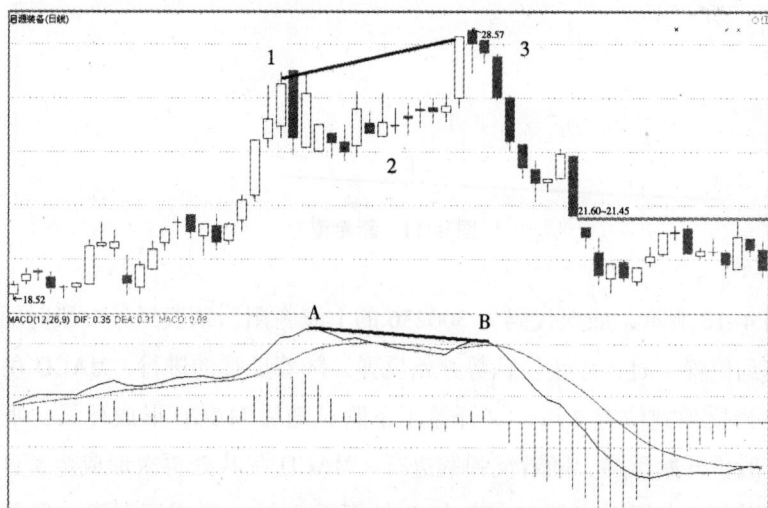

图 4-10　启源装备

接下来我们看看底背离在个股中的情形。

如图 4-11 所示，股票代码为 000876 的新希望。该股经过一段时间的大幅下跌，直到位置 1 时，才止住跌势开始反弹，随着反弹的进行，MACD 在 A 处形成金叉。当反弹到位置 2 后，又开始了下跌，随后 MACD 形成死叉，下跌到位置 3 后，股价开始反弹，随着反弹的进行，MACD 在 B 处再次形成金叉，这时位置 3 低于位置 1，但对应的 MACD 的 B 处高于 A 处，形成底背离。底背离使股价开始反弹，但小幅反弹到高点 4 后，又再次下跌，MACD 也再次形成死叉。当下跌到位置 5 时再次止住跌势，又一次开始反弹，MACD 随着反弹的进行在 C 处形成金叉，这时位置 5 低于位置 3 和位置 1，但对应的 MACD 的 C 处高于 B 处和 A 处，2 次底背离形成。随着 2 次底背离的到来，该股历时 88 个交易日从 8.81 元涨到 15.6 元，涨幅接近 70%。

图 4-11　新希望

如图 4-12 所示，股票代码为 300236 的上海新阳。该股经过一段时间的大幅下跌，直到位置 1 时，才止住跌势开始反弹，随着反弹的进行，MACD 在 A 处形成金叉。当反弹到位置 2 后，又开始了下跌，随后 MACD 形成死叉，下跌到位置 3 后，股价开始反弹，随着反弹的进行，MACD 在 B 处再次形成金叉，这时位置 3 低于位置 1，但对应的 MACD 的 B 处高于 A 处，形成底背离。底背离使股价开始反弹，但小幅反弹到位置 4 后，又再次下跌，MACD 也再次形成死叉。当下跌到位置 5 时再次止住跌势，又一次开始反弹，MACD 随着反弹的进行在 C 处形成金叉，这时位置 5 低于位置 3 和位置 1，但对应的 MACD 的 C 处高于 B 处和 A 处，2 次底背离形成。随着 2 次底背离的到来，到该书写作时，该股历时 59 个交易日从 23.30 元涨到 38.00 元，涨幅高达 65%，而且涨势还在继续。

图 4-12　上海新阳

如图 4-13 所示，股票代码为 600195 的中牧股份。该股经过一段时间的大幅下跌，直到位置 1 时，才止住跌势开始反弹，随着反弹的进行，MACD 在 A 处形成金叉。当反弹到位置 2 后，又开始了下跌，随后 MACD 形成死叉，下跌到位置 3 后开始反弹，随着反弹的进行 MACD 在 B 处再次形成金叉，这时位置 3 低于位置 1，但对应的 MACD 的 B 处高于 A 处，形成底背离。随着底背离的到来该股开始上涨，到本书写作即将完成之时涨幅已经到达 26%，而且还在继续。

如图 4-14 所示，股票代码为 600601 的方正科技。该股经过一段时间的大幅下跌，直到位置 1 时，才止住跌势开始反弹，随着反弹的进行，MACD 在 A 处形成金叉。当反弹到位置 2 后，又开始了下跌，随后 MACD 形成死叉，下跌到位置 3 后，股价开始反弹，随着反弹的进行，MACD 在 B 处再次形成金叉，这时位置 3 低于位置 1，但对应的 MACD 的 B 处高于 A 处，形成底背离。随着底背离的到来该股开始上涨，到本书写作即将完成之时涨幅已经到达 60%，而且还在继续。

图 4-13　中牧股份

图 4-14　方正科技

　　如图 4-15 所示，股票代码为 600677 的航天通信。该股经过一段时间的大幅下跌，直到位置 1 时，才止住跌势开始反弹，随着反弹的进行，MACD 在 A 处形成金叉。当反弹到位置 2 后，又开始了下跌，随后 MACD 形成死叉，下跌到位置 3 后开始反弹，随着反弹的进行，MACD 在 B 处再次形成金叉，这时位置 3 低于位置 1，但对应的 MACD 的 B 处高于 A 处，形成底背离。随着底背离的到来该股开始上涨，到本书写作即将完成之时涨幅已经到达 60%，而且还在继续。

图 4–15 航天通信

如图 4-16 所示，股票代码为 000878 的云南铜业。该股经过一段时间的大幅下跌，直到位置 1 时，才止住跌势开始反弹，随着反弹的进行，MACD 在 A 处形成金叉。当反弹到位置 2 后，又开始了下跌，随后 MACD 形成死叉，下跌到位置 3 后开始反弹，随着反弹的进行，MACD 在 B 处再次形成金叉，这时位置 3 低

图 4–16 云南铜业

于位置 1，但对应的 MACD 的 B 处高于 A 处，形成底背离。随着底背离的到来该股开始上涨，到本书写作即将完成之时涨幅已经达到 52%，而且还在继续。

如图 4-17 所示，股票代码为 600370 的三房巷。该股经过一段时间的大幅下跌，直到位置 1 时，才止住跌势开始反弹，随着反弹的进行，MACD 在 A 处形成金叉。当反弹到位置 2 后，又开始了下跌，随后 MACD 形成死叉，下跌到位置 3 后，股价开始反弹，随着反弹的进行 MACD 在 B 处再次形成金叉，这时位置 3 低于位置 1，但对应的 MACD 的 B 处高于 A 处，形成底背离。随着底背离的到来该股开始上涨，到本书写作即将完成之时涨幅已经达到 110%，而且还在继续。

图 4-17　三房巷

如图 4-18 所示，股票代码为 000673 的当代东方。该股经过一段时间的大幅下跌，直到位置 1 时，才止住跌势开始反弹，随着反弹的进行，MACD 在 A 处形成金叉。当反弹到位置 2 后又开始了下跌，随后 MACD 形成死叉，下跌到位置 3 后，股价开始反弹，随着反弹的进行，MACD 在 B 处再次形成金叉，这时位置 3 低于位置 1，但对应的 MACD 的 B 处高于 A 处，形成底背离。底背离使股价开始反弹，但小幅反弹到位置 4 后，又再次下跌，MACD 也再次形成死叉。当下跌到位置 5 时再次止住跌势，又一次开始反弹，MACD 随着反弹的进行在 C 处形成金叉，这时位置 5 低于位置 3 和位置 1，但对应的 MACD 的 C 处高于 B 处和 A 处，2 次底背离形成。随着 2 次底背离的到来，该股历时 83 个交易日从 8.06 元涨到17.50 元，涨幅高达 110%。

图 4-18　当代东方

如图 4-19 所示，股票代码为 300125 的易世达。该股经过一段时间的大幅下跌，直到位置 1 时，才止住跌势开始反弹，随着反弹的进行，MACD 在 A 处形成金叉。当反弹到位置 2 后，又开始了下跌，随后 MACD 形成死叉，下跌到位置 3 后，股价开始反弹，随着反弹的进行，MACD 在 B 处再次形成金叉，这时位置 3

图 4-19　易世达

低于位置 1，但对应的 MACD 的 B 处高于 A 处，形成底背离。随着底背离的到来该股开始上涨，到本书写作即将完成之时涨幅已经达到 45%，而且还在继续。

如图 4-20 所示，股票代码为 000735 的罗牛山。该股经过一段时间的大幅下跌，直到位置 1 时，才止住跌势开始反弹，随着反弹的进行，MACD 在 A 处形成金叉。当反弹到位置 2 后，又开始了下跌，随后 MACD 形成死叉，下跌到位置 3 后，股价开始反弹，随着反弹的进行，MACD 在 B 处再次形成金叉，这时位置 3 低于位置 1，但对应的 MACD 的 B 处高于 A 处，形成底背离。随着底背离的到来该股开始上涨，到本书写作即将完成之时涨幅已经达到 20%，而且还在继续。

图 4-20　罗牛山

第二节　加速点在个股中的应用

首先来看看下跌加速点在个股中的应用情况。

如图 4-21 所示，股票代码为 000004 的国农科技。该股经过一段时间的上涨，在位置 1 时开始下跌，随着下跌的进行，MACD 形成死叉。下跌到位置 2 后开始反弹，随着反弹的进行，MACD 形成金叉。当微弱地反弹到位置 3 后，又再次下跌，然后随着下跌的再次进行，MACD 也再次形成死叉，这时位置 3 低于位置 1，位置 3 对应的 MACD 的 B 处，其 BAR 彩色柱状线及 MACD 的数值低于位置 1 对应的 MACD 的 A 处的 BAR 彩色柱状线及 MACD 的数值，于是 MACD 在 B 处形成了下跌加速点 B。通过前面的学习我们知道指数形成下跌加速点后会下跌，那么个股形成了下跌加速点会不会下跌呢，我们往下看。从图 4-21 中我们看到，下跌加速点 B 形成后，股价进行了一波快速的下跌，跌破了前面的反弹的起点位置 2。当再次下跌到位置 4 后才止住跌势，然后再次反弹，随着反弹的进行，MACD 形成金叉。反弹到位置 5 后，股价又开始了下跌，随着股价的再次下跌，MACD 又再次形成死叉，此时位置 5 虽然高于位置 2，但低于位置 3，同时位置 5 对应的 MACD 的 C 处，其 BAR 彩色柱状线及 MACD 的数值，虽然高于位置 3 对应的 MACD 的 B 处的 BAR 彩色柱状线及 MACD 的数值，但低于位置 1 对应的 MACD 的 A 处的 BAR 彩色柱状线及 MACD 的数值，于是 MACD 在 C 处又形成了下跌加速点 C。刚才第一个加速下跌点 B 形成后，股价进行了一波下跌，那么现在第二个下跌加速点 C 形成后，会不会继续下跌呢。从图 4-21 中我们看到下跌的速度比第一个下跌加速点形成后下跌的速度更快、幅度更大。

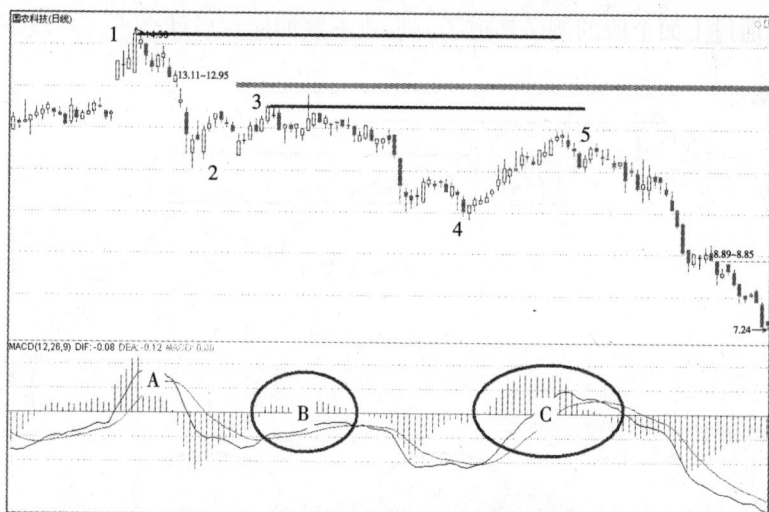

图 4-21　国农科技

如图 4-22 所示，股票代码为 000008 的宝利来。该股经过一段时间的上涨，在位置 1 处开始下跌，随着下跌的进行，MACD 形成死叉。下跌到位置 2 后开始反弹，随着反弹的进行，MACD 形成金叉。当微弱地反弹到位置 3 后再次下跌，然后随着下跌的再次进行，MACD 也再次形成死叉，这时位置 3 低于位置 1，位置 3 对应的 MACD 的 B 处，其 BAR 彩色柱状线及 MACD 的数值低于位置 1 对应的 MACD 的 A 处的 BAR 彩色柱状线及 MACD 的数值，于是 MACD 在 B 处形成了下跌加速点 B。下跌加速点 B 形成后，股价进行了一波快速的下跌，跌破了前面的反弹的起点位置 2。再次下跌到位置 4 后才止住跌势，然后再次反弹，随着反弹的进行，MACD 形成金叉。反弹到位置 5 后，股价又开始了下跌，随着股价的再次下跌 MACD 又再次形成死叉，此时位置 5 不仅低于位置 3，也低于第二次上涨的起点位置 2，位置 5 对应的 MACD 的 C 处，其 BAR 彩色柱状线及 MACD 的数值，虽然高于位置 3 对应的 MACD 的 B 处的 BAR 彩色柱状线及 MACD 的数值，但低于位置 1 对应的 MACD 的 A 处的 BAR 彩色柱状线及 MACD 的数值，于是 MACD 在 C 处又形成了下跌加速点 C。第二个下跌加速点 C 形成后，股价又开始了一波速度更快、幅度更大的下跌。我们现在回过头来分析一下，如果我们在位置 1 不慎买入了该股，那么我们在何处卖出呢。第一选择是在 MACD 形成死叉的 A 处卖出，如果在这个地方没有卖出股票，那么位置 3 也是我们第二卖出点，因为通过上面个股的例子知道了，形成下跌加速点后就会进行一波下跌，而

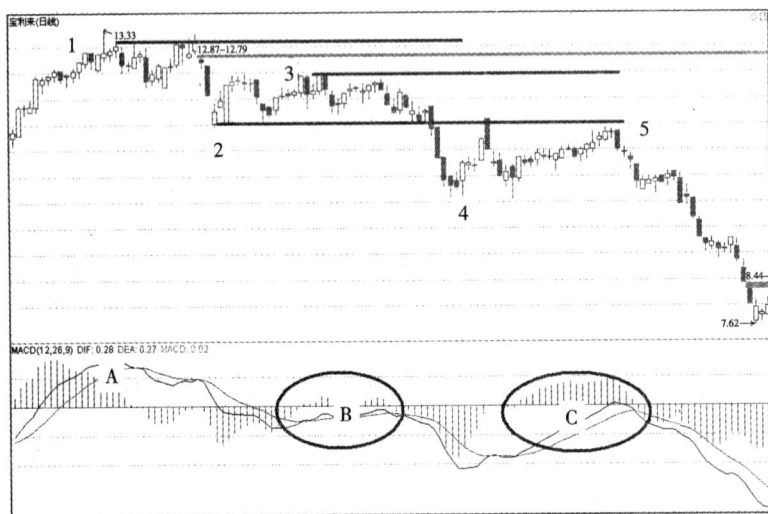

图 4-22　宝利来

且是快速地跌破前面的位置 2。如果我们没有在位置 3 卖出股票，那么位置 5 为我们的第三个卖出点，因为在位置 5 如果还不卖出，那么当第二个下跌加速点 C 形成后，股价将会进行一波比下跌加速点 B 还要快及幅度还要大的下跌。错过这次，你的亏损会不可估量，想让股价再回到这个位置 1，需要长期的等待和煎熬。

如图 4-23 所示，股票代码为 000524 的东方宾馆。该股经过一段时间的上涨，在位置 1 开始下跌，随着下跌的进行，MACD 形成死叉。下跌到位置 2 后开始反弹，随着反弹的进行，MACD 形成金叉。当反弹到位置 3 后，又再次下跌，随着股价的再次下跌，MACD 也再次形成死叉，这时位置 3 低于位置 1，位置 3 对应的 MACD 的 B 处，其 BAR 彩色柱状线及 MACD 的数值低于位置 1 对应的 MACD 的 A 处的 BAR 彩色柱状线及 MACD 的数值，于是 MACD 在 B 处形成了下跌加速点 B。下跌加速点 B 形成后，股价进行了一波快速的下跌，跌破了前面的反弹的起点位置 2。当再次下跌到位置 4 后才止住跌势，然后再次反弹，随着反弹的进行，MACD 形成金叉。反弹到位置 5 后，股价又开始了下跌，随着股价的再次下跌，MACD 又再次形成死叉，此时位置 5 不仅低于位置 3，也低于第二次上涨的起点位置 2，位置 5 对应的 MACD 的 C 处，其 BAR 彩色柱状线及 MACD 的数值，虽然高于位置 3 对应的 MACD 的 B 处的 BAR 彩色柱状线及 MACD 的数值，但低于位置 1 对应的 MACD 的 A 处的 BAR 彩色柱状线及 MACD 的数值，于是 MACD 在 C 处形成了一个下跌加速点 C。第二个下跌加速点 C 形成后，下跌到位置 6 后略微反弹一下到位置 7，然后又形成了一个下跌加速点 D，接着股价同样进行了一波速度更快、幅度更大的下跌。我们现在来看一下该股的卖出时机，如果我们在位置 1 不慎买入了该股，那么第一选择是在 MACD 形成死叉的 A 处卖出，如果在这个地方没有卖出股票，那么位置 3 是我们的第二卖出点，因为反弹到位置 3 形成下跌加速点后就会进行一波下跌，而且是快速地跌破前面的位置 2。如果我们没有在位置 3 卖出股票，那么位置 5 为我们的第三卖出点，因为在位置 5 如果你还不卖出，那么当第二个下跌加速点 C 形成后，股价将会进行一波比下跌加速点 B 还要快及幅度更大的下跌，好在这只股票提供了第四个卖出点位置 7，随后才进行了一波快速和大幅度的下跌，虽然来迟了但还是来了。如果错过位置 7 的卖出点，你的亏损就会加大，想让股价再回到这个位置 1，等待和煎熬是必需的。

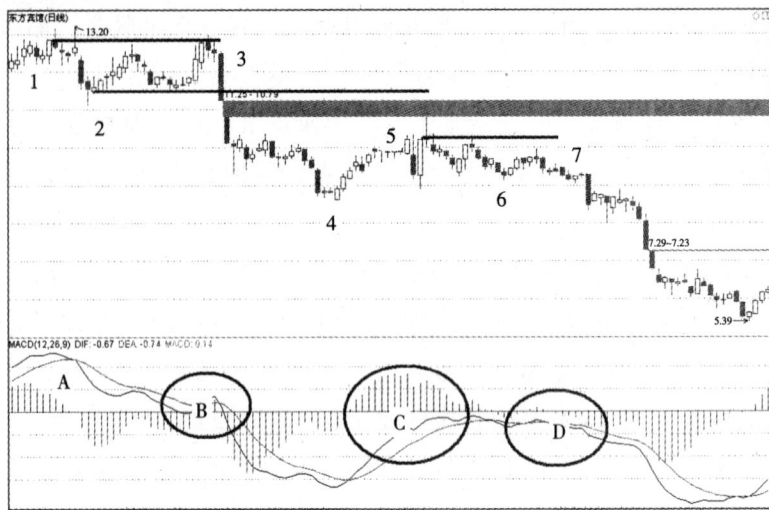

图 4-23　东方宾馆

　　如图 4-24 所示，股票代码为 600051 的宁波联合。该股经过一段时间的上涨，在位置 1 处开始下跌，随着下跌的进行，MACD 形成死叉。下跌到位置 2 后开始反弹，随着反弹的进行，MACD 形成金叉。当反弹到位置 3 后，又再次下跌，然后随着股价的再次下跌，MACD 也再次形成死叉，这时我们看到位置 3 低于位置 1，位置 3 对应的 MACD 的 B 处，其 BAR 彩色柱状线及 MACD 的数值低于位置 1 对应的 MACD 的 A 处的 BAR 彩色柱状线及 MACD 的数值，于是 MACD

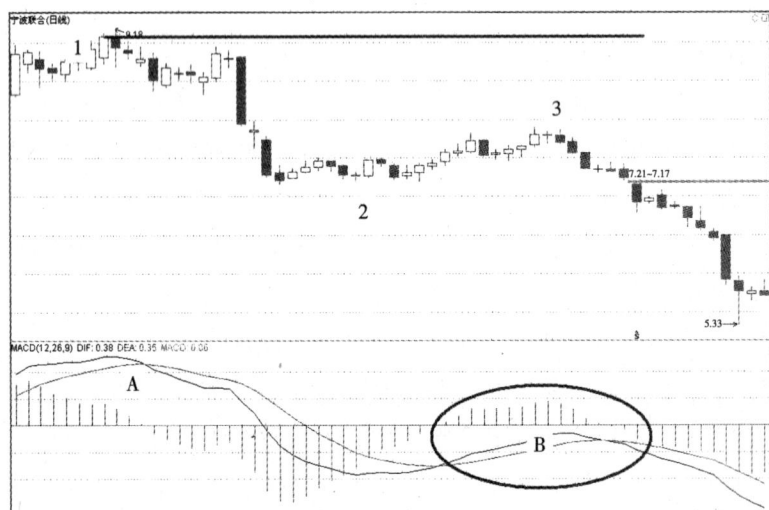

图 4-24　宁波联合

在 B 处形成了下跌加速点 B。下跌加速点 B 的形成，股价将会进行一波快速的下跌。现在再来分析一下卖出点，如果你在位置 1 不慎买入该股，在 A 处 MACD 形成死叉的时候是第一个卖出点，如果你没有卖出，那么接下来短短 11 个交易日，你将会产生将近 20% 的亏损。如果在形成下跌加速点 B 时的第二个卖出点你没有卖出，那么在接下来 17 个交易日，你又要出现将近 30% 的亏损。通过本例我们可以得出结论，以后再遇到股票形成第一个下跌加速点后就及时地卖出，不要等到第二个下跌点时再卖出。

　　如图 4-25 所示，股票代码为 600143 的金发科技。该股经过一段时间的上涨，在位置 1 开始下跌，随着下跌的进行，MACD 形成死叉。下跌到位置 2 后开始反弹，随着反弹的进行，MACD 形成金叉。当反弹到位置 3 后再次下跌，然后随着股价的再次下跌，MACD 也再次形成死叉，这时位置 3 低于位置 1，位置 3 对应的 MACD 的 B 处，其 BAR 彩色柱状线及 MACD 的数值低于位置 1 对应的 MACD 的 A 处的 BAR 彩色柱状线及 MACD 的数值，于是 MACD 在 B 处形成了下跌加速点 B。下跌加速点 B 形成后，股价进行了一波快速的下跌，跌破了前面的反弹的起点位置 2。当再次下跌到位置 4 后才止住跌势，然后又再次反弹，随着反弹的进行，MACD 形成金叉。反弹到位置 5 后，股价又开始下跌，随着股价的再次下跌，MACD 又再次形成死叉，此时位置 5 虽然高于位置 2，但低于位置 3，位置 5 对应的 MACD 的 C 处，其 BAR 彩色柱状线及 MACD 的数值，虽然高于位

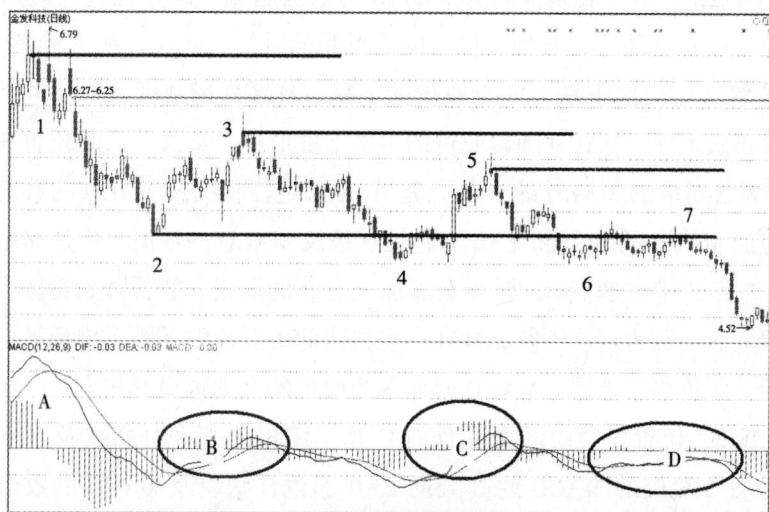

图 4-25　金发科技

置 3 对应的 MACD 的 B 处的 BAR 彩色柱状线及 MACD 的数值，但低于位置 1 对应的 MACD 的 A 处的 BAR 彩色柱状线及 MACD 的数值，于是 MACD 在 C 处又形成了一个下跌加速点 C。第二个下跌加速点 C 形成后，股价下跌到位置 6 后略微反弹一下到位置 7，然后又形成了一个下跌加速点 D，接着该股进行了一波速度更快、幅度更大的下跌。现在来看该股的卖出时机，如果在位置 1 不慎买入了该股，那么在何处卖出呢，第一个选择当然是在 MACD 形成死叉的 A 处卖出。如果在这个地方没有卖出股票，那么在位置 3 是第二个卖出点，因为反弹到位置 3 的时候，形成下跌加速点后就会进行一波下跌，而且是快速地跌破前面的位置 2。如果我们没有在位置 3 卖出股票，那么位置 5 为第三个卖出点，因为在位置 5 如果你还不卖出，那么当第二个下跌加速点 C 形成后，股价将会进行一波比下跌加速点 B 还要快及幅度还要大的下跌，好在这只股票还提供了第四个卖出点位置 7，随后才进行了一波快速和大幅度的下跌，虽然来迟了但还是来了。如果错过位置 7 的卖出点，你的亏损就又会加大，想让股价再回到这个位置 1 处，将是漫长的过程。

前面讲了在你不慎错误地买入股票后卖出时机的选择。下面我们来讲如何在正确的时间买入正确的股票，而不会再在错误的时间买入错误的股票。怎么在正确的时间买入正确的股票呢，上涨加速点让你轻松买入就赚钱，不再受套牢的煎熬，割肉的日子也将离你远去。

如图 4-26 所示，股票代码为 600150 的中国船舶。该股经过一段时间的下跌，在位置 1 止住跌势，开始反弹，随着反弹的进行，MACD 在 A 处形成金叉。反弹到位置 2 后再次下跌，随着股价的下跌，MACD 形成死叉。下跌到位置 3 后，股价再次上涨，MACD 随着股价的再次上涨形成了金叉，这时位置 3 高于位置 1，位置 3 对应的 MACD 的 B 处，其 BAR 彩色柱状线及 MACD 的数值高于位置 1 对应的 MACD 的 A 处的 BAR 彩色柱状线及 MACD 的数值，于是 MACD 在 B 处形成了一个上涨加速点 B。随着上涨加速点 B 的形成，股价开始再次上涨，上涨到位置 4 后，股价再次下跌，MACD 也再次随着股价的下跌形成死叉。下跌到位置 5 后，股价再次上涨，MACD 同样因为股价的上涨再次形成金叉，此时位置 5 高于位置 3，位置 5 对应的 MACD 的 C 处，其 BAR 彩色柱状线及 MACD 的数值大于位置 3 对应的 MACD 的 B 处的 BAR 彩色柱状线及 MACD 的数值，于是 MACD 在 C 处又形成了一个上涨加速点 C，随着上涨加速点 C 的形成，股价继续上涨。但仅仅上涨到位置 6 股价又再次下跌，随着股价的再次的下跌，MACD 也再次形成死叉，仅仅微弱地下跌到位置 7 后，股价又开始了上涨，MACD 再次随着股价的上涨形成金叉。这时我们看到位置 7 高于位置 5，位置 7 对应的 MACD 的 D 处，其 BAR 彩色柱状线及 MACD 的数值高于位置 5 对应的 MACD 的 C 处的 BAR 彩色柱状线及 MACD 的数值。于是 MACD 的 D 处又形成了一个上涨加速点 D，随着上涨加速点 D 的形成，这次的上涨幅度比前面 3 次的任何 1 次都大，股价有加速上涨的趋势。当股价快速地上涨到位置 8 后，再次开始下跌，MACD 也随着股价的下跌形成死叉。股价仅仅下跌到位置 9 后，就再次上涨，随着股价的再次上涨 MACD 也再次金叉，这时位置 9 不仅高于位置 7，还高于位置 6，说明调整得非常强势，同时位置 9 对应的 MACD 的 E 处，其 BAR 彩色柱状线及 MACD 的数值大于位置 7 对应的 MACD 的 D 处的 BAR 彩色柱状线及 MACD 的数值，于是 MACD 的 E 处又形成了一个上涨加速点 E。上涨加速点 E 形成后，股价进一步地上涨，上涨到位置 10 后股价再次开始调整，随着股价调整的进行，MACD 形成死叉。当调整到位置 11 时，股价再次上涨，随着股价的上涨，MACD 形成金叉，此时位置 11 高于位置 9，与位置 8 基本持平，位置 11 对应的 MACD 的 F 处，其 BAR 彩色柱状线虽然低于位置 9 和位置 7 分别对应的 E 处和 D 处，但是其 MACD 的数值是大于位置 7 对应的 D 处的 MACD 的数值，于是 MACD 在 F 处形成了上涨加速点 F，随着上涨加速点 F 的形成，这次股价的上涨是迅速和猛烈的。

现在分析一下这只股票的买入点。

第一买入点，位置 1 MACD 的 A 处金叉之时。这是肯定的，但是我们不建议投资者在这个位置买入股票，因为股票经过前段时间的下跌，我们并不一定能确认股价在这个金叉处就能形成止跌，再说即使在这个位置止跌，股价也不一定能快速地上涨。

第二买入点，位置 3 处再次上涨并且 MACD 形成金叉之时。因为此时形成了第一个上涨加速点 B，上涨加速点 B 的形成基本可以确定要上涨，但上涨的快慢还没有办法确认，如果你是个长线投资者可以在这里先买入一点，如果你不是，那么再等等。

第三买入点，位置 5 处再次上涨并且 MACD 形成金叉，从而 MACD 再一次形成上涨加速点 C 时。在第二买入点已经可以确认该股会上涨，现在更加确定会

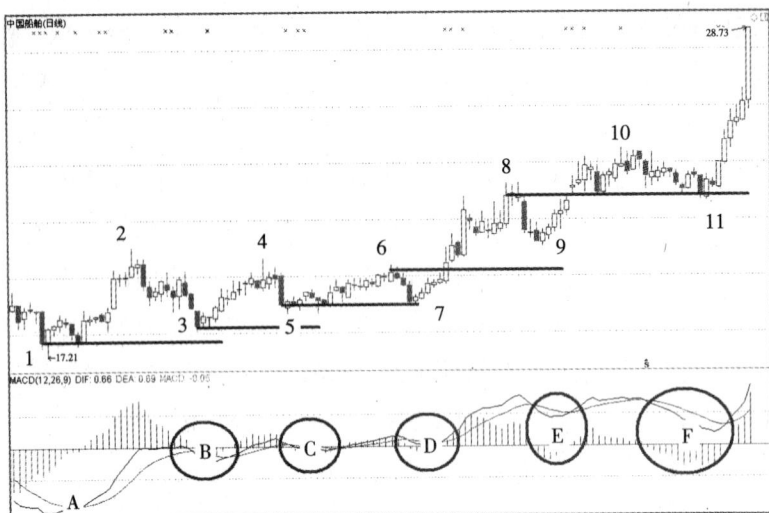

图 4-26　中国船舶

上涨，此刻如果你不是一个激进的追求短线快速盈利的投资者，那么你应该在此点买入一部分。如果之前已经买入了，那么在这个地方就可以加仓了。

第四买入点，位置 7 处 MACD 再一次形成上涨加速点 D 之时，这也是最佳的买入点。因为经过这一段时间的观察我们已经完全可以确定，该股有资金介入，并且有建仓完毕的迹象，如果我们把位置 1 看作主力资金初期介入点的话，那么经过这么长时间的建仓，现在已经到了要拉升脱离成本区的阶段。如果在位置 7 的第四买入点你还是没有买入，你是在怀疑这只股票没有资金吗？那么当我们看到从位置 7 进行了一波比前面任何一次加速点形成后都快速的拉升，现在你还怀疑这只股票没有资金介入吗？

第五买入点，当位置 9 处 MACD 又形成了一个上涨加速点 E 时，这个时候如果这只股票一直在你的自选股里而此时你还不买入，那是不可原谅的事情。

第六买入点，当该股票从位置 9 再次拉升到位置 10，然后调整到位置 11，并且 MACD 再次形成上涨加速点 F 时，也是最后的介入点。如果你在第四个介入点位置 7，第五个介入点位置 9 都没有买，在位置 11 第六个介入点，你也肯定不会买，因为位置 11 对你来说点位已经很高了，你会想它回调深一点再买。但主力资金会给你机会吗？显然不会。还是那句话，在股市里小心谨慎是必需的，但如果是过分地小心谨慎，那么你将会一次又一次地错过买入的最佳时机，然后就会一次又一次与快速上涨的股票失之交臂。不要试图买在快速拉升的启动点，那是可遇而不可求的事情，或许某一只股票你碰巧正好在它启动前刚好看到，否则你基本不可能买在启动前一秒；更不要去做短线交易，那样你的生活会完全被股票左右。

　　如图 4-27 所示，股票代码为 600091 的 ST 明科。该股经过一段时间的下跌，在位置 1 止住跌势，开始反弹，随着反弹的进行，MACD 在 A 处形成金叉。反弹到位置 2 后再次下跌，随着股价的下跌，MACD 形成死叉。当再次下跌到位置 3 后，股价再次上涨，MACD 随着股价的再次上涨形成了金叉，这时我们看到位置 3 高于位置 1，位置 3 对应的 MACD 的 B 处，其 BAR 彩色柱状线及 MACD 的数值高于位置 1 对应的 MACD 的 A 处的 BAR 彩色柱状线及 MACD 的数值，于是 MACD 在 B 处形成了一个上涨加速点 B。随着上涨加速点 B 的形成，股价开始再次上涨，上涨到位置 4 后，股价再次下跌，MACD 也再次随着股价的下跌形成死叉。下跌到位置 5 后，股价再次上涨，MACD 同样随着股价的上涨再次形成了金叉，此时位置 5 高于位置 3，位置 5 对应的 MACD 的 C 处，其 BAR 彩色柱状线虽然低于位置 3 对应的 MACD 的 B 处的 BAR 彩色柱状线，但是其 MACD 的数值大于位置 3 对应的 MACD 的 B 处的 MACD 的数值，于是 MACD 在 C 处又形成了一个上涨加速点 C，随着上涨加速点 C 的形成，股价继续上涨。但仅仅上涨到位置 6 后股价又再次下跌，随着股价的再次的下跌，MACD 也再次形成死叉，仅仅

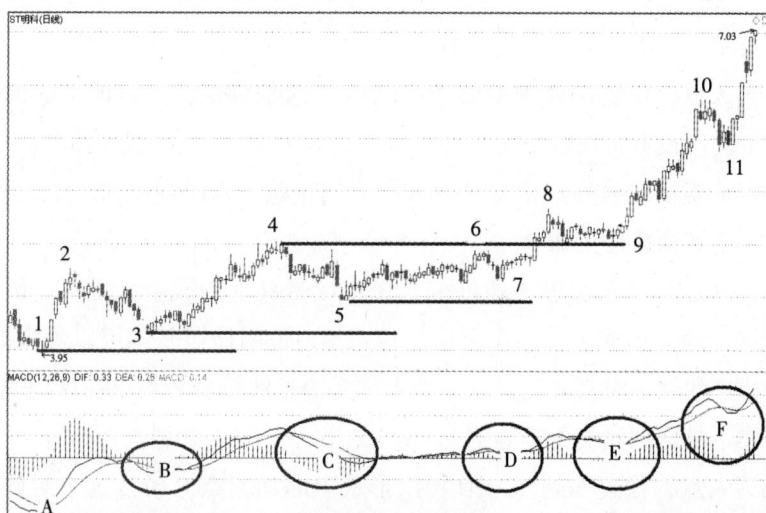

图 4-27　ST 明科

微弱地下跌到位置 7 后，股价又开始了上涨，MACD 再次随着股价的上涨形成金叉。这时位置 7 高于位置 5，位置 7 对应的 MACD 的 D 处，其 BAR 彩色柱状线及 MACD 的数值高于位置 5 对应在 MACD 的 C 处的 BAR 彩色柱状线及 MACD 的数值。于是 MACD 在 D 处又形成了一个上涨加速点 D，随着上涨加速点 D 的形成，股价再次上涨。这次的上涨冲过了前面的高点位置 4，当股价上涨到位置 8 后，才再次开始下跌，MACD 也随着股价的下跌形成死叉，股价仅仅下跌到位置 9，就再次开始上涨。随着股价的再次上涨，MACD 也再次形成金叉，这时我们看到位置 9 不仅高于位置 7，还高于位置 6，同时还高于前面的高点位置 4，说明下跌调整非常强势，同时位置 9 对应的 MACD 的 E 处，其 BAR 彩色柱状线虽然低于位置 7 对应的 MACD 的 D 处的 BAR 彩色柱状线，但其 MACD 的数值大于位置 7 对应的 MACD 的 D 处的 MACD 的数值，于是 MACD 的 E 处又形成了一个上涨加速点 E。上涨加速点 E 形成后，股价开始了一波快速的上涨，上涨到位置 10 后股价再次开始调整，随着股价调整的进行，MACD 形成了死叉。但仅仅略微调整到位置 11，股价就再次开始上涨，随着股价的上涨 MACD 形成金叉，此时位置 11 高于位置 9，也高于位置 8，位置 11 对应的 MACD 的 F 处，其 BAR 彩色柱状线虽然低于位置 9 和位置 7 分别对应的 E 处和 D 处，但是其 MACD 的数值是大于位置 7 对应的 MACD 的 E 处的 MACD 的数值，于是 MACD 在 F 处形成了上涨加速点 F。随着上涨加速点 F 的形成，这次股价的上涨是迅速和猛烈的。

现在我们来分析一下这只股票的买入点。

第一买入点，位置 1 处 MACD 金叉之时。这是肯定的，就像上面的例子一样，我们不建议投资者在这个位置买入股票，因为股票经过前段时间的下跌，我们并不一定能确认股价在这个金叉处就能形成止跌，再说即使在这个位置止跌，股价也不一定能快速地上涨。

第二买入点，是在位置 3 处再次上涨并且 MACD 形成金叉之时。因为此时我们知道这个地方形成了第一个上涨加速点 B，说明该股基本可以确定要上涨，但上涨的快慢我们还没有办法确认，如果你是个长线投资者可以在这里先买入一点，如果你不是，那我们再等等吧。

第三买入点，位置 5 处 MACD 再次形成上涨加速点 C 时。这个时候我们已经可以确认该股会上涨，此刻如果你不是个激进的短线投资者，那么你可以在此点买入一些，如果在上一个加速上涨点 B 你已经买入了一部分，那么在这个位置就可以放心地加仓了。

第四买入点，当到了位置 7 处该股 MACD 再次形成上涨加速点 D 之时，这是第四个入点，也是最佳的买入点。因为经过这一段时间的观察我们已经完全可以确定，该股有资金介入，并且有建仓完毕的迹象，同样如果我们把位置 1 看作主力资金初期介入点的话，那么经过这么长时间的建仓，现在已经到了要拉升脱离建仓成本区的时候，这个时候买入让主力资金抬轿子，是多么惬意的事情。

第五买入点，如果在位置 7 处的第四个买入点你还是没有买入，你是在怀疑这只股票是没有主力资金在运作，还是你嫌现在的拉升速度慢？那么当我们看到该股从位置 7 拉升突破前面的高点位置 4，上涨到位置 8，并且再次下跌调整到位置 9，而且位置 9 是高于位置 4 时，现在你还在怀疑这只股票没有资金介入吗？当该股在位置 9 处 MACD 又形成了一个上涨加速点 E 时，这是我们的第五个介入点。这个时候如果这只股票一直在你的自选股里而此时你还不买入，那你还想在等什么位置买入呢。

第六买入点，当该股票从位置 9 再次拉升到位置 10，然后调整到位置 11，并且 MACD 再次形成上涨加速点 F 时，这是我们的第六个介入点，也是最后的介入点，但我相信你又错过了。

如果你在第四个买入点位置 7、第五个买入点位置 9 都没有买，在位置 11 第六个买入点，你也肯定不会买，因为位置 11 相对位置 1 已经涨了接近 50%，即使相对位置 9 也涨了 15%，这样的位置对你来说是不可想象的高了，你会想在它回调后再买。但主力资金好不容易让你踏空了，会让你再买到低的点位吗？显然不可能，没有主力机构会做这种好人好事。回调不可能，你又不愿意追高买，那么你只能再一次地错过一只好股票。而经过这两个例子的学习，以后你还会不会错过呢？

如图 4-28 所示，股票代码为 002183 的怡亚通。该股经过一段时间的下跌，在位置 1 处止住跌势，开始反弹，随着反弹的进行，MACD 在 A 处形成金叉。反弹到位置 2 后再次下跌，随着股价的下跌，MACD 又再次形成死叉。当再次下跌到位置 3 后，股价再次上涨，MACD 随着股价的再次上涨形成金叉。这时位置 3 高于位置 1，位置 3 对应的 MACD 的 B 处，其 BAR 彩色柱状线及 MACD 的数值高于位置 1 对应的 MACD 的 A 处的 BAR 彩色柱状线及 MACD 的数值，于是

图 4-28 怡亚通

MACD 在 B 处形成了一个上涨加速点 B。随着上涨加速点 B 的形成，股价开始再次上涨，上涨到位置 4 后，股价再次下跌，MACD 也再次随着股价的下跌形成死叉。下跌到位置 5 后，股价又再次上涨，MACD 同样随着股价的上涨再次形成金叉，此时位置 5 高于位置 3，位置 5 对应的 MACD 的 C 处，其 BAR 彩色柱状线虽然略微低于位置 3 对应的 MACD 的 B 处的 BAR 彩色柱状线，但是其 MACD 的数值大于位置 3 对应的 MACD 的 B 处的 MACD 的数值，于是 MACD 在 C 处又形成了一个上涨加速点 C，随着上涨加速点 C 的形成，股价继续上涨。这次冲过前面的高点 2 和高点 4，到达位置 6 后股价才再次下跌，随着股价的再次下跌，MACD 也再次形成死叉，下跌到位置 7 后，股价又开始上涨，MACD 再次随着股价的上涨形成金叉。这时位置 7 高于位置 5，位置 7 对应的 MACD 的 D 处，其 BAR 彩色柱状线虽然低于位置 5 对应的 MACD 的 C 处的 BAR 彩色柱状线及位置 3 对应的 MACD 的 B 处的 BAR 彩色柱状线。但其 MACD 的数值高于位置 3 对应的 MACD 的 B 处的 MACD 数值，于是 MACD 在 D 处形成了上涨加速点 D，随着上涨加速点 D 的形成，该股开始了一波快速的上涨。

现在我们来分析该股的买入点。

第一买入点，位置 1 处 MACD 在 A 处金叉的地方，当然了这个地方是不建议大家介入的，因为这个地方即使我们判断该股能涨，但折腾是必需的，我们可以等待但不应该做无谓的等待。

第二买入点，位置 3 处 MACD 在 B 处金叉的地方，这里形成了第一个上涨加速点 B，但此时建议可以少量买入一些。因为对大多数人来说，持有了一只股票你就会时常关注它，以后不至于忘掉它。同时，既然我们判断出该股要涨，并且已经折腾了一下，我们打点底仓不至于万一该股直接上去了我们错过了最佳的建仓时机。

第三买入点，位置 5 处 MACD 形成第二个上涨加速点 C 的地方，既然已经形成了第二个上涨加速点 C，那么股票上涨趋势基本可以确立，此刻选择买入或者加仓就是必选了。

第四买入点，位置 7 处 MACD 形成第三个上涨加速点 D 的位置，这也是最佳的买入点，在这之前如果你一直在观察该股，那么现在就可以最大仓位地介入。因为股票经过前一段时间的建仓，现在到了要拉升脱离成本区的时候。如果你不在这最后的时机买入，以后将不会再有这么低的价格让你介入。如果你还想买入该股，那么只有追高选择了。

从图 4-28 看到，该股没有再给我们像前面例子一样的第五、第六个介入点，而是直接进行了一波拉升，从第四个介入点算起，短短 31 个交易日涨幅高达 72%，如果没有在第四介入点介入，以后你还敢追吗？笔者认为你不会，因为你太想买在起涨了，给主力机构一点空间，你的收获会更大。所以当你发现一只股票形成了上涨加速点，那么你在第一个上涨加速点就应该少量地介入，在第二个上涨加速点可以进一步地加仓，但最晚要在第三个上涨加速点形成之时满仓介入。这样就不会出现为追高还是不追高而纠结了。

如图 4-29 所示，股票代码为 600052 的浙江广厦。该股经过一段时间的下跌，在位置 1 处止住跌势，开始反弹，随着反弹的进行，MACD 在 A 处形成金叉。反弹到位置 2 后再次下跌，随着股价的下跌，MACD 形成死叉。当再次下跌到位置 3 后，股价再次上涨，MACD 随着股价的再次上涨又形成金叉，这时位置 3 高于位置 1，位置 3 对应的 MACD 的 B 处，其 BAR 彩色柱状线及 MACD 的数值高于位置 1 对应的 MACD 的 A 处的 BAR 彩色柱状线及 MACD 的数值，于是 MACD 在 B 处形成了一个上涨加速点 B。随着上涨加速点 B 的形成，股价开始再次上涨，上涨到位置 4 后，股价再次下跌，MACD 也再次随着股价的下跌形成死叉。下跌到位置 5 后，股价又再次上涨，MACD 同样随着股价的上涨再次形成金叉，此时位置 5 高于位置 3，位置 5 对应的 MACD 的 C 处，其 BAR 彩色柱状线及 MACD 的数值高于位置 5 对应的 MACD 的 B 处的 BAR 彩色柱状线及 MACD 的数值，于是 MACD 在 C 处又形成了上涨加速点 C。随着上涨加速点 C 的形成，股价继续上涨，然后短短 25 个交易日，该股涨幅达到 80% 之多。

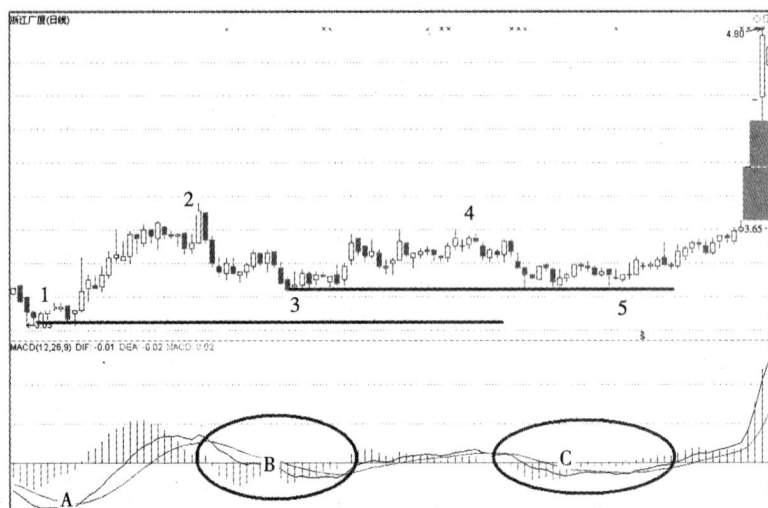

图 4-29　浙江广厦

现在来分析该股的买入点。

第一买入点，位置 1 处 MACD 在 A 处金叉的地方。前面已经强调过几次，这个地方是不建议大家介入的，因为这个地方即使我们判断该股能涨，但很少会快速上涨，我们要做的是观察与等待，当然了如果你想做个短线那也是可行的。

第二买入点 B，位置 3 处 MACD 在 B 处金叉的地方，在这里 MACD 形成了第一个上涨加速点 B，此时同样建议要先期地少量买入一些，不管以后涨得快还是慢，我们打点底仓总不会错。

第三买入点，位置 5 处 MACD 形成第二个上涨加速点 C 的地方，既然已经形成了第二个上涨加速点，那么股票上涨趋势基本就可以确立了，既然能确定以后要涨，那么加仓就没有可犹豫的了，只有有了一定的仓位我们在后面才能更好地操作，后面如果直接上去了，我们因为有了一定的仓位，我们可以选择加仓或者不加仓。如果不想追高（因为我们手中已经有了该股），就不会错过，如果加仓（因为我们已经是盈利的），做起来心里就更踏实。

该股在形成第二个上涨加速点后，稍作停留就直接上去，没有形成第四、第五个介入点，就别说第六个介入点了，而且后面连续两个一字涨停板，根本不给你追高的机会。当不再涨停时，该股已经上涨了 30%，恐怕此时如果你手中没有一定的仓位，当打开一字涨停板的时候，你是不愿意追了吧。如果你手中有该股，那么你就会愿意再买入一点，即使你不再加仓但你也没有错过这只股票，后面就又有了 50% 的涨幅，这就是笔者为什么强调一定要先期买入一些的原因。

如图 4-30 所示，股票代码为 000790 的华神集团。该股经过一段时间的下跌，在位置 1 止住跌势，开始反弹，随着反弹的进行，MACD 在 A 处形成金叉。反弹到位置 2 后再次下跌，随着股价的下跌 MACD 形成死叉。当再次下跌到位置 3 后，股价再次上涨，MACD 随着股价的再次上涨又形成了金叉，这时位置 3 高于位置 1，位置 3 对应的 MACD 的 B 处，其 BAR 彩色柱状线及 MACD 的数值高于位置 1 对应的 MACD 的 A 处的 BAR 彩色柱状线及 MACD 的数值，于是 MACD 在 B 处形成了一个上涨加速点 B。随着上涨加速点 B 的形成，股价开始再次上涨，然后 12 个交易日内该股涨幅达到 30% 多。

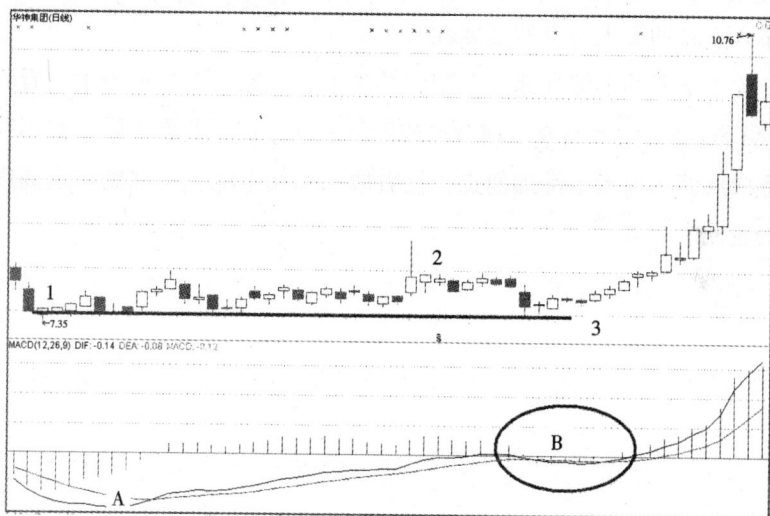

图 4-30　华神集团

该股买入点分析。

第一买入点，位置 1 处 MACD 在 A 处金叉的地方，尽管不建议大家在这个地方买入，但是我们看到 MACD 形成金叉的时候，要把它选入自选股里，留待以后观察，当然短线做做也是无妨的。

第二买入点，位置 3 处 MACD 在 B 处金叉的地方，在这里 MACD 形成了第一个上涨加速点 B，在第一个上涨加速点 B 形成后的位置，笔者始终建议要先期地少量买入一些。

因为没有谁能准确地判断出一只股票何时启动，但是只要经过认真的学习并且领悟了学习的内容，判断出一只股票未来是涨还是跌，那还是没有问题的。经过了前面的学习，我们已经知道，在上涨加速点形成以后，该股以后一定会上涨，只是我们不能判断出是现在就快速上涨，还是要经过几次上涨加速点的形成后才能上涨。为保险起见，我们要在第二介入点出现后先期买入一点。假如你碰巧选到一只股票，万一它在第一个加速点形成后就开始上涨，那么我们因为手中有了该股，就不会慌忙地做出买入与否的决定，而且做加仓或者不加仓的决定时，也就不会那么纠结了。不纠结时心态就会好，心态好你做决定的正确率就会提高，正确率提高了你的盈利自然就上来了。从图 4-30 看到，这只股就是我们碰巧选到的第一个上涨加速点形成后便开始上涨的个股。其实市场中有很多这样的股票，笔者把它选出来，并且放在最后一个例子介绍，就是为了让大家明白，在第二买入点先期买入一点的重要性。

到此关于个股的上涨加速点介绍就结束了，大家可以到市场中去看看，股票的 K 线运行轨迹，就是形成了顶背离或者下跌加速点后股票下跌，然后跌到一定程度后形成底背离或者上涨加速点，接着股票开始上涨，等涨到一定高度后又开始下跌的轮回。

第五章 股市操作特别提醒

第一节 关于投资理念的特别提醒

（1）无论你是想投机还是投资，在股市里你想成为赚钱者中的一员，你必须做到：定位准确，思路清晰，性格坚强，准备充分，操作果断的人。

股市里大赢家，尽管他们的赢钱方式有所不同，有的擅长投资，有的精于投机，有的是中长线，有的搞短线，但他们没有一个是靠运气，更不会靠内幕消息发财的。股市是个高风险市场，机会、运气怎么会都给你一个人呢？你越想撞大运，机会就越离你遥远。靠内幕消息那就更不可靠了，你是谁呀，人家凭什么把内幕消息无私地透露给你呀。再说了市场上有那么多上市公司，你有多大能量能搞到那么多上市公司的内幕消息。因此，那些热衷于内幕消息的人，最后什么也不会得到，白白地浪费时间和精力。在股市唯有锻炼自己才能立于不败之地。怎么锻炼自己，那就要做到 20 字秘诀：定位准确、思路清晰、性格坚强、准备充分、操作果断。这样你才能在股市这个高风险的市场上做到输少赢多，抓住大机会。

定位准确，就是你在股市里制定的机会、策略、方法要与你的本身特点一致。如果你是个对市场敏感型的人，你可以做投机，通过做短线博取差价；如果你善于财务分析，那么你可以做投资，通过价值发现来获取相应的投资回报；如果既不敏感又不具有分析能力，你可以做 ETF 或者创新型基金，因为这两个你只要能判断大盘就行。相信读过本书的朋友，对判断大盘应该没有什么问题了。

思路清晰，作为个人投资者，就相当于你开了公司，但公司的所有事物都需要你一个人亲自打理。投资目标的选定、做多做空时机的把握、如何止盈止损等一系列问题，都需要你提前理清个思路来，切不可是一本糊涂账。历史反复证明，在高风险的地方干事，要想立住阵脚有所发展、有所作为，没有清晰的思路是不可行的。

性格坚强，生活中经常看到感觉不如自己的人，但他们为什么就能成就大事，干出一番轰轰烈烈的伟业。其原因是他们的思路与我们不一样，同时性格也是一个极其重要的因素。凡成大事者都要有一个坚定不移的性格，遇事有主见，经得起诱惑，勇于挑战，遇到挫折不低头、不抱怨，有一种不达目的誓不罢休的豪气。你不要指望一个做事优柔寡断、人云亦云、经不起诱惑、碰到问题垂头丧气的人能干出多大的事。

准备充分，股市就是战场，不打无准备之仗。笔者经常听到一些对股市一无所知的人，动辄拿几百上千万元就敢一头扎进股市，最后亏了50%以上才知道股市凶险，笔者真佩服他们的胆量。你如果不想成为这样的人，那么你就必须在进入股市之前，对股市有充分的了解和观察，进入股市先拿万儿八千的先练手再说，等你有了一定能力以后再进不迟。正所谓：兵马未动，粮草先行。

操作果断，股市风险和机会也一样的多，但有时候机会是稍纵即逝，难以想象举棋不定的人，怎么去规避股市中的高风险和抓住股市的大机会。股市的经验告诉我们，要在股市里真正做到趋利避害，就要做到坚决果断，不能患得患失。

（2）谨慎买进，果断卖出，这是股市里盈利者的一贯思路。切不可采取与之相反的做法。但令人遗憾的是，股市里很多投资者，尤其是缺乏股市操作经验的中小散户，在谨慎和果断两者之间，踏反了节拍，他们不是谨慎买进，果断卖出，而是谨慎卖出，果断买进。买进股票时仅仅是临时决策，一时冲动地买入，一旦被套后不及时止损，结果是越套越深，是不肯认输离场，总觉得割肉太吃亏了，期望能反弹出局，但反弹真的来了时，就又希望反弹得更高一些。结果就是越是犹豫，反而越套越深。

（3）不要把投资理念跟市场炒作题材混为一谈，何为投资理念，从广义来说，就是对股市运作的正确认识和实践。例如行情在疯狂中结束，在绝望中诞生。投资者如能在别人都疯狂时主动及时退出，在人人谈股色变时积极建仓，那么这时你就具备了一定的投资理念。同时买股要看国家大事，紧跟政策走。黑马一定是从超跌、股本扩张能力强、高成长的个股中产生，同时黑马一定会跟着大盘同步而起，很少会逆势而行。而市场的炒作题材则不同，当主力感到什么题材对他们发动行情有用，他们就会把这个题材吹得天花乱坠，而行情一结束，这种题材跌势会一路下行，毫无反弹之力。

（4）闲钱炒股，炒股一定要使用自己的闲钱，不能借钱炒股。

生活中可以借钱，但股市中绝不可借钱。借钱炒股的危害性极大，它可能把你推向绝境，这绝不是危言耸听。试想在股市里亏了套了，如果是自有资金，有的人大不了不割肉，在那放个三年五载的，熬过了冬天最后还能回来，就算最后不能回来，反正是闲钱，就当买个教训。而如果是你借来的钱，你能在那放那么长时间吗？如果是从朋友那里借来的，最后不只朋友没得做，如果是银行等其他渠道融资来，那些利息你付得了吗？何况融来的钱是有期限的，借款到期，你要么亏本割肉还钱，要么用其他资产来还。

第二节　投资策略提醒

（1）行情上涨时，合理配置资金，如果你对个股没有把握，行情上涨时，用1/3 的资金买入创新型基金或者指数基金，1/3 的资金买入权重股，1/3 的资金买入其他个股。

为何要买入权重股，因为行情的上涨一定是权重股带动，没有权重股的拉升，行情不可能起来，所以配置一部分权重股虽然赚得不是太多，但肯定赔不了。而像 150019 这样的创新型基金，行情只要起来它的涨幅肯定大于指数，它的涨跌幅和其他股票一样为 10%，如果你能判断对大盘行情，买入这个创新型基金每次赚个 50%以上没有任何问题，这样还省去你选股的烦恼，最后配置一部分个股。

（2）做自己熟悉的股，随着市场上的股票越来越多，投资者有时候感觉无从下手，看着那些股票经常感觉这个股票怎么从来没听说过呀。

为什么做自己熟悉的股票呢，道理很简单，关注的东西越少就越能集中精力对它进行深入的分析和研究，它的基本面、走势及股性做到了如指掌，这样就知道该股什么时候该买，什么时候该卖。这样，一是避免操作的盲目性，增大盈利的可能性；二是避免选股的麻烦性，减少自己的生活压力。

（3）利空传闻卖出，利空证实买入，利好传闻买入，利好证实卖出。股市中一般情况下是在利空传言开始时，大多数呈现一种向下的态势，而一旦利空传言证实，很多时候还会给你再来个放量的大阴线，这时候应该果断地买入，利空出尽行情就会见到回升的戏剧性变化。如图5-1所示，股票代码为300027的华谊兄弟在2012年12月4之前，一直利空不断，在11月30日以跌停收盘，12月4日那天证券日报发布消息，华谊兄弟投资的《一九四二》票房不及预期，当天该股有警示性见底的倒转锤头止住跌势，利空出尽是利好，该股从此处开始一口气从12多元涨到81元。

图5-1　华谊兄弟

反之在利好传言未经证实时，大多呈现一种向上态势，一旦传言证实，通常一根放量涨停的阳线后，行情戛然而止，这时果断卖出，利多出尽是利空。不要以为这是我们股市特有的现象，这是整个世界虚拟市场的普遍现象。

如图5-2所示，股票代码为600382的广东明珠。该股在业绩增长利好中，一路从6.65元处一直涨到14.37元，结果8月15日公布中报业绩兑现，结果当日大盘上涨1.12%，而该股则下跌9.92%。

有利好兑现涨势结束的，也有利好没兑现的，那结果只能是更惨。

如图5-3所示，股票代码为600132的重庆啤酒在疫苗利好的不断刺激下，从低位一路上涨到了83元，然后公司发布公告澄清，公司疫苗失败，结果该股一路跌停。

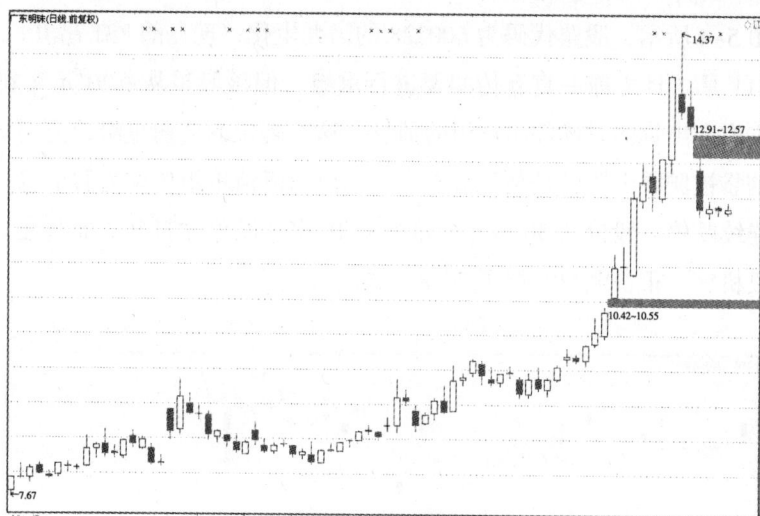

图 5-2　广东明珠

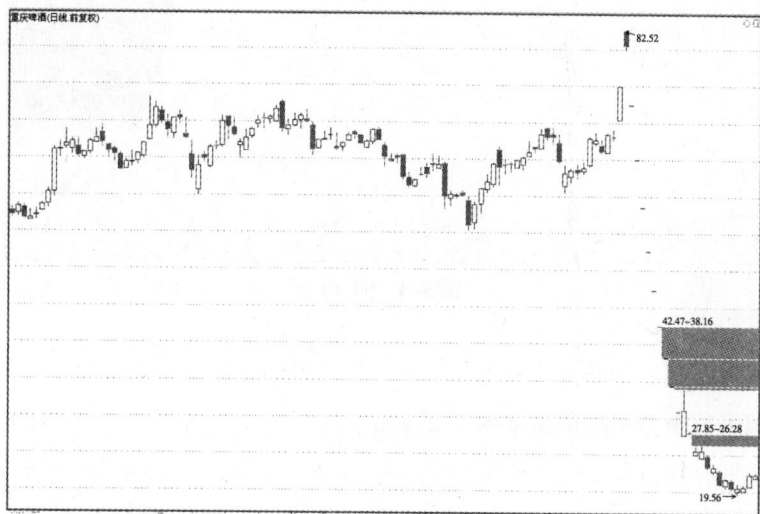

图 5-3　重庆啤酒

（4）不要相信高位重组会成功，也不要相信低位重组会失败，市场中我们经常会听到一些重组传闻，如果这个重组传闻是在高位，肯定会成功。那么这时如果你有这只股票，你应该立即卖出，因为重组是要付出成本的，换作是你你会在一只股票的高位去重组吗？但这时如果这只股票是某一集团公司下属上市企业，同时这个集团公司还有另外一个上市企业在低价位，那么重组的一定是另外一个公司。

如图 5-4 所示，股票代码为 600228 的昌九生化（现在的 *ST 昌九），该股在 2013 年 11 月 1 日之前一直有传闻要进行重组，但该股是从 6.20 元涨到 40.6 元以后，主力在出货的时候放出重组的消息，这么高位的公司重组，公司老总如果不是"脑袋被驴踢了"就是利益输送。后来公司澄清重组传闻为假消息，接着股价就是连续跌停，股价从 30 多元一路跌到 10 多元跌停才打开，那些在高位融资买入的投机客，很快账户亏损了 70%。

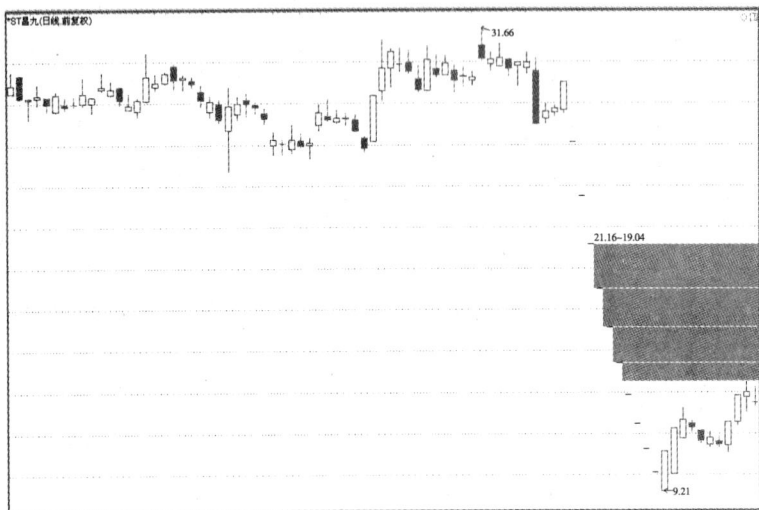

图 5-4 ST 昌九

如果你听到一个低价位公司要重组，后来媒体又报道不会重组，这时要大胆买入，因为这个公司的重组基本不会失败。

第三节 个股投资价值判断的提醒

（1）注意公共媒体发布的行业景气预测报告，投资的关键是要选择好目前主流资金关注的价值型股票。由于中小散户信息滞后、专业知识不足及时间、财力有限，很难对上市公司的基本面做出全面的判断，因而很难分析出哪个价格低于其内在价值。但如果我们对公共媒体发布的行业景气度预测报告仔细地做一番研究，就可以看出未来一段时间哪些行业的上市公司业绩能得到快速的增长。当然这种方法不一定能百发百中，但会输少赢多。

（2）追求股本扩张及业绩成长的个股，衡量一个股票有无投资价值，并不仅仅是看行业前景如何，业绩能否增长，更要看其股本是否能持续扩张。具有良好股本扩张能力的个股，能给投资者带来百倍甚至千倍的投资回报。市场上很多崇尚投资价值的股民，却不知道如何正确衡量和判断一只股票的投资价值。如果你是一个注重投资价值的股民，那么必须牢记：高度的股本扩张能力、高度的行业和业绩成长性，才是股票投资价值的根本，而买入这种股票的最佳时机就是股市大幅下跌、人人畏惧股票的低迷时期。

（3）市场中单只股票或一个板块的市值变得较大时，投机炒作的条件将丧失。如有人希望在此投机获利，输多赢少则是必然。相反，在其价格被市场低估后，如果从投资而不是投机的角度对其逢低吸纳，往往可以获得不错的投资回报。

（4）不管一只股票原来的公众形象有多么美好，也不管其未来发展前景如何光明一片，一旦这只股票热过头，被市场抛弃，其价值回归将是一个漫长而又痛苦的过程，这个过程快则一两年，慢则四五年，此股短期内不再具有投资价值，投资者对此要有清醒的认识。

图书在版编目（CIP）数据

大盘你说了算/房杰著. —北京：经济管理出版社，2014.12
ISBN 978-7-5096-3497-4

Ⅰ.①大…　Ⅱ.①房…　Ⅲ.①证券市场—分析　Ⅳ.①F830.91

中国版本图书馆 CIP 数据核字（2014）第 276274 号

组稿编辑：杨国强
责任编辑：杨国强　张瑞军
责任印制：黄章平
责任校对：赵天宇

出版发行：经济管理出版社
　　　　　（北京市海淀区北蜂窝 8 号中雅大厦 A 座 11 层　100038）
网　　址：www.E-mp.com.cn
电　　话：(010) 51915602
印　　刷：北京银祥印刷厂
经　　销：新华书店
开　　本：720mm×1000mm/16
印　　张：11.5
字　　数：210 千字
版　　次：2015 年 1 月第 1 版　2015 年 1 月第 1 次印刷
书　　号：ISBN 978-7-5096-3497-4
定　　价：38.00 元